# スポーツで挑む社会貢献

小林 勉

Creating shared value through sport

創文企画

# はじめに：Sport × Development という公式の登場

　2013年9月、アルゼンチンの首都ブエノスアイレスで2020年の夏季オリンピック・パラリンピックの開催地が東京に決定された。その招致プレゼンテーションにおいて、時の内閣総理大臣・安倍晋三氏は、日本が培ってきたこれまでの活動に対し、今一度オールジャパンでの取り組みとして拡大、促進することを国際公約として明言する。それは、よりよい未来を目指し、スポーツの価値を伝え、オリンピック・パラリンピック・ムーブメントをあらゆる世代の人々に広げる取り組みで、2014年から2020年までの7年間で開発途上国をはじめとする100か国以上および1000万人以上を対象に、日本国政府がスポーツを通じた国際貢献事業を推進しようという内容であった[1]。このスピーチの内容については、日本のマスコミによって大々的に報じられることはなかったが、途上国の存在を視野に置いた首相によるプレゼンテーションがより強い説得力をもって訴えかけ、東京オリンピック・パラリンピック招致成功を後押ししたと言っても過言ではないだろう。

　このように、スポーツの世界から国際貢献活動にいかに寄与できるのかが注目され、それをどのように実践していくのかという議論が、近年急速に活発化してきている。国際貢献活動全体をみれば長年の歴史を有し、途上国の経済成長を促す「経済開発」の方向に加えて、人間的・社会的側面を重視しようとする「社会開発」などがこれまでも積極的に展開されてきた。この社会開発という考え方は、住民参加、貧困対策、女性支援、栄養、保健衛生、教育などのいわゆる社会部門に加え、人権、民主化、環境、人口・家族計画、ODA と NGO の連携、雇用と小規模企業開発など多岐にわたるが、生産の担い手たる人間の生命的・社会的再生産のための環境を整えることが、21世紀の国際社会において最重要課題のひとつとして捉えられているという点では経済開発と共通する。開発イシューとして捕捉すべき対象が広範囲に拡大するなか、国家や民族という枠組みを突き抜ける契機としてその可能性をスポーツに見いだし、それを積極的に活用しようとする動きが近年目に付くようになってきた。

　例えば、2003年11月3日、教育を普及、健康を増進、平和を構築する手段

としてスポーツを重視し、各国の政府はそうしたスポーツのもつ可能性を積極的に活用するべきとの趣旨の決議が国連総会において採択されたことなどはその典型である。実際、国連開発計画（United Nations Development Programme：以下 UNDP と表記）をはじめとする各国際機関などでも、開発プロジェクトをスポーツと連動させて展開し、そのなかで民族を融和させたり、教育や健康への意識を高めようという試みが始められている。こうした開発の領域においてスポーツを活用しようとする背景には、いっこうに縮まらない先進国と途上国の間の格差という問題を前に、伝統的・オーソドックスなアプローチによる開発援助の失敗、もしくはそうしたアプローチへの省察という認識がある。開発援助の主流を成してきた「経済開発」は、外部機関からの援助物資が供給されるのを待つ依存意識を途上国側に植え付け、ときに途上国の人々自らが主体的に暮らしを改善しようとする意思を萎えさせてしまう。また行政機構の機能が乏しい途上国では、行政の空白状態を埋めるためのシステムを構築しようと住民自身による組織作りを目指し、住民参加、保健衛生、教育など、様々な「社会開発」プログラムが展開されてきているものの、こうした試みも、行政への積極的な参加を促すまでにはなかなか繋がらない。かかる状況の中で、個人と個人、個人と社会をいかなるかたちで繋げながら開発に寄与できるのか。手詰まり状態にも見える一定の開発イシューを前に、世界各地で徐々にスポーツの活用可能性が注目され始め、そうした活動や議論への関心が世界で高まりをみせてきている。つまり、「余暇・娯楽」と「貧困・開発」という相反するように見える2つのフィールドが、スポーツの可能性が期待される時代に、その活用可能性を煽りつつグローバル・イシューとしての開発問題を培って、関心が一挙に高まってきたのである。

　そこで本書では、「開発」の領域と「スポーツ」の領域とが連携し、途上国の発展を支える体制作りへ向け、その底辺を広げる組織的取り組みが始まった時勢の中、スポーツと開発の問題がいかに繋がり始め、スポーツを通じた国際貢献活動がどのように展開されてきているのかについて検討する。安倍首相によるプレゼンテーションに代表されるように、日本で本格的に始動したスポーツによる国際貢献活動の展開に焦点を当てながら、「Sport for Development and Peace：以下 SDP と表記」という言葉をキーワードに、スポーツ界が発信する国際貢献活動の近年の動向について明らかにしようと思う。本書は大きく3つのパートから構成される。第Ⅰ部では「SDP 発展の経緯」について論じる。具体的には、第1章において「2020」東京招致成功により誘引されてきた日本スポーツ界の

はじめに：Sport × Development という公式の登場

新たな潮流を取り上げ、その政府事業となる「Sport for Tomorrow」プログラムについて紹介し、日本政府が取り組み始めたスポーツ国際貢献事業の内容とスポーツによる国際貢献活動の沿革について概説する。第2章では1990年代までのスポーツによる援助協力の歴史的変遷について探りながら、「スポーツ」と「開発」という2つの領域が、いかなる経緯で繋がり始めるようになったのかを明らかにする。続く第3章では、21世紀に入ってから本格化するスポーツによる国際貢献活動の潮流が台頭してきた社会的背景について論じる。第4章においては、国連が2005年を「スポーツ・体育国際年」に制定した経緯を跡付けながら、その国際年にいかなる展開があったのかについて整理し、世界規模で拡大するSDPの様相について述べる。第5章では、2006年から2008年にかけて公刊されたSDP文書を時系列に並べながら、SDPへ時代の色調が強固なものとして仕立て上げられていく経緯を明らかにする。

第II部では、「SDPが隆盛する現代世界」について論じる。SDPの主要なアクターとその実践内容について概説しながら、SDPの具体的な中身について明らかにする。第6章でマジック・バスやマザレ青少年スポーツ連盟、Right to Playといった SDPの主要なアクターとその実践内容について浮き彫りにした後、続く第7章では、SDPの活動が途上国の現場において、いかに展開されているのかについて、SDPの組織がタンザニアで実際に運営するHIV/AIDSコントロールのプロジェクトを取り上げながら、その活動の具体的な実践コンテンツについてみていく。第8章では、SDPの沿革や活動内容をまとめたそれまでの内容から一転し、筆者が1995年から深くかかわりをもってきた南太平洋地域の事例をもとに、この20年のうちにスポーツ振興やスポーツ政策の現場でどのような変化が生じてきているのかについて描き出す。南太平洋島嶼地域に対して、これまで先進諸国による様々な経済開発が行われてきたが、貿易依存度が高く、他律性の大きい基幹産業しかもたないこの地域特有の経済構造に起因して情況を好転できないままでいる。そうしたなか、スポーツが南太平洋地域の開発援助に幅広く貢献しうるという認識から、オーストラリアは南太平洋地域のスポーツを積極的に振興してきた。こうした社会開発の領域においてスポーツがどのように結びつき始めようとしているのか。そこでは、SDPの潮流が世界中の国々に押し寄せる中、そうした趨勢が途上国のスポーツ振興体制にいかなる変化をもたらしているのかについて明らかにする。

第III部では「SDPはどこへ向かうのか？」をテーマに、SDPは現地に何を

もたらしたのかについて検討し、問い直される「スポーツの力」について論じる。第9章ではSDP実践上の課題について明らかにしながら、SDPをめぐり開発を推し進める側、それを受け入れる側にはどのような問題が伏在するのかを浮き彫りにする。とりわけ、援助する側の援助政策の転換により、途上国の現場でSDPがどのように変化しているのかについて明らかにする。第10章においてはSDPに対する研究者側からの問題提起をもとに、活発化するSDPの議論と揺らぎ始めるスポーツ援助の自明性について検討する。実務家レベルの議論では、スポーツを通じた開発支援の有効性に関心が集中する傾向があるがゆえに、このような問いかけをあらためて行う関係者は少ない。ただし、開発の対象が広域化・広範化する中でどうしても考えておく必要があるのは、開発を後押しする新たなアプローチとしてのSDPについてこれまでの議論の範囲と限界をもう少し突き止めておくことだろう。SDPに関する議論の系譜を整理しながら、スポーツの位置づけが欧米の援助機関を核とした国際社会で変化してきたことを踏まえ、最終的には開発アプローチとして期待されるSDPのひとつの限界性と現在のSport for Tomorrowが抱える課題について明らかにしようと思う。

【注】
1) 安倍晋三氏によるスピーチの詳細については官邸公式サイトを参照のこと。(http://www.kantei.go.jp/jp/96_abe/statement/2013/0907ioc_presentation.html：2015年8月16日アクセス)

## 略語一覧（アルファベット順）

| | |
|---|---|
| ASC | オーストラリア・スポーツ・コミッション（Australian Sports Commission） |
| ASOP | 「Australian Sports Outreach Program」の本文中における略記（オーストラリア・スポーツ・アウトリーチ・プログラム） |
| ASPSP | 「Australia-South Pacific Sports Program」の本文中における略記（オーストラリアが南太平洋へ向け展開したスポーツ・プログラム） |
| AusAID | オーストラリア援助局（Australian Agency for International Development） |
| BHN | 人間の基本的ニーズ（Basic Human Needs） |
| DAC | OECD下の開発援助委員会（Development Assistance Committee） |
| DBS | 直接財政援助（Direct Budget Support） |
| DCMS | イギリス政府・文化・メディア・スポーツ省（Department for Culture, Media and Sport） |
| FAO | 国連食糧農業機関（Food and Agriculture Organization of the United Nations） |
| FIFA | 国際サッカー連盟（Fédération Internationale de Football Association） |
| HIPCs | 重債務貧困国（Heavily Indebted Poor Countries） |
| ICSSPE | スポーツ科学と体育に関する国際カウンシル（International Council of Sport Science and Physical Education） |
| IF | 国際競技連盟（International Federations） |
| IIP | インターナショナル・インスピレーション・プログラム（Internatinal Inspiration Programme） |
| ILO | 国際労働機関（International Labour Organization） |
| IMF | 国際通貨基金（International Monetary Fund） |
| IOC | 国際オリンピック委員会（International Olympic Committee） |
| IYSPE2005 | 2005年スポーツ・体育の国際年（International Year for Sport and Physical Education） |
| JADA | 日本アンチ・ドーピング機構（Japan Anti-Doping Agency） |
| JICA | 国際協力機構（Japan International Cooperation Agency） |
| JSC | 日本スポーツ振興センター（Japan Sport Counsil） |
| LMG | ライク・マインデッド・グループ（Like Minded Group） |
| LSPS | 「Live Safe, Play Safe」の本文中における略記（Right to Playが展開するHIV/AIDS撲滅に向けてのプロジェクト） |
| MDGs | ミレニアム開発目標（Millennium Development Goals） |
| MYSA | マザレ青少年スポーツ連盟（Mathare Youth and Sports Association） |

| | | |
|---|---|---|
| NC | | 「National Coordinator」の本文中における略記<br>（ヴァヌアツで展開されるプログラムのナショナル・コーディネーター） |
| NCDs | | 悲感染性疾患（Non-communicable Diseases） |
| NF | | 国内の各スポーツ連盟（National Federations） |
| NOC | | 各国のオリンピック委員会（National Olympic Committee） |
| OECD | | 経済協力開発機構<br>（Orgnisation for Economic Co-operated and Development） |
| PRS | | 貧困削減戦略（Poverty Reduction Strategy） |
| SC | | 「Steering Committee」の本文中における略記<br>（ヴァヌアツで展開されるプログラムの現地における意思決定機関） |
| SDGs | | 持続可能な開発目標（Sustainable Development Goals） |
| SDP | | 開発と平和を後押しするためのスポーツ<br>（Sport for Development and Peace） |
| SDPIWG | | SDPに関する国際ワーキング・グループ<br>（Sport for Development and Peace International Working Group） |
| SWAPs | | セクター・ワイド・アプローチ（Sector-Wide Aproaches） |
| TVET | | 「Technical and Vocational Education and Training」<br>の本文中における略記（ヴァヌアツの技術・職業訓練校） |
| UEFA | | ヨーロッパ・サッカー連盟<br>（Union of European Football Associations） |
| UNDP | | 国連開発計画（United Nations Development Programme） |
| UNEP | | 国連環境計画（United Nations Environment Programme） |
| UNESCO | | 国連教育科学文化機関<br>（United Nations Educational, Scientific and Cultural Organization） |
| UNHCR | | 国連難民高等弁務官事務所<br>（United Nations High Commissioner for Refugees） |
| UNICEF | | 国連児童基金（United Nations Children's Fund） |
| UNOSDP | | 国連SDP事務局<br>（United Nations Office on Sport for Development and Peace） |
| UNV | | 国連ボランティア（United Nations Volunteers） |
| VASANOC | | ヴァヌアツ・オリンピック委員会<br>（Vanuatu Association of Sports and National Olympic Committee） |
| VFF | | 「Vanuatu Football Federation」の本文中における略記<br>（ヴァヌアツ・サッカー協会） |
| WADA | | 世界アンチ・ドーピング機関（World Anti-Doping Agency） |
| WHO | | 国際保健機関（World Health Organization） |

# スポーツで挑む社会貢献

# 目　次

はじめに：Sport × Development という公式の登場…1
略語一覧…5

## 第Ⅰ部　SDP 発展の経緯…11

第1章　東京オリンピック・パラリンピックにより誘引された新たなベクトル：Sport for Tomorrow プログラムの開始…12
　　1．Sport for Tomorrow プログラムの誕生…12
　　2．戦略的スポーツ国際貢献事業…19
　　3．インターナショナル・インスピレーション・プログラム（Internatinal Inspiration Programme）…26

第2章　スポーツによる援助協力の歴史的変遷：1990 年代までの動向…32
　　1．開発援助の変遷：顕在化する南北問題…32
　　2．トランスナショナルなスポーツへの期待：20 世紀末までの IOC による展開…35
　　3．サッカーが構築するグローバル・ヴィレッジ：FIFA による途上国支援…41

第 3 章 本格化するスポーツを通じた開発：21 世紀初頭に台頭する SDP の潮流…47
1. ミレニアム開発目標（Millennium Development Goals）とは何か？…47
2. 国連内で高まる SDP への関心…49
3. SDP の潮流を水路づけたマイルストーン①：第 1 回スポーツと開発に関する国際会議（1st International Conference on Sport and Development）の開催…52
4. SDP の潮流を水路づけたマイルストーン②：2003 年『開発と平和を後押しするスポーツ：ミレニアム開発目標の達成に向けて』の刊行…58

第 4 章 世界規模で拡大する SDP：2005 年「スポーツ・体育の国際年」の制定…62
1. IYSPE2005 が具現化した社会的背景とその目的…62
2. 教育領域からのアプローチ…65
3. 健康領域からのアプローチ…68
4. 開発領域からのアプローチ…71
5. 平和の領域からのアプローチ…77
6. IYSPE2005 の成果…79

第 5 章 SDP へ向かう時代の色調：相次ぐ SDP 文書の発刊…82
1. 『開発と平和を後押しするためのスポーツ：実践から政策へ（Sport for Development and Peace: From Practice to Policy）』（2006 年）…84
2. 『フィールドから：開発と平和を後押しするためのスポーツの実践（From the Field: Sport for Development and Peace in Action）』（2007 年）…90
3. 『開発と平和へ向けたスポーツの力の活用：各国政府への提言（Harnessing the Power of Sport for Development and Peace: Recommendations to Governments）』（2008 年）…94

# 第Ⅱ部　SDPが隆盛する現代世界…117

第6章　SDPの中心的なアクター…118
　　　1.　マジック・バス（Magic bus）…120
　　　2.　マザレ青少年スポーツ連盟（Mathare Youth Sports Association）
　　　　　…124
　　　3.　Right to Play…129

第7章　現場で展開されるSDPの具体的な実践コンテンツ：Right to Playに
　　　　よるLive Safe, Play Safeの事例から…136
　　　1.　HIV/AIDS問題と開発援助…136
　　　2.　LSPSの構成要素：ファシリテーターに求められる基本的姿勢から
　　　　　…142
　　　3.　LSPSで用いられる様々なアクティビティ…151

第8章　変容する途上国のスポーツ振興体制：南太平洋の事例から…169
　　　1.　行き詰まる島嶼国の経済開発と期待される社会開発…169
　　　2.　オーストラリアが主導する南太平洋地域のスポーツ振興…172
　　　3.　ヴァヌアツ共和国の概況と現地のスポーツ振興体制…176
　　　4.　活気づくスポーツ援助…185
　　　5.　どんなSDPが構想されたのか？…188

# 第Ⅲ部　SDPはどこへ向かうのか？…201

第9章　途上国に押し寄せるSDPの波…202
　　　1.　SDPは現地に何をもたらしたのか？…202
　　　2.　変転するSDPのベクトル…209
　　　3.　外部依存という陥穽：弱体化するself-sufficient的スポーツ実践
　　　　　…216

第10章 問い直される「スポーツの力」：Sport for Tomorrow の課題…225
  1. SDP に対する研究者側からの問題提起：活発化する SDP の議論と揺らぎ始めるスポーツ援助の自明性…226
  2. SDP の課題：ポスト 2015 開発アジェンダの議論によせて…233
  3. スポーツで貧困を救えるか？：Sport for Tomorrow のこれから…243

おわりに…255
参考文献一覧…261
索引…269
著者紹介…272

# 第Ⅰ部
# SDP発展の経緯

第Ⅰ部　SDP発展の経緯

# 第1章

# 東京オリンピック・パラリンピックにより誘引された新たなベクトル
：Sport for Tomorrow プログラムの開始

　SDPとは何か？　その全容を明らかにするために、第Ⅰ部ではSDP進展の経過を追う。日本でも「2020」東京オリンピック・パラリンピック招致を契機に、日本版SDPとも言える「Sport for Tomorrow」プログラムが開始され、その一環として様々な活動が取り組まれ始めた。ここではまず、「戦略的二国間スポーツ国際貢献事業」などを紹介しつつ、多様なアクターがかかわり始めたSport for Tomorrowの全体像について明らかにしていこう。

## 1．Sport for Tomorrow プログラムの誕生

　2013年9月7日、「2020」東京招致へ向け行われた国際オリンピック委員会（International Olympic Committee：以下IOCと表記）総会において、安倍総理によって、以下のようなプレゼンテーションが行われた。

　（日本語訳）
　　委員長、ならびにIOC委員の皆様、東京で、この今も、そして2020年を迎えても世界有数の安全な都市、東京で大会を開けますならば、それは私どもにとってこのうえない名誉となるでありましょう。フクシマについて、お案じの向きには、私から保証をいたします。状況は、統御されています。東京には、いかなる悪影響にしろ、これまで及ぼしたことはなく、今後とも、及ぼすことはありません。
　　さらに申し上げます。ほかの、どんな競技場とも似ていない真新しいスタジアムから、確かな財政措置に至るまで、2020年東京大会は、その確実な実行が、確証されたものとなります。けれども私は本日、もっとはるかに重要な、ある

## 第1章　東京オリンピック・パラリンピックにより誘引された新たなベクトル

　メッセージを携えてまいりました。それは、私ども日本人こそは、オリンピック運動を、真に信奉する者たちだということであります。この私にしてからが、ひとつの好例です。私が大学に入ったのは、1973年、そして始めたのが、アーチェリーでした。一体どうしてだったか、おわかりでしょうか。その前の年、ミュンヘンで、オリンピックの歴史では久方ぶりに、アーチェリーが、オリンピック競技として復活したということがあったのです。つまり私のオリンピックへの愛たるや、そのとき、すでに確固たるものだった。それが、窺えるわけであります。

　いまも、こうして目を瞑りますと、1964年東京大会開会式の情景が、まざまざと蘇ります。いっせいに放たれた、何千という鳩。紺碧の空高く、5つのジェット機が描いた五輪の輪。何もかも、わずか10歳だった私の、目を見張らせるものでした。スポーツこそは、世界をつなぐ。そして万人に、等しい機会を与えるものがスポーツであると、私たちは学びました。オリンピックの遺産とは、建築物ばかりをいうのではない。国家を挙げて推進した、あれこれのプロジェクトのことだけいうのでもなくて、それは、グローバルなビジョンをもつことだ、そして、人間への投資をすることだと、オリンピックの精神は私たちに教えました。

　だからこそ、その翌年です。日本は、ボランティアの組織を拵えました。広く、遠くへと、スポーツのメッセージを送り届ける仕事に乗り出したのです。以来、3000人にも及ぶ日本の若者が、スポーツのインストラクターとして働きます。赴任した先の国は、80を超える数に上ります。働きを通じ、100万を超す人々の、心の琴線に触れたのです。敬愛するIOC委員の皆様に申し上げます。<u>2020年に東京を選ぶとは、オリンピック運動の、ひとつの新しい、力強い推進力を選ぶことを意味します。なぜならば、我々が実施しようとしている「スポーツ・フォー・トゥモロー」という新しいプランのもと、日本の若者は、もっとたくさん、世界へ出て行くからです。学校をつくる手助けをするでしょう。スポーツの道具を、提供するでしょう。体育のカリキュラムを、生み出すお手伝いをすることでしょう。やがて、オリンピックの聖火が2020年に東京へやってくるころまでには、彼らはスポーツの悦びを、100を超す国々で、1000万になんなんとする人々へ、直接届けているはずなのです。</u>きょう、東京を選ぶということ。それはオリンピック運動の信奉者を、情熱と、誇りに満ち、強固な信奉者を、選ぶことにほかなりません。スポーツの力によって、

第 I 部　SDP 発展の経緯

世界をより良い場所にせんとするため IOC とともに働くことを、強くこいねがう、そういう国を選ぶことを意味するのです。みなさんと働く準備が、私たちにはできています。有難うございました。

出典：官邸公式サイトより抜粋。下線は筆者による加筆（アドレスは巻末の参考文献一覧に記載）。

　下線の部分に見て取れるように、IOC 総会の場において Sport for Tomorrow の発足が宣言され、2014 年から 2020 年までの 7 年間で開発途上国をはじめとする 100 か国以上、1000 万人以上を対象に、日本国政府が推進するスポーツを通じた国際貢献事業が導入され、対外諸国向けでは特に政府主導による Sport for Tomorrow プログラムが実践され始めた。外務省、文部科学省及び関係諸機関による既存・新規プログラムで構成されるこの事業は、「世界のよりよい未来をめざし、スポーツの価値を伝え、オリンピック・パラリンピック・ムーブメントをあらゆる世代の人々に広げていく」[1] 取り組みであり、その活動領域には、以下のような 3 つの柱が設定された（図表 1-1 参照）。

　まず「スポーツを通じた国際協力及び交流」では、外務省や国際協力機構（Japan International Cooperation Agency：以下 JICA と表記）、国際交流基金や文部科学省、日本スポーツ振興センター（Japan Sport Counsil：以下 JSC と表記）が主な実施団体となり、諸種の活動が展開される。例を挙げると、国際交流基金によるスーダンの現地有力選手に対するレスリング実技講習などの文化芸術交流事業や、JICA が実施してきた青年海外協力隊事業によるスポーツ指導者の派遣

図表1-1：Sport for Tomorrow の 3 つの柱

出典：スポーツ・フォー・トゥモロー・コンソーシアム事務局が配布する Sport for Tomorrow のパンフレット（スポーツ・フォー・トゥモロー・プログラムのご案内）より抜粋。

第 1 章　東京オリンピック・パラリンピックにより誘引された新たなベクトル

事業などがある。また、「国際スポーツ人材育成拠点の構築」の分野では、文部科学省や筑波大学、日本体育大学や鹿屋体育大学が主な実施団体となり、文部科学省受託事業として「スポーツ・アカデミー形成支援事業」が実施されてきている。筑波大学では「つくば国際スポーツ・アカデミー（Tsukuba International Academy for Sport Studies：通称 TIAS）」、日本体育大学では「コーチ育成者養成アカデミー（Nippon Sport Science University Coach Developer Academy）」、鹿屋体育大学では「国際スポーツ・アカデミー」といったように、スポーツ界での国際的な人材育成を目指した各事業が始められている。さらに、日本アンチ・ドーピング機構（Japan Anti-Doping Agency：以下 JADA と表記）や文部科学省が中心団体となり、「国際的なアンチ・ドーピング推進体制の強化支援」などもスタートし、これを皮切りに製薬業界とスポーツ界の連携をテーマとした国際会議やセミナーの開催等が続き、さらに専門知識をもった医療関係者の育成支援事業としてスポーツ・ファーマシスト制度を諸外国に紹介する事業などへと拡大されてきている[2]。

　こうした 3 つの活動領域を運営するために、「スポーツ・フォー・トゥモロー・コンソーシアム」といったネットワークが構築され、官民が連携し、オールジャパンで Sport for Tomorrow を推進していくための運営体制が組織化されている（図表 1-2 参照）。図表 1-2 が示すように、「スポーツ・フォー・トゥモロー・コンソーシアム」は、文部科学省と外務省を中心にした「コンソーシアム運営委員会」[3]、及び Sport for Tomorrow の趣旨に賛同し、スポーツを通じた国際貢献に携わる民間の諸団体からなる「コンソーシアム会員」によって構成される。「コンソーシアム運営委員会」は 2014 年 8 月に発足し、2016 年 3 月時点で 12 団体により編成され、この委員会では、「コンソーシアム会員」の審査・承認が行われる。2016 年 3 月時点で、民間企業が 35 団体、NGO ／ NPO 法人が 45 団体、国内スポーツ関連団体が 57 団体、大学・研究機関が 10 団体、地方自治体が 7 団体、その他 2 団体、計 156 団体が、「コンソーシアム会員」として承認され、そのネットワークを基盤に各民間団体のリソースを活用した連携事業の促進（マッチング）なども実施されている。例えば、マッチング支援では、モンゴル自閉症協会から支援依頼を受けた日本卓球協会に対し、株式会社アシックスからスペシャル・オリンピック・モンゴル代表選手に卓球用シューズとユニフォーム及びウェア提供が行われ、日本卓球株式会社からはウランバートル市内にある 4 つの特別支援学校に卓球台が寄贈された。

第 I 部　SDP 発展の経緯

図表1-2：「スポーツ・フォー・トゥモロー・コンソーシアム」

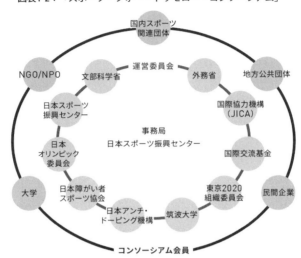

出典：スポーツ・フォー・トゥモロー・コンソーシアム事務局が配布する Sport for Tomorrow のパンフレット（スポーツ・フォー・トゥモロー・プログラムのご案内）より抜粋。

　また Sport for Tomorrow プログラムでは、コンソーシアム会員が実施する、民間主導の取り組みを「認定事業」として認定する方式を採用している（図表 1-3 参照）。例えば、「野球によるネパール大地震復興支援」や「アジア太平洋こども会議・イン福岡・スポーツ交流事業」などが認定事業として承認され、Sport for Tomorrow の活動実績として計上されてきた。1999 年からネパールでの野球普及活動を行ってきた「NPO 法人ネパール野球ラリグリスの会」が、2015 年 4 月にネパールで発生した大地震に対し、野球で培ってきたそれまでのネットワークをもとに様々な復興支援を現地にて展開しているが、そうした事業活動を Sport for Tomorrow の関連事業である認定事業と承認することで活動の裾野を拡大するとともに裨益者数の増加が図られている。

　安倍総理が公言した「1000 万人・100 か国」を達成するには、外部からのリソースを積極的に取り入れなければならず、そのため、従来行われてきたスポーツ団体や NGO などのアクターによる活動を Sport for Tomorrow プログラムの領域に積み上げていくことで、その問題の解決を図ろうというのである。福岡県の招聘事業のひとつで運動会やサッカー教室といったスポーツ国際交流プログラムなども認定事業のひとつとして認可されており、そのほか次のような活動事例を挙げることができる（資料 1-1 参照）。

第 1 章　東京オリンピック・パラリンピックにより誘引された新たなベクトル

図表1-3：Sport for Tomorrow認定事業

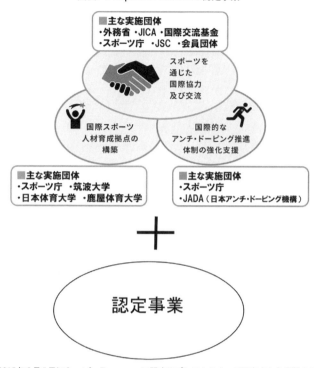

出典：2015年8月5日にSport for Tomorrowに関するプレスセミナーで配布された資料より抜粋。

**資料 1-1：認定事業の活動事例**

■講道館寒稽古受入れ
【実施期間】2015 年 1 月 7 日～1 月 16 日
【実施エリア】日本・東京
【スポーツ種目／プログラム種別】柔道
【実施組織】公益財団法人講道館
【支援先】
【概要】講道館伝統の恒例行事である寒稽古。日の出前、早朝 5 時半から 7 時半までの 2 時間の稽古が、10 日間続きます。国内外から 200 名を超す参加があり、厳しい冷え込みの中、連日大道場には多くの修行者が参集、稽古に汗を流しました。海外からは 15 か国計 41 名が参加。
【支援対象者】41 名

■オリンピック価値教育プログラム（OVEP）における「障がい者理解協力」の促進支援事業
【実施期間】2015 年 3 月 2 日～23 日
【実施エリア】カンボジア王国
【スポーツ種目／プログラム種別】ボッチャ、シッティングバレー、ブラインドサッカー

# 第Ⅰ部　SDP発展の経緯

【実施組織】筑波大学・国際協力機構
【支援先】カンボジア・オリンピック委員会（NOCC）
【概要】2015年3月の約1か月間、筑波大学の体育系学生をカンボジアに派遣し、大学教育プログラムおよびJICAボランティア制度の連携によって、カンボジア王国オリンピック委員会（NOCC）の実施するOVEP（Olyumpic Value Education Program）における障がい者理解協力に関する技術移転と2023年東南アジアゲームズ（SEA Games）に向けた学生ネットワーク構築に尽力した。
【支援対象者】535名

■第9回チアリーディングアジアインターナショナルチャンピオンシップにおける国際交流プログラムの実施
【実施期間】2015年5月7日～10日（大会：5月9日～10日）
【実施エリア】日本・東京
【スポーツ種目／プログラム種別】チアリーディング
【実施組織】公益財団法人日本チアリーディング協会
【支援先】アジアチアリーディング連盟に加盟するチアリーディング活動団体
【概要】本大会は、競技大会としてだけでなく、参加選手・役員が国際交流を行い、日本の生活や文化を知る機会を持つことで、お互いを尊重し、相手を応援するチアリーディングスピリッツを要請することを目的としている。また、アジアのチアリーディングのレベル向上を図るため、大会前に国際審判員資格者研修会を開催している。
【支援対象者】400名

■日本体育大学による国際的なスポーツ指導者派遣活動
【実施期間】2015年6月1日～2016年3月31日
【実施エリア】ネパール、マレーシア、フィリピン、韓国、シンガポール
【スポーツ種目／プログラム種別】スポーツ全般
【実施組織】日本体育大学
【支援先】
【概要】日本体育大学は、事業方針として国際化を掲げており、2020年東京オリンピックへ向け世界へ本学の持つ資源を活用し、海外へ指導者・学生を派遣し技術援助を実施している。
【支援対象者】約500名

■Jクラブユニフォームをアジアの子どもたちへ
【実施期間】2015年7月3日
【実施エリア】ブータン
【スポーツ種目／プログラム種別】サッカー
【実施組織】公益財団法人日本プロサッカーリーグ（Jリーグ）
【支援先】ブータンサッカー協会
【概要】2015年7月3日にブータンの首都ティンプー、4月にパロにてブータンサッカー協会の協力も得て子どもたちに、412枚のJクラブのサポーターユニフォーム・ウェアを寄付してきました。こえは各Jクラブのサポーターが寄付してくれたものです。ユニフォームをもらった子どもたちは、素敵な笑顔を見せてくれました。また、一緒にボールも寄付してみんなでサッカーを楽しみました。会場は両日とも本当に多くの笑顔に包まれ、すばらしい時間となりました。
【支援対象者】412名

■JDA Football Clinic in Bangkok
【実施期間】2015年7月26日
【実施エリア】タイ・バンコク
【スポーツ種目／プログラム種別】サッカー

第 1 章　東京オリンピック・パラリンピックにより誘引された新たなベクトル

【実施組織】一般財団法人（Japan Dream Football Association）
【支援先】
【概要】現地タイ人小学生 120 名を対象としたサッカー指導を木場昌雄主導のもと行われた。スペシャルゲストには昨年まで J リーグで活躍した新井場徹氏が登場し、積極的に現地小学生への指導並びに交流をはかった。
【支援対象者】120 名

出典：2015 年 8 月 5 日に Sport for Tomorrow に関するプレスセミナーで配布された資料より抜粋。

　そうしたコンソーシアムの機能を活用し、従来の活動をも維持しつつ、産官学を巻き込んだ挙国一致ともいえる体制が強化されてきた結果、Sport for Tomorrow プログラムの支援対象国数は、2014 年 1 月から 2015 年 3 月までの累計で 151 か国にのぼり、支援対象者数は 524,065 名の実績を上げてきている[4]。

## 2．戦略的スポーツ国際貢献事業

　では Sports for Tomorrow プログラムは、どのような経緯の中で具体化してきたのだろうか。ここでは、2020 年オリンピック・パラリンピック競技大会に向けた国際貢献策である「戦略的スポーツ国際貢献事業」の概要に関する政府文書をもとに整理しながら、スポーツ立国の実現を目指した国家戦略の全体像についてまとめておこう。まず、オリンピック・パラリンピックの東京開催が決まった 2013 年から 2014 年にかけ、スポーツ政策を管轄する文部科学省のスポーツ関連予算が次のような変化を示す（図表 1-4）。
　この概算要求から分かるのは、2020 年オリンピック・パラリンピック東京招致等に向け、国立競技場改築や国際競技力の向上に向けた人材の養成などを、国家戦略として総合的・計画的に推進する、いわゆる「スポーツ立国の実現を目指したスポーツの振興」予算を特徴とした概算要求がなされたということである。「国立霞ヶ関競技場の改築」という新規事業が人々の関心事となり、多くの報道機関は、約 490 億円という要求額が前年度の 243 億円に比べ 2 倍以上に膨れ上がっている事態を刮目してしまうのかもしれないが、ここで着目してほしいのは、新規事業として「2020 スポーツ戦略プラン」に約 26 億 5 千万円が計上され（図表 1-5 参照）、なかでも「戦略的スポーツ国際貢献事業」としておよそ 11 億 5 千万円が計上された点である。その「戦略的スポーツ国際貢献事業」について、さらに詳しくしたものが図表 1-6 である。

# 第Ⅰ部　SDP発展の経緯

### 図表1-4：2014年度文部科学省スポーツ・青年局概算要求主要事項

| 事項 | 前年度予算額 (千円) | 平成26年度概算要求額 (千円) | 比較増△減額 (千円) | 事項 | | |
|---|---|---|---|---|---|---|
| **スポーツ立国の実現** | | | | | | |
| スポーツ立国の実現を目指したスポーツの振興 | 24,327,849 | 49,031,192 | 24,703,343 | | | |
| | | | | 1．2020オリンピック・パラリンピックの東京招致・開催支援等 | | |
| | | | | (1)国立霞ヶ丘競技場の改築【新規】 | 23,221,391 | ( 0 ) |
| | | | | (2)2020スポーツ戦略プラン【新規】 | 2,652,093 | ( 0 ) |
| | | | | ①戦略的スポーツ国際貢献事業 | 1,150,000 | ( 0 ) |
| | | | | ②2020ターゲットエイジ育成・強化プロジェクト | 1,502,093 | ( 0 ) |
| | | | | 2．スポーツ基本計画の推進 | | |
| | | | | ～国際競技力の向上に向けた人材の養成やスポーツ環境の整備等～ | | |
| | | | | (1)メダル獲得に向けたマルチサポート戦略事業【新規】 | 2,912,027 | ( 0 ) |
| | | | | (2)日本オリンピック委員会補助【拡充】 | 2,642,949 | ( 2,588,214 ) |
| | | | | (3)競技団体のガバナンス強化支援事業【新規】 | 75,221 | ( 0 ) |
| | | | | (4)ナショナルトレーニングセンター競技別強化拠点施設活用事業【拡充】 | 659,623 | ( 589,837 ) |
| | | | | ～ライフステージに応じたスポーツ活動の推進～ | | |
| | | | | (1)コーチング・イノベーション推進事業【新規】 | 101,497 | ( 0 ) |
| | | | | (2)スポーツにおけるボランティア活動活性化のための調査研究【新規】 | 61,502 | ( 0 ) |
| | | | | (3)地域スポーツの持続可能な推進に向けた調査研究【新規】 | 21,182 | ( 0 ) |
| | | | | (4)障害者のスポーツ参加における安全確保に関する調査研究【新規】 | 30,714 | ( 0 ) |
| | | | | (5)スポーツを通じた地域コミュニティ活性化促進事業【拡充】 | 157,030 | ( 124,700 ) |
| | | | | (6)地域スポーツとトップスポーツの好循環推進プロジェクト【拡充】 | 644,050 | ( 588,866 ) |
| | | | | (7)健常者と障害者のスポーツ・レクリエーション活動連携推進事業【拡充】 | 122,874 | ( 72,932 ) |
| | | | | (8)競技者・指導者等のスポーツキャリア形成支援事業【拡充】 | 114,102 | ( 104,885 ) |
| | | | | (9)社会体育施設耐震化事業 | 1,006,400 | ( 1,006,400 ) |
| | | | | ～学校と地域における子供のスポーツ機会の充実～ | | |
| | | | | (1)運動部活動指導の工夫・改善支援事業【新規】 | 629,614 | ( 0 ) |
| | | | | (2)幼児期の運動に関する指導参考資料作成事業【新規】 | 73,044 | ( 0 ) |
| | | | | (3)武道等指導推進事業【拡充】 | 314,637 | ( 302,082 ) |
| | | | | (4)全国体力・運動能力、運動習慣等調査 | 305,464 | ( 302,276 ) |
| | | | | (5)体育活動における課題対策推進事業【拡充】 | 122,367 | ( 15,817 ) |
| | | | | (6)中学校武道場の整備促進 | 4,604,125 | ( 4,604,125 ) |
| 合　計 | 24,327,849 | 49,031,192 | 24,703,343 | | | |

※　事項は主要なもののみを計上しているため、合計と一致しない。

出典：文部科学省スポーツ・青年局［2013：1］より抜粋。

第1章　東京オリンピック・パラリンピックにより誘引された新たなベクトル

図表1-5：2020スポーツ戦略プラン

## ２０２０スポーツ戦略プラン
（新　規）
26年度概算要求額：2,652,093千円

| 戦略的スポーツ国際貢献事業 | 2020ターゲットエイジ育成・強化プロジェクト |
|---|---|
| これまでのスポーツ交流に関する知見と実績を踏まえ、今後、IOCや世界の国々との交流・協力関係を築きながら、スポーツの価値をさらに高めようとする国際的な取組に貢献するため、「スポーツ・フォー・トゥモロー」を実現。 | 2020オリンピック競技大会において活躍が期待される年代の競技者に対する特別育成・強化プロジェクトを実施することにより、金メダルランキング世界3～5位を目指す。 |

①スポーツ・アカデミー形成支援事業

IOC、JOC、NOC、体育・スポーツ系大学等が連携して、オリンピズムの普及とスポーツ医科学研究の推進を図るため、IOC関係者等を外国人教員・研究員として招聘、各国のスポーツ指導者の受入れ・養成を行う中核拠点を構築する。

①ジュニア競技者の育成・強化

競技団体の育成・強化戦略に基づき国内合宿・海外遠征等を実施する。

②ジュニア・ターゲットスポーツの育成・強化

日本人が本来得意とし、将来メダル獲得の可能性のある競技種目を対象に、スポーツ・科学・情報等を活用した集中的な育成・強化を行う。

②戦略的二国間スポーツ国際貢献事業

青年海外協力隊等と連携し、学校体育カリキュラム等の策定支援など、途上国のスポーツ環境の整備に協力する。
官民連携協力によるスポーツの国際協力コンソーシアムを構築し、各国の協力要請に迅速かつ的確に対応する。

③国際アンチ・ドーピング強化支援事業

・世界の製薬企業等との連携を強化したネットワーク形成のためのスタッフをWADAに配置し、薬物ガイドラインの策定に協力・貢献するとともに、薬剤データベースの構築、国際シンポジウム・セミナー等の共同開催を進める。
・アジアのドーピング防止活動の発展を促進するため、「アジア・ドーピング防止基金」に対し資金を拠出する。

③タレント発掘・育成コンソーシアム

大学・自治体・競技団体等で構成するコンソーシアムにより、全国各地のタレントを効果的に発掘・育成する。

出典：文部科学省スポーツ・青年局［2013：5］より抜粋。

図表1-6：戦略的スポーツ国際貢献事業

## 戦略的スポーツ国際貢献事業
（新　規）
26年度概算要求額：1,150,000千円

これまでのスポーツ交流に関する知見と実績を踏まえ、今後、IOCや世界の国々との交流・協力関係を築きながら、スポーツの価値をさらに高めようとする国際的な取組に貢献するため、「スポーツ・フォー・トゥモロー」を実現。

①スポーツ・アカデミー形成支援事業　599,796千円

IOC、JOC、NOC、体育・スポーツ系大学等が連携して、オリンピズムの普及とスポーツ医科学研究の推進を図るため、IOC関係者等を外国人教員・研究員として招聘、各国のスポーツ指導者の受入れ・養成を行う中核拠点を構築する。

②戦略的二国間スポーツ国際貢献事業　350,204千円

青年海外協力隊等と連携し、学校体育カリキュラム等の策定支援など、途上国のスポーツ環境の整備に協力する。
官民連携協力によるスポーツの国際協力コンソーシアムを構築し、各国の協力要請に迅速かつ的確に対応する。

③国際アンチ・ドーピング強化支援事業　200,000千円

・世界の製薬企業等との連携を強化したネットワーク形成のためのスタッフをWADAに配置し、薬物ガイドラインの策定に協力・貢献するとともに、薬剤データベースの構築、国際シンポジウム・セミナー等の共同開催を進める。
・アジアのドーピング防止活動の発展を促進するため、「アジア・ドーピング防止基金」に対し資金を拠出する。

SPORT FOR TOMORROW

出典：文部科学省スポーツ・青年局［2013：6］より抜粋。

第Ⅰ部　SDP 発展の経緯

　これらの図表をみると、「戦略的スポーツ国際貢献事業」と「戦略的二国間スポーツ国際貢献事業」といった類似した用語が併記されていることに程なく気づくだろう。一瞥するかぎり双方とも類似しており、そしてそのせいもあってか、両者の異同はかなり分かりにくい。そこで「戦略的スポーツ国際貢献事業」の全体像を考える前に、「戦略的二国間スポーツ国際貢献事業」がどのように立ち上がってきたのかをまず簡単に見ておこう。図表 1-6 に明記されているように、「戦略的スポーツ国際貢献事業」の通称が Sport for Tomorrow となり、その事業領域が大きく 3 つの柱から成るのは先に説明した通りである。ただ、図表 1-1 において「スポーツを通じた国際協力及び交流」とされていた領域が、文部科学省の概算要求（図表 1-5、図表 1-6）では「戦略的二国間スポーツ国際貢献事業」の表記となっている。このことから、「戦略的二国間スポーツ国際貢献事業」が、図表 1-1 に示す「スポーツを通じた国際協力及び交流」におおよそ相当すると理解できるだろう。「戦略的二国間スポーツ国際貢献事業」の概要について、文部科学省は 2014 年 6 月 6 日の報道発表において、以下のように発表している。

**「戦略的二国間スポーツ国際貢献事業」の概要**
　2020 年東京オリンピック・パラリンピック競技大会に向けては、政府のスポーツ分野における国際貢献策「スポーツ・フォー・トゥモロー」プログラムを進めている。このプログラムは、オリンピック・パラリンピック開催国として、外務省と文部科学省が連携し日本国政府が主導して、関係団体の協力を得つつ、世界のあらゆる世代の人々にスポーツの価値とオリンピック・ムーブメントを広げていく取組である。
　文部科学省では、我が国の学校体育の教育課程やスポーツ政策の実績を生かし、青年海外協力隊等と連携を図りながら、オリンピズムの普及も含め、途上国に対し、学校体育カリキュラム・教材の策定支援やスポーツイベントの開催支援などを推進する。これにより、途上国の人々がスポーツに親しむ環境を整備することに積極的に協力する。
　また、「スポーツ・フォー・トゥモロー」プログラムの円滑な実施のため、官民の連携協力による、「スポーツ・フォー・トゥモロー・コンソーシアム（SFTC）」を構築し、関係機関間のネットワーク形成、情報収集・提供、スポーツ国際協力に関する調査研究を行うことにより、各国の協力要請への迅速かつ的確な対応の連携・調整機能を強化する。

# 第1章　東京オリンピック・パラリンピックにより誘引された新たなベクトル

出典：文部科学省公式サイト・報道発表「戦略的二国間スポーツ国際貢献事業の委託先の選定について」より抜粋（アドレスは巻末の参考文献一覧に記載）。

この文章から、「戦略的スポーツ国際貢献事業」と「戦略的二国間スポーツ国際貢献事業」の差異を把握し、「戦略的二国間スポーツ国際貢献事業」について明瞭に描き出せる人はおそらくほとんどいないだろうから、図表1-7をもとに、その内実にもう少し踏み込んでみる。

図表1-7から読み取れるのは、「戦略的二国間スポーツ国際貢献事業」の具体的内容とは、①文部科学省と外務省等により構成されるSport for Tomorrowコンソーシアムの事務局業務を実施すること、並びに②学校体育カリキュラム等の策定支援、スポーツ・イベントの開催支援といった途上国のスポーツ環境の整備するための国際協力事業の企画立案・実施をすることの2つである。そして、これらの業務を担う業務委託先としてJSCが指名された。JSCとは、日本におけるスポーツの振興と児童生徒等の健康の保持増進を図るための専門的機関であり、日本スポーツの今後を担う中核機関として期待される組織である[5]。「スポーツを通じた国際協力及び交流」というと、外務省の草の根無償を通じた支援や、

図表1-7：戦略的二国間スポーツ国際貢献事業の全体図

出典：文部科学省公式サイトより抜粋（アドレスは巻末の参考文献一覧に記載）。

第 I 部　SDP 発展の経緯

　JICA のボランティア事業、講道館による支援、NGO による活動など、これまで多くの国際貢献が行われてきたが、そうした中、この事業の業務委託先がなぜ JSC となったのか。詳細は別稿に譲るが、当該事業を検討する上で興味深いイシューでもある。というのも、この領域において、JSC を仲立ちとした外務省や JICA、文部科学省など各アクターの具体的な権限を把握しておくことは、「スポーツによる国際貢献」の文脈における政策立案・実施過程のありようを理解するうえできわめて重要な部分になるからである。文部科学省と外務省の折り合いは、「国際協力」や「開発援助」にまつわる既得権益や管轄領域の問題などを念頭に置くならば、両者の間に存在する様々な関係のなかでも重要な位置を占めてくるものと考えられ、Sport for Tomorrow プログラムを介して省庁間の権限がいかに交錯し、新たな状況を形作りつつあるのかを検討することは、戦略的スポーツ国際貢献事業の内実を理解してゆくうえで重要な課題となってくる。しかし、現時点ではこの点については不鮮明な部分が大きい。あるいは、それは今後の Sport for Tomorrow プログラムをめぐるアクターの相互交渉を通じて、具体的な境界線が象られてゆくものとみた方がよいのかもしれない。以上に述べたような問題を意に留めつつも、ここではひとまず、そうした多様なアクターを行き来する「柔軟な担い手」として、JSC は Sport for Tomorrow の事務局を担う機関として適役だと判断されたという経緯を少なくともおさえておきたい。

　いずれにしても、文部科学省との密接な連携・協力の下、スポーツ基本計画などに関する国の施策の方針に基づき、各業務の適正かつ円滑な実施を調整する機関として適切だと判断されたことが、当該事業を受託する結果に結びついたものと容易に推察できる。とりわけ、外務省や JICA が行っている国際貢献事業とも連携しながら、スポーツ界をはじめ他団体との折衝や行政との交渉などにも、JSC が有する国内外のネットワークの支えは小さくなかった[6]。実際、「戦略的二国間スポーツ国際貢献事業」に関する 2014 年度の JSC の業務実績を見ると、次のような記載を確認できる（図表 1-8 参照）。

　端的に言うと、図表 1-8 で示されているそれぞれの事項が、2014 年度に実施された「戦略的二国間スポーツ国際貢献事業」の具体的な中身となる。カンボジアでの学校体育カリキュラム策定支援に関する調査やタンザニアで 18 歳以下の野球大会の開催支援など、数多くの事業が既に開始され、着々と事業実績を残してきていることがわかるだろう。

　以上にみたように、文部科学省が掲げる「2020 スポーツ戦略プラン」の中に

# 第1章　東京オリンピック・パラリンピックにより誘引された新たなベクトル

**図表 1-8：「戦略的二国間スポーツ国際貢献事業」に関する 2014 年度 JSC 業務実績**

| |
|---|
| (1) スポーツ・フォー・トゥモロー・コンソーシアム事務局業務の実施<br>　文部科学省・外務省・JSC・JICA など 10 団体により構成される SFT コンソーシアムを 2014 年 8 月に立ち上げ、SFT コンソーシアム運営委員会を毎月開催（計 8 回）。<br>　コンソーシアム会員拡充活動：43 団体が入会。<br>　国際スポーツ団体（Agitos Foundation）との戦略ワークショップや、UNOSDP との連携調査の検討会を開催。 |
| (2) 学校体育カリキュラムの国際展開<br>　カンボジアでカリキュラム策定支援の調査研究を実施。 |
| (3) スポーツイベントの開催支援<br>　中央アジア 6 カ国の U15 代表チームを招へいし、国際大会を開催。大会開催の企画及び実施運営を指導。<br>　タンザニアにおける野球の U18 の大会の開催支援並びに代表チームのアフリカ選手権への参加を支援。 |
| (4) 新たなスポーツ国際貢献モデルの検討<br>　運動会の展開の可能性について、トライアルを通じた調査研究をタイ、ラオス、マラウィ、グアテマラで実施。 |
| (5) その他、共通事項<br>　ASEAN・モンゴルのスポーツ行政官を招へいし、日本のスポーツ政策やシステムを学ぶプログラムを実施（21 名参加）。<br>　パリで日仏交流柔道教室を実施し児童の交流・障害者スポーツの理解を促進。<br>　裨益国数：23 カ国。<br>　裨益者数：約 7,000 名。<br>　※ SFT の国際公約：100 カ国以上、1,000 万人。<br>　メディア露出：20 媒体以上（日本、タンザニア、タイ）。<br>　Inside the Games, Sportcal などオリンピックメディアにて記事が 3 本掲載。 |

出典：日本スポーツ振興センター［2015：59］より抜粋。

は、「2020 ターゲットエイジ育成・強化プロジェクト」による国際競技力向上という支柱に、複数の国際貢献事業の並立による「戦略的スポーツ国際貢献事業」という新たな基柱も創設され、様々な組織間での連携協力・シナジーを促進し、Sport for Tomorrow という共通ヴィジョンの下、日本のスポーツ国際貢献をブランディングするという戦略が採られ始めたことは記憶しておいてよいだろう。この点を踏まえるならば、従来、単なるスポーツ振興として捉えられがちであった「Sport Development」というトピックは、「Development thorough Sport」もしくは「Sport for Development」といった開発イシューをとりまく視角へと拡大され、Sport for Tomorrow という新たな戦略的スポーツ国際貢献事業の局面が「スポーツを通じた国際貢献」というテーマのもとに、日本でも生み出されてきたわけである。

## 3．インターナショナル・インスピレーション・プログラム（Internatinal Inspriration Programme）

　こうして日本としては革新的な「スポーツによる国際貢献」が開始されたのであるが、そこには2012年にロンドンで開催されたオリンピック・パラリンピックの際に実施された「インターナショナル・インスピレーション・プログラム（Internatinal Inspriration Programme：以下IIPと表記）」の存在を忘れるべきではない。IIPとは、オリンピック・パラリンピックの開催候補地としてロンドンが名乗りを上げたのをきっかけに、20か国・1200万人へ向けUKスポーツ（以下UK Sportと表記[7]）や国連児童基金（United Nations Children's Fund：以下UNICEFと表記）及び英国カウンシル（British Council）によって2007年から施行された「スポーツを通じた国際協力及び交流活動」のことである。昨今、オリンピックが語られるとき、「オリンピック・レガシー」という言葉を頻繁に耳にするが、その言葉とIIPの展開とは決して無関係ではない。なぜなら、このレガシーに関する取り組みが開催都市決定の重要項目となったのが2012年のロンドン大会以降であり、ロンドンへのオリンピック誘致が決定した2005年のIOC総会（シンガポールにて開催）において、当時の招致委員会責任者であったセバスチャン・コー（Sebastian Newbold Coe）が、ロンドン大会を通して「世界中の若者がスポーツ活動に参加するよう鼓舞する」と宣明したことにIIPの端緒があるからである[8]。オリンピック憲章の第1章に、「IOCの役割は、オリンピック競技大会の良い意味での遺産を開催都市ならびに開催国に残すことを推進する（The IOC's role is to promote a positive legacy from the Olympic Games to the host cities and host countries)」と明記されるように、IOCがこのところ最も主眼を置くトピックのひとつが「オリンピック・レガシー」であり、この項目は、2012年大会の開催都市を決定するプロセスから、開催都市として立候補する段階での言及か不可欠とされた。

　イギリスのスポーツ行政を管轄する文化・メディア・スポーツ省（Department for Culture, Media and Sport：以下DCMSと表記）は、ロンドン大会開催へ向けた準備の中で、2007年にオリンピック・パラリンピック開催へ向けた公約「Our Promise for 2012」を発表、翌2008年には、その公約に係る行動計画「Before, during and after: making the most of the London 2012 Games」

第 1 章　東京オリンピック・パラリンピックにより誘引された新たなベクトル

を掲げ、オリンピック・レガシーの構築に向け、図 1-9 のような取り組みに乗り出す。

　図表 1-9 から、5 つのテーマでオリンピック・レガシーを構築しようとしたことがわかるが、ロンドン大会以降、「オリンピック開催」と「開催後のレガシー」との間の関係は一層強まり、それを象徴するひとつが IIP であった。そして、それは DCMS が掲げたロンドン大会へ向けた三番目のテーマである「若年層世代を活気付け（Inspiring a new generation of young people）」におけるプログラムとして実施され、その活動内容を詳しくしたものが図表 1-10 である。

　各国の地域コミュニティや教師らと連携してスポーツ・イベントを実施し、子どもたちにスポーツの力を実感してもらうことを狙いとした IIP は、海外の子どもたちにスポーツの喜びを感じてもらうためのプログラムを様々なかたちで実施

**図表 1-9：DCMS が掲げたロンドン大会へ向けた公約及び主なプログラム**

1. イギリスを世界有数のスポーツ大国へ（Making the UK a world-leading sporting nation）
　Key Programmes: The PE and Sport Strategy; Sport England's strategy for quality community sport; £75 million healthy living marketing campaign; and UK Sport's World Class Performance Programme.

2. ロンドン東部の地域を活性化（Transforming the heart of East London）
　Key Programmes: The ODA Delivery Plan for the Olympic Park; the Legacy Masterplan Framework and Regeneration Strategy for the area; and local jobs and skills training initiatives including the London Development Agency (LDA) London Employment and Skills Taskforce for 2012 (LEST) Action Plan.

3. 若年層世代を活気付け（Inspiring a new generation of young people）
　Key Programmes: The Cultural Olympiad and the work of Legacy Trust UK; the Personal Best Programme; the London 2012 Education Programme; and the International Inspiration programme.

4. オリンピック・パークを持続可能な生活の青写真に（Making the Olympic Park a blueprint for sustainable living）
　Key Programmes: The London 2012 Sustainability Plan; a new methodology for measuring carbon footprinting; and local sustainability initiatives.

5. イギリスが住民及びビジター、ビジネスの人々にとってクリエイティブかつ包摂的で快適な場所であることを世界へ向け発信（Demonstrating the UK is a creative, inclusive and welcoming place to live in, visit and for business）
　Key Programmes: The Business Network brokerage service for businesses across the UK, Train to Gain Compact for 2012, Personal Best, skills strategies in construction, hospitality and leisure, sport and media, the Government's Tourism Strategy, and the Cultural Olympiad.

出典：Department of Culture, Media and Sport［2008: 6-7］をもとに筆者作成。

第Ⅰ部　SDP 発展の経緯

**図表 1-10：「若年層世代を活気付け（Inspiring a new generation of young people）」において設定されたねらい（Headline Ambitions）**

- **時間を使い、視野を拡大する**：2012 年に大会が開催された結果、新たに数万人の若年層世代が、自分たちのローカル・コミュニティのために時間を費やすようになる。
- **新しい文化活動**：2012 年に大会が開催された結果、新たに数万人の若年層世代が、文化活動に参加するようになる。
- **積極的に関与し、学習する**：数千の学校や大学、その他の学習機会を供与するものたちが、オリンピック・パラリンピックの価値に関する学習機会を供与することで、若年層世代を刺激する。
- **グローバルに展開**：300 万人の海外の若者たちが質の高い体育やスポーツに触れることができ、少なくとも 2010 年までに 100 万人が定期的にそうした活動に参加できるようになる。

出典：Department of Culture, Media and Sport［2008：42-49］をもとに筆者作成。

しながら、体育・スポーツの活動から遠ざかっている世界中の青少年がそうした活動に参加できる体制作りを積極的に支援してきた。例えば、南アフリカでの女子のスポーツ参加促進やバングラデシュでの水泳指導、エチオピアにおける青少年リーダー研修会などがその一例である。IIP の報告書によると、このプログラムは①政府と政策立案者、②実務者と担当機関、③子供と若年層の 3 つの分野にわたり大きなインパクトをもたらすことができたという。それぞれの分野での主な実績を図表 1-11 にまとめてみた。また、IIP が実施された地域とその開始時期及び各国における IIP が実施された期間については図表 1-12、図表 1-13 に示す通りである。

　こうしてみると、オリンピック・パラリンピックの開催は、大会開催による経済的効果や国際競技力の向上とかの次元にとどまるのではなく、平和で安定した国際社会づくりに貢献するイベントとして、これまでとは全く別のコンテクストで重い意味を持ち始めたことが分かる。Sport for Tomorrow プログラムも IIP も、オリンピックの掲げる理念を最大限に引き出そうと、政治や外交、観光と複数の省庁、関係機関とが連携しつつ、「オリンピック・レガシー」という文脈で途上国のスポーツ文化を育成支援する方向性を持つ点で共通する。ただ日本のケースは、「スポーツを通じた国際協力及び交流活動」に加えて、IOC や世界アンチ・ドーピング機関（World Anti-Doping Agency：以下 WADA と表記）の提示する長期的視野に立った活動にまで繋げようと、それを「国際スポーツ人材育成拠点の構築」や「国際的なアンチ・ドーピング推進体制の強化支援」の領域にまで押し広げ、各関係機関に積極的に働きかけた。すなわち、IIP と Sport for Tomorrow プログラムが異なるのは、「スポーツを通じた国際協力及び交流」にとどまらず、プログラムの中に「国際スポーツ人材育成拠点の構築」や「国際的

第 1 章　東京オリンピック・パラリンピックにより誘引された新たなベクトル

**図表1-11：各分野の主な業績評価指標の目標値と各実績**

| | 業績評価指標の目標値 | 実績 |
|---|---|---|
| ①政府と政策立案者（Governments and Policy Makers） | 対象国において、質が高くインクルーシブな体育やスポーツ、プレイが、少なくとも20の政策、戦略、カリキュラム、法律が変更、もしくは制定される。 | IIPは、19ヵ国の55の政策・戦略・法律に影響をもたらした。うち17ヵ国では学校スポーツに関する政策や法律の変更、9ヵ国でスポーツ政策やスポーツに関する法律の変更、24ヵ国でティーチングやコーチング・リソースに関する変更、5ヵ国でユース政策に関わる変更があった。 |
| ②実務者と担当機関（Practitioners and Delivery Organisations） | 2014年末までに、対象国におけるスポーツやプレイのための安全なスペースが、少なくとも60箇所提供される。 | 7ヵ国で計308箇所の安全なスペースが提供された。 |
| | 600の学校（国内300校、海外300校）において国際交流の関係が構築される。 | 594校が交流関係を構築。うち288校がイギリスの学校であり、308校が海外の学校となる。 |
| | 質が高く包摂的な体育やスポーツ、開発のためのスポーツやプレイ・アクティビティを組織化、マネジメント、機会提供、モニタリング、評価できるように、20,000人の実務家を研修する。 | 256,000名以上の実務家が研修を受講。うち50,000名以上が若年層であった。 |
| | 対象国において、少なくとも200以上のコミュニティ・ベースのイベントが展開される。 | 12ヵ国において、1,025のミュニティ・ベースのイベントが展開された。 |
| | 対象国において、少なくとも20のアドボカシー・キャンペーンが展開される。 | 11ヵ国において、16のアドボカシー・キャンペーンが展開された。 |
| ③子供と若年層（Children and Young people） | 対象国において、400万人の若者や子供達が、質が高くインクルーシブな体育やスポーツ、開発のためのスポーツやプレイ・アクティビティに定期的に参加し、800万人の若者たちが、それらの機会に接することができるようになる。 | 1,870万人以上の若者や子供達がIIPの活動に定期的に参加し、630万人以上の若者や子供達が直接的もしくは間接的にIIPに参加した。 |

出典：Sarah, J., Jonathan, F. and Ecorys UK [2014: 6]をもとに筆者作成。

なアンチ・ドーピング推進体制の強化支援」などの分野が組み入れられている点及びコンソーシアムを立ち上げ、政府・スポーツ界・民間企業・自治体・NGOなどが連携して情報共有、事業連携をしていく仕組みを設置し、多彩な領域を含ませた活動となっている点にある。

　日本の場合、「スポーツは、スポーツに係る国際的な交流及び貢献を推進することにより、国際相互理解の増進及び国際平和に寄与するものとなるよう推進されなければならない。」［スポーツ基本法・第二条（基本理念）］と、2011年に制定された「スポーツ基本法」の中に鮮明に語られたことで、SDPのようなスポーツの展開に積極的に関与することが要請されてきたという経緯はあるものの、それらにオリンピック・レガシーやIIPのコンテクストが積層し、スポーツ

# 第 I 部 SDP 発展の経緯

図表1-12：IIPが実施された地域とその開始時期

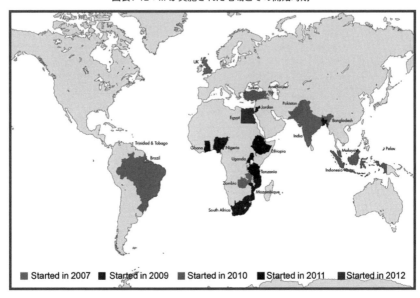

出典：Sarah, J., Jonathan, F. and Ecorys UK [2014: 6] より抜粋。

図表1-13：各国におけるIIPが実施された期間

| | 2007 | 2008 | 2009 | 2010 | 2011 | 2012 | 2013 | 2014 |
|---|---|---|---|---|---|---|---|---|
| Azerbaijan | | | | | | | | |
| Brazil | | | | | | | | |
| India | | | | | | | | |
| Palau | | | | | | | | |
| Zambia | | | | | | | | |
| Bangladesh | | | | | | | | |
| Jordan | | | | | | | | |
| Malaysia | | | | | | | | |
| Mozambique | | | | | | | | |
| Nigeria | | | | | | | | |
| South Africa | | | | | | | | |
| Trinidad and Tobago | | | | | | | | |
| Indonesia | | | | | | | | |
| Pakistan | | | | | | | | |
| Turkey | | | | | | | | |
| Ethiopia | | | | | | | | |
| Ghana | | | | | | | | |
| Tanzania | | | | | | | | |
| Uganda | | | | | | | | |
| Egypt | | | | | | | | |
| UK | | | | | | | | |

出典：Sarah, J., Jonathan, F. and Ecorys UK [2014: 6] より抜粋。

第1章　東京オリンピック・パラリンピックにより誘引された新たなベクトル

を通じて平和で安定した国際社会づくりを目指すベクトルが急速に形成されてきたとも言えるだろう。その意味で日本のスポーツ界は、今まさに「スポーツを通じた国際貢献」の時代を迎えている。では、そうしたスポーツによる国際貢献の源流は、世界的動向のいかなる部分に求められるだろうか。その疑問について、次章にて探っていくことにしよう。

【注】
1) スポーツ・フォー・トゥモロー・コンソーシアム事務局が配布するSport for Tomorrowのパンフレット（スポーツ・フォー・トゥモロー・プログラムのご案内）に記載される文言からそのまま抜粋。
2) スポーツ・ファーマシストとは、JADAが、日本薬剤師会と共同で2009年から認定している資格であり、薬の正しい使用法の指導や健康教育などを通じて、スポーツにおけるドーピング（禁止薬物の投与）を防止することが主たる活動目的となる。スポーツ団体と薬剤師会とが連携して制度運営を行うことは世界でも初めての試みであり、これまで公認スポーツファーマシストとして5000名余りが認定され、既に国民体育大会（国体）などのスポーツ大会で活躍している。
3) 2015年8月時点において、文部科学省の担当窓口は「スポーツ・青少年局：競技スポーツ課オリンピック・パラリンピック室」であり、外務省の担当窓口は「大臣官房：人物交流室」である。
4) 2015年8月5日にJSCにおいて開催されたSport for Tomorrowに関するプレスセミナーで配布された資料に依拠する。
5) その目的は、「スポーツの振興と児童生徒等の健康の保持増進を図るため、その設置するスポーツ施設の適切かつ効率的な運営、スポーツの振興のために必要な援助、学校の管理下における児童生徒等の災害に関する必要な給付その他スポーツ及び児童生徒等の健康の保持増進に関する調査研究並びに資料の収集及び提供等を行い、もって国民の心身の健全な発達に寄与すること」［独立行政法人日本スポーツ振興センター法・第1章第3条］とされている。
6) JSCがスポーツ関係機関と連携・協働を図る取組みとして、2013年7月に「JAPAN SPORT NETWORK」が立ち上げられ、2014年11月末時点で、566の地方自治体が賛同しているほか、2020東京オリンピック・パラリンピック競技大会開催決定を受け、国際サッカー連盟（Fédération Internationale de Football Association：以下FIFAと表記）やイギリス・オーストラリアをはじめとした海外スポーツ統括機関との連携を進めながら、情報・国際機能の強化が図られてきている。
7) UK Sportとは、英国においてハイパフォーマンスのアスリート支援を行う公的機関である。
8) セバスチャン・コーは、1980年代に活躍したイギリスの著名な元陸上競技選手であり、後に政治家に転身した。そのキャリアを生かし、ロンドン五輪の際は大会組織委員会会長を務めた。

第 I 部　SDP 発展の経緯

## 第 2 章

## スポーツによる援助協力の歴史的変遷
：1990 年代までの動向

　スポーツを開発（development）に結びつけて捉える考え方自体は決して新しいものではない。キッドによれば、19 世紀後半、社会秩序を乱しかねない労働者を馴致しようと、民衆娯楽や伝統行事を「非文明的」であるとして抑圧し、それに替わる「合理的な」レクリエーションを推奨した「合理的娯楽（rational recreation）」による社会統制や、子どもたちが安心できる遊び場の整備促進をねらった 20 世紀初頭のアメリカの「プレイグラウンド・ムーブメント（playground movement）」などにも、社会開発とスポーツの連接性を見つけることができるとしている［Kidd, 2008: 371］。また開発の実践へのスポーツの導入については、1990 年代から UNDP や国連食糧農業機関（Food and Agriculture Organization of the United Nations：以下 FAO と表記）などの国連機関において行われてきた。そこで本章では、はじめに開発援助の変遷を跡付けながら南北問題について略説する。その後、IOC と国連、そして FIFA による途上国支援の歴史について概観しながら、20 世紀末までのスポーツによる援助協力の歴史的変遷について明らかにする。

### 1．開発援助の変遷：顕在化する南北問題

　第二次世界大戦後、それまで植民地だった地域が新しい国家として宗主国から独立していったのを境に、そのような新興独立国の経済的な自立をどのように実現していくかということが大きな課題として立ち上り、1960 年代以降、各国間の経済格差が明確になるにつれ、いわゆる「南北問題」が浮上してくる。こうした問題に対して、ロストウらが提唱した「近代化論」を基本思想として開発援助が実施されはじめた。ロストウ［1961］は、新興独立国の低開発な状態につい

第 2 章　スポーツによる援助協力の歴史的変遷

て、欧米がたどった過去の通過点に相当するもので、高度大衆消費時代へ続く伝統社会から離陸の段階にあるとする単系的発展段階論を展開し、この時点において開発は、経済成長、工業化、欧米化と同義とされた。この考え方においては、工業化に必要な技術を供与し社会基盤の整備を行うことで外貨・貯蓄の不足を埋めていくことが援助の役割だとされ、経済成長の成果は最初に社会の上層部へ浸透し、次第に国民全体へゆきわたるもの（「トリックル・ダウン」仮説）とされた。1970 年代、こうした経済成長に主眼をおいた開発援助政策が、必ずしも飢餓や貧困を解決しないばかりか、先進国と途上国のあいだ、さらには途上国内における貧富の格差を拡大させることが明らかになってきた。19 世紀はじめに独立を果たしながらも、依然として経済的に低開発に押しとどめられているラテンアメリカの状況は、あらゆる国家が欧米を頂点とした単線的な発展段階の途中に位置するがゆえに起こっているのではなく、国際経済システムによる新しい植民地主義の結果として引き起こされているとする「従属理論」が出てくるのもこの時期である [1]。

　近代化論の描いた未来予想図とは異なる事態が生じてきたことによって、援助国側は開発戦略の修正を迫られ、やがて援助の焦点は貧困層や社会的弱者の領域に推移していく。農業や教育、保健衛生、人口計画などの分野を重視し、その分野の援助を優先的に配慮する「人間の基本的ニーズ（Basic Human Needs：以下 BHN と表記）」を重視する援助概念の登場である。これは従来の援助が途上国の貧困層の暮らしに必ずしも寄与していないという認識のもとに、低所得者層の民衆に直接役立つものを援助しようとするものであった。この BHN アプローチは、国家の枠組みとその役割を措定したうえに成立する「近代化論」的な援助戦略とは一線を画した。というのは、それまでの援助戦略が「上から」の経済成長を狙ったものであったのに対し、経済的底辺層における生活の改善を直接的なターゲットとした BHN の戦略は、人間尊重や人間解放を狙った「下から」のアプローチという異なる姿勢をとったからである。そして、この路線はのちにUNDP において 1980 年代後半に登場した「人間開発（human development）」[2] へと継承される。BHN アプローチが公共政策としての福祉供与を中心に据えながら物質的支援を重視したのに対し、「人間開発」はより個々人の社会参加の側面を強調しながら、「人々の選択を拡大し、生活を豊かにすることをめざしているところ」［ハク，1997：25］に特徴がある。このように南北問題と開発援助戦略は互いに深く連関しながら、途上国の「現場」からはね返ってくる多様な事

象とそれに対応する施策の展開というサイクルにより、これまで幾度となくパラダイムを変換させてきた。

　ところが、先にみた「近代化論」的アプローチの問題に限らず、それぞれの戦略において多くの問題をともなってきたことも事実である。BHNを重視する開発戦略が提唱されると、途上国側は先進工業国中心の従来の国際経済体制（GATT―IMF体制）こそ不公正であると批判し、「援助よりも貿易を」というスローガンを掲げ、途上国と先進国が一体となった新しい国際経済体制の樹立を唱えた。さらに、1970年のオイルショックに端を発する世界銀行や国際通貨基金（International Monetary Fund：以下IMFと表記）による構造調整問題[3]、アフリカの旱魃による飢餓問題、加えて政治混乱や内乱から大量の難民が発生し、結果的にはBHNという開発戦略が提唱・推進されたにもかかわらず、1980年代に南北間の格差はいっそう拡大する。その後、「技術移転（Technology Transfer）」、「適正技術開発（Appropriate Technology）」、「開発における女性（Women In Development）」、「プライマリー・ヘルス・ケア（Primary Health Care）」などが開発関連のキーワードが続々と提唱され、「貧困」の概念も様々な変化を見せる。こうした多元的な展開によって幼児死亡率や学童就学率など特定の分野においては確実に成果をおさめたのだが、地球規模の環境問題が深刻化するにつれ、開発による環境悪化、生態系破壊といった局面で南北間の関係は新たなひずみを見せはじめる。このひずみは、将来の世代においても開発の恩恵を享受できるような開発の必要性という考え方とも連なって、「持続可能な開発（Sustainable Development）」[4]という認識を大規模に喚起したものの、先進国と途上国のあいだの「溝」は現在においても埋めることができないまま大きく開いている。

　国際機関が作り出してきた一連のキーワードは、中村も指摘するように、万人に呼びかけることができるよう中立的なスローガンとして「現存の政治経済システムとそのイデオロギーから距離を置こう」と腐心してきた［中村，1996：11］。ところが、実際にはBHNでは受入国の主権問題が絡み、必ずしも途上国からの賛意が得られているとは言えない状況であり、「人間開発」による民衆の積極的なエンパワメント戦略なども、ときに国家による弾圧の強化を招きかねない状況にある。それゆえ、援助がその本来の目的である人々の生活の豊かさに結びつくためには、途上国における統治体制や社会構造が民主的・効率的・公平でなければならないと考えられるようになり、「グッド・ガバナンス（Good

Governance)」という理念も盛んに唱えられるようになる。近代化論が「国家」という枠組みを起点にして経済的側面から南北問題の格差を是正しようとするも失敗し、その後そのフレームワークを通り抜けて民衆に直接的に接近しようとしたにもかかわらず、結局は「ガバナンス」という「国家」の壁に突き当たってしまうという実情に、現在の「南」と「北」における根深い袋小路的な問題がある。

## 2．トランスナショナルなスポーツへの期待
：20 世紀末までの IOC による展開

　国際関係が一方で行き詰まりの気配をみせるなかで、「国家」という枠組みを突き抜ける契機としてその可能性をスポーツに見いだし、それを積極的に活用しようとする動きが 1990 年代に目につくようになってきた。オリンピックを「平和の祭典」と謳い、スポーツを通じて国家間の協調を図ろうとすることなどはその典型である。実際、IOC は、1990 年代以降「オリンピック休戦（The Olympic Truce)」というキーワードを全面に押し出し、スポーツによる平和の構築を訴えてきている。オリンピック休戦とは、紀元前 9 世紀、古代オリンピックの期間中には交戦者が休戦したという古代ギリシャ「エケケイリア（Ekecheiria)」の故事にならい、オリンピックが開催されている期間中は休戦することを訴えようとしたものである[5]。こうした言葉が闊歩し始めた背景には、スポーツやオリンピックが政治の世界と不可分のものとして考えられるようになったことがある。例えば、ユーゴスラビア紛争に対する制裁措置として国連がスポーツも制裁の対象と決定したことに対し、IOC はスポーツの自律性を主張して反発した。その後、IOC は世界各国と各国際機関に働きかけながら、ユーゴスラビア選手のバルセロナ・オリンピックへの参加を国家代表としてではなく、「個人参加」という形での選手派遣ということで最終的に国連と妥協をはかる。これ以降、IOC はオリンピックを種々の政治的圧力から守るためにエケケイリアの理念を復活させ、オリンピック休戦の展開が活発化することになった。
　一方、1978 年の国際体育・スポーツ憲章（International Charter of Physical Education and Sport）に明記された「基本的人権としての体育・スポーツ（The practice of physical education and sport is a fundamental right for all)」への国際的な合意や[6]、1989 年の「児童の権利に関する国際条約（The States Parties to the Convention on the Right of the Child)」の第 31 条にて

第Ⅰ部　SDP 発展の経緯

認められた「休息及び余暇についての児童の権利並びに児童がその年齢に適した遊び及びレクリエーションの活動を行い並びに文化的な生活及び芸術に自由に参加する権利」を先例に、国連をはじめとした各国際機関との連携においても、国家の枠組みを超克していくものとしてスポーツにその可能性を見出そうとする動きが台頭する。IOC は、UNDP と 1996 年に協力合意を締結し、貧困撲滅キャンペーンを協働で展開するかたわら人間開発に寄与するものとしてスポーツに注目し、アフリカのブルンジ共和国において「異民族交流スポーツ・プロジェクト (Inter-ethnic sport project)」を開始する。これは戦火によって荒廃した社会を復興させるために、スポーツを通じて異なる民族が相互に理解を深めようという目的で、地域権力者やプロジェクト・オーガナイザー、スポーツ連盟が一体となって互いにコミュニケーションを促進するために展開された [IOC Department of International Cooperation, 1999: 19]。また、FAO も農業生産向上のために不可欠なコミュニティ意識を高めていくもののひとつとしてスポーツに着目し、ブルキナファソやカンボジア、エクアドル、タンザニアにおいてパイロット・プロジェクトを実施することになる [IOC Department of International Cooperation, 1999: 20]。国連と IOC の間の協力合意、つづく UNDP や FAO などの国連機関によるスポーツの活用など[7]、こうした一連の連携は、スポーツを単なる余暇活動と考える以上に、それが開発プロジェクトに好影響をもたらし、最終的には彼らの社会統合へ繋がると捉えられている点に大きな特徴を見出すことができる。南北問題を乗り越えていくひとつの契機としてスポーツが注目され、開発アプローチのひとつとしてのスポーツが期待を集め始めた点で 1990 年代は、21 世紀初頭に到来する本格的な SDP の展開を目前に控えた萌芽期と言えるだろう。

　近代国民国家を形成していくうえで大きな役割を担ったスポーツが同時に国家のフレームワークを乗り越えていくのに大きな期待を背負うというのは皮肉なことと言えなくもないが[8]、そうした表裏一体の関係がつねに同居しながら、どちらにも転じうるという反転力がスポーツのひとつの大きな特性であり魅力である。ワールドカップ・サッカーの日韓共同開催が、近代国民国家の枠組みを乗り越えアジア全体の国民的合意形成に寄与することを期待しながらも、反面、従来通りの国家の枠組みへ回帰してしまうかもしれないと懸念する平野[2000]の「告白」は、まさしくこのスポーツの両義性を端的に言い表しているものと言える。このように、スポーツに対して各方面からの関心が高まってくると、オリンピッ

第 2 章　スポーツによる援助協力の歴史的変遷

クやワールドカップをはじめとする各種国際大会に期待される役割も増大し、必然的にそれらを統括する国際的な機構という存在が濃色に浮かびあがってくる。多木［1995］が、ネーションの相対化を可能せしめるスポーツへのイマジネーションに思いを馳せるとき、その思考の実験のなかに登場してきたのも、やはりこの「国際機構」であった。さしあたり、現代ではスポーツにおける「国際機構」というのは IOC や国際競技連盟（International Federations：以下 IF と表記）が相当するのであって、その意味でこれらスポーツの統括組織がいま、単にスポーツを統括するだけというわけではなくて、別のコンテクストで重い意味を持ちはじめている。たしかに IOC の加盟国数をみれば国連のそれを大きく上回り、オリンピック大会への参加国数や大会規模も拡大の傾向にある。加えて、オリンピックへの人々の関心の高さを鑑みるならば、スポーツの統括組織による世界的な展開は、ある側面で途上国と先進国の「溝」を越えてきていると言えるのかもしれない。

　では、そうした IOC が、アフリカのような途上国と接点を持ち始めたのはいつ頃からなのだろうか。ゲストの論考から、ここでその接点についてもう少し踏み込んでみると、現在の SDP の展開とはかなり肌合いが異なる状況が浮かび上がってくる。オリンピック組織によるスポーツ援助の最初の発想の雛型は、1923 年の「スポーツをアフリカに届けよう（Sport seeks to conquer Africa）」の取り組みの中に見出すことができるが、オリンピックの理念を人類普遍のものと捉えていた当時のクーベルタンの楽観的な認識もあって、その取り組みがアフリカに大きな足跡を残すことはなかった［Guest, 2009］。1925 年には、第一回アフリカン・ゲームズをアルジェリアで開催することを計画したものの、計画は頓挫し、結局 1929 年にまで開催が先延ばしされる。クーベルタンが当初描いていた単純な発想を寄せ付けないアフリカの複雑な社会事情に IOC は直面し［Guest, 2009: 1341］、そうした事態はその後も続くことになる。1988 年には「オリンプアフリカ（Olympafrica）」が新設され、アフリカ全土を対象に 20 のセンターの設立が行われたとも言われているが、では具体的にどのように運営されていたのかというと、そのプログラムや実際の機能がいかに広がっていったのかについては充分な資料がなく、具体的な活動を示す証跡を見つけることができなかったとしている［Guest, 2009: 1341-1342］。つまり、彼のフィールド調査の報告からすると、オリンプアフリカはそれほどの実効性を伴ってはいない組織であったと言えよう。

第Ⅰ部　SDP発展の経緯

現在のスポーツ援助における受益者の創出は、オリンピック・ムーブメントの拡大を目的とした「オリンピック・ソリダリティ（Olympic solidarity）」に見て取れるが[9]、競技力向上よりもそこから脱略する国々の支援を積極的に奨励する結果となったのは、別の出来事に由来する。それは、オリンピック招致に関する収賄問題が顕在化し、様々な疑惑でIOCが揺れる中、それまでのスポーツ施設や競技水準の向上を狙った活動とは別の方向性をもった活動が登場した過去にさかのぼる。1994年、ノルウェーの組織を中心に「オリンピック・エイド（Olympic Aid）」が新設され[10]、サラエボやアフガニスタンの子どもたちに対する予防接種、食糧や衣料品等のための資金援助が実施されたのである。途上国にまで裾野を広げた草の根的なアウトリーチ活動は、それまでのスポーツ施設の整備と競技水準の向上を狙った活動とは別の方向性をもった活動として、SDPの活動へ組織的に取り組んだ最初の一歩だった。その口火をきったのが、リレハンメル・オリンピックのスピードスケートで金メダリストを獲ったコス（Johann Olav Koss）を中心とするアスリートたちであり、コスの着想に賛同したアスリートらの協力のもと、「スポーツを通じての人道的支援」という発想から途上国の問題をより強く意識した事業が開始される。オリンピック・エイドは、2003年には「ライト・トゥ・プレイ（Right to Play）」へと組織名が変更され、UNICEFや国連難民高等弁務官事務所（United Nations High Commissioner for Refugees: 以下UNHCRと表記）などの国連機関と連携し、アフリカやアジア、中東など23の地域へコミュニティ開発にスポーツを絡めた積極的な取り組みを開始することになる。こうした1990年代におけるIOCと国連機関との主な連携について、資料2-1のようにまとめることができる。

**資料2-1　1990年代におけるIOCと国連機関との連携活動**

■ UNESCO：Promoting Physical Education, Sport and Peace
　教育分野のスポーツや体育の領域を対象に、1984年にIOCと協定を締結。1998年には以下の3つの領域においてジョイント・プロジェクトを展開。
・平和の文化（Culture of Peace）：主な展開として、1999年7月5日〜7月7日にかけてパリのユネスコ本部にて「平和の文化に向けた教育とスポーツに関する世界会議（World Conference on Education and Sport for a Culture of Peace）をIOCと共催。
・芸術と文化（Art and Culture）：2000年に「芸術とスポーツ大会（Art and Sport competition）」を開催。
・体育とオリンピック倫理（Physical Education and Olympic Ethics）：学校教育における体育科教育とオリンピック倫理に関する教育の涵養。

■国際保健機関（World Health Organization：以下WHOと表記）：Health and Active Living through

38

第 2 章　スポーツによる援助協力の歴史的変遷

Sport
以下のようなジョイント・プロジェクトを展開。
- スポーツ・フォー・オールに関する世界会議（World Congress Sport for All）：IOC が 2 年ごとに開催する世界会議への参加。
- 薬物使用に対する闘い（Fight against doping）：アンチ・ドーピング機構の創設へ向けた連携。
- アクティブ・リビングに関する国際ワーキング・グループ（International Working Group on Active Living）：WHO が 1996 年に創設したワーキング・グループへの IOC の参加。WHO の掲げるヘルス・フォー・オール（Health for All）の目標に向けて、身体活動の重要性を喚起。
- 喫煙の防止（Fight against smoking）：毎年 5 月 31 日に行われる「世界ノー・タバコ・ディ（World No Tobacco Day）」に対する IOC への協力。

■ UNDP: Sport at the Service of Human Development
1996 年に協力合意を締結し、多くの活動を「貧困撲滅の 10 年（Decade for the Eradication of Poverty 1994-2004）」のフレームワークにおいて展開。
- 貧困撲滅への闘い（Fight for the eradication of poverty）：1996 年のアトランタ・オリンピックの際、選手村にて「オリンピック選手による貧困撲滅へのアピール（Appeal by Olympic athletes against poverty）」が立ち上げられ、各国のオリンピック委員会では毎年 10 月 17 日から 24 日にかけて行われる「貧困撲滅週間（Week for the eradication of poverty）」の記念イベントに協力する組織も登場。
- 貧困に立ち向かうコミュニケーション・キャンペーン（Communication campaign against poverty）：有名スポーツ選手を用いた "Teams to end Poverty" と称するキャンペーンの展開。
- 異民族交流スポーツ・プロジェクト（Inter-ethnic sport project）：スポーツを通じた異民族間の相互交流の促進。

■ FAO: Bringing Sport into Rural Communities
FAO 事務所の協力のもと、1998 年から 99 年にかけて 4 つのパイロット・プロジェクトを展開。その成果から、IOC と FAO は 1999 年に他国でも同様の活動を実施することを決定。
- ブルキナファソ：3 つの農村を対象におよそ 4 万名の参加者を集め、社会的な結びつきの強化を目指したスポーツや身体活動の振興。
- カンボジア：スポーツ施設に恵まれない 14 の農村を対象に活動を展開し、1000 以上の家族と 400 名以上の子どもたちが参加。
- エクアドル：7 つの貧しい農村地域を対象に、サッカーやエクアバレー (ecuavolley) の活動を支援するためのスポーツ用具や施設の援助。大会の組織運営を支援。
- タンザニア：580 名の子どもを含む約 2000 名のイコンデ地域（Ichonde）の住民を対象に、定期的な運動の実践を通じての健康増進活動を展開。

■ UNHCR: The Olympic Spirit – Rebuilding Refugee Lives
戦争で居場所を追われた子どもたちを対象に、およそ 30 の難民キャンプにおいてスポーツ活動やレクリエーションの機会を提供。若年層の難民も多いことから、スポーツやレクリエーション活動に対する需要も高く、そうした活動を通じて友人を獲得したり、克己心を涵養する機会として、IOC のスポーツ・プロジェクトが展開。
- ネパール：ネパール東部におよそ 93,000 名のブータンからの難民がいることから、そうしたキャンプで活動する 27 名のスポーツ教員を対象に、9 日間のトレーニングキャンプを展開。参加者たちからの要請により、さらに 2 週間プログラムについても追加的に実施。
- ガーナ：1997 年に実施された選挙の結果、コートジボアールやギニア、ガーナに逃れていた難民たちの帰還が始まる。そうした難民が居住する 2 つのキャンプを対象にプロジェクトが展開。ガーナ・オリンピック委員会の支援のもと、難民サッカーチームのひとつが首都のローカル・チームと親善試合を敢行。

第 I 部　SDP 発展の経緯

- ケニア：スーダンとの国境近くケニア北西に位置するカクマ（Kakuma）キャンプにおいて IOC スポーツ・プロジェクトを展開。当該キャンプには 40 を超える民族、およそ 10 か国の国籍の難民が居住。
- グアテマラ：1989 年以降、少なくとも 10 万人以上のグアテマラ人がメキシコ内にて難民となり、100 万人以上の人々が国内避難を余儀なくされてきた中、90 年代半ばからそうした人々の再定住が始まる。その再定住化コミュニティのうち 4 つのコミュニティが IOC スポーツ・プロジェクトに参加。36 年間続いたグアテマラ内戦（1960〜1996）の終結に伴い、1997 年にはグアテマラ・オリンピック委員会の協力のもと、メキシコから帰還する人々に対して、スポーツを通じたコミュニティ再編を企図したプログラムを実施。
- タンザニア：1998 年、IOC と UNHCR が連携し、タンザニア国内に滞在するザイール、ルワンダ、ブルンジからの難民に対し、スポーツ・プログラムを開始。
- バルカン半島における新たな取り組み：1999 年 3 月以降、IOC は UNHCR や難民を抱える地域のオリンピック委員会と連携し、コソボ難民を対象としたスポーツ・プロジェクトを開始。ヨーロッパ諸国に対し、コソボ難民へのスポーツ用品に関する募金の広報活動を展開。
- スポーツ・キット（Sports kits）：IOC と UNHCR の協同による新たな取り組みとして、難民キャンプに対するスポーツ用品の援助活動を開始。

■国連環境計画（United Nations Environment Programme：以下 UNEP と表記）：Contributing to a Sustainable Development Through Sport

IOC は UNEP と協力協定を締結。環境に配慮したオリンピック大会の開催に向け、様々なレベルで多くの目標が設定。

- スポーツと環境に関する世界会議（World Conference on Sport and the Environment）：1995 年 7 月、スイスのローザンヌにて「第一回スポーツと環境に関する世界会議」が開催。第二回世界会議は 1997 年にクウェートで開催。
- スポーツと環境に関するマニュアルの発刊：UNEP の協力のもと、1997 年に IOC がスポーツと環境に関するマニュアルを発刊。

■ ILO: Sport as a Means of Social Reintegration

1998 年の協定締結のもと、途上国の粗悪な労働条件の是正を目的とした「若者に対するスポーツ関連の人道主義的援助（sport-related humanitarian assistance to young workers）」の展開に向け、ワーキング・グループを発足。

- パイロット・プロジェクト：ギニア・ビサウにおけるパイロット・プロジェクトの展開に向け、IOC と ILO の共同研究による実現可能性に関する議論を開始。1999 年 5 月 4 日〜5 日にはジュネーブにて緊急懇談会が開催され、次のようなプロジェクト目標についての議論を開始。元戦闘員たちの社会復帰への貢献等を目的としたスポーツ用品関連産業への雇用機会獲得へ向けた研修の実施。

■世界銀行（The World Bank）：Sport and Development

社会経済的及び政治的問題に直面する多くの国にとって、スポーツや体育の振興及びスポーツ施設の整備に関心が向けられることは少なく、かかる現実が IOC によるオリンピック・ソリダリティを通じた各国への経済的・技術的な援助理由となる中、1996 年 11 月、IOC と世界銀行による協定が締結。世界銀行は西アフリカ事務所を通じ、オリンプアフリカ開発プロジェクト（Olympafrica development project）への支援を開始。このプロジェクトは発展途上にある NOC を支援することを目的としたものであり、うちいくつかのスポーツ・文化センターがローカル・コミュニティによって運営され始める。また、1996 年に IOC が創設した「開発のための国際オリンピック・フォーラム（International Olympic Forum for Development）」のメンバーに世界銀行が入る。

出典：IOC Department of International Cooperation [1999: 15-33] をもとに筆者作成。

第2章　スポーツによる援助協力の歴史的変遷

　1990年代に至るまでのIOCと国連機関との連携活動は、ここに見てきたように急速に伸張していくが、組織のスケール、活動資金の潤沢さといった点でIOCに匹敵する規模の組織としてFIFAの存在を挙げることができるだろう。IOC同様、SDPの潮流が沸き立つ以前からFIFAも途上国への支援活動を積極的に展開してきた。次では、このFIFAの活動と途上国支援活動の歴史を跡づけながら、サッカーを通じた途上国支援についてみていくことにしよう。

## 3．サッカーが構築するグローバル・ヴィレッジ
### :FIFAによる途上国支援

　近代サッカーは英国でルールが統一され、19世紀後半の大英帝国の拡大とともに、英国の貿易商人や技師、政府関係者などによって世界中に伝えられたことはよく知られている。だが、この時代におけるサッカーの世界的な普及は、あくまで大英帝国の経済力と産業力の大きさに支えられたグローバル化という文脈の中で可能になったものであった。近代サッカーの唯一の統轄組織となったFIFAが、特別な振興計画を実施した結果としてサッカーを発展させてくるまでには、それから半世紀以上の歳月を要することになる。FIFAによるサッカーの振興が積極的に意識化され、その発展に向けて実践が行われたのは1960年代以降、スタンレー・ラウス（Stanley Rous）がその会長職に就任した時期からである。ラウスは元審判員という自身の経歴から、世界におけるサッカーの発展には、審判員と指導者の資質向上が不可欠だと考えていた。彼は世界中でワークショップを開催し、ルールの解釈を標準化することに腐心するとともに、世界中のサッカーの向上を目的として技術委員会を設置し、科学的なトレーニング方法の普及に努めた［Fédération Internationale de Football Association, et al., 2004］。その後、アベランジェ（J.Havelange）の会長在任期にWorld Development Programme［1975-1978］が導入され、FIFA主導によるサッカー振興が実践され始めた。サッカーの管理・運営、スポーツ医学、コーチ及び審判員の育成を目指したこのプログラムは、世界中で合計74回実施され、当時としては革新的なサッカー振興計画が開始された。このとき担当ディレクターとして招かれたのが、スイスのビジネスマンであった現FIFA会長のブラッター（J.S.Blatter）である。ブラッターは振興計画の運営資金をFIFAの収入ではなく世界的飲料メーカーであるコカ・コーラ社に求め、計350万スイスフランの5分の4を負担

第Ⅰ部 SDP 発展の経緯

させた。これを皮切りに FIFA によるサッカー振興計画は続々と展開され、世界のサッカーは、これらの振興計画を中心にルールが統一化され、世界的な標準化が図られていく［Fédération Internationale de Football Association, et al., 2004: 154］。図表 2-1 と図表 2-2 は、コカ・コーラ社の支援による FIFA のサッカー振興プログラムの足跡である。

プロリーグが 50 か国以上に存在する現在、国際的な移籍の大幅な増加を背景に、サッカー選手の国際市場の管理と国際試合の管理において、その一貫性とル

図表 2-1：FIFA によるサッカー振興計画の歴史（1975-2000）

| | プログラム名と内容 |
|---|---|
| 1975-1978 | World Development programme |
| | アドミニストレーション、コーチ・トレーニング、スポーツ医学、審判法 |
| 1980-1982 | International Academy (I) |
| | コース開催国とその周辺国からのナショナル・コーチに対する研修 |
| 1984-1986 | International Academy (II) |
| | International Academy (I) の受講修了者を対象にした上級レベルの研修 |
| 1987-1990 | World Youth Academy |
| | ユース・コーチ向けの研修 |
| 1991-1995 | FUTURO World Football Development Programme |
| | アドミニストレーション、コーチ・トレーニング、スポーツ医学、審判法に関する 6 日間研修 |
| 1997-2000 | FUTURO (II) |
| | FUTURO プログラムの継続版 |

出典：Nepfer and Rengglui［2000:3］をもとに筆者作成。

図表 2-2：FIFA によるサッカー振興計画の世界的展開：実施プログラム数（1975-2000）

| | CAF (アフリカ) | AFC (アジア) | CONMEBOL (南米) | CONCACAF (北中米カリブ) | UEFA (ヨーロッパ) | OFC (オセアニア) | TOTAL |
|---|---|---|---|---|---|---|---|
| World Development programme | 26 | 18 | 2 | 20 | 4 | 4 | 74 |
| International Academy (I) | 6 | 4 | 1 | 3 | 1 | 1 | 16 |
| International Academy (II) | 6 | 4 | 1 | 3 | 1 | 1 | 16 |
| World Youth Academy | 26 | 22 | 10 | 20 | 2 | 7 | 87 |
| FUTURO World Football Development Programme | 45 | 42 | 10 | 30 | 3 | 6 | 136 |
| FUTURO (II) | 37 | 30 | 8 | 25 | 4 | 6 | 110 |
| Total | 146 | 120 | 32 | 101 | 15 | 25 | 439 |

出典：Nepfer and Rengglui［2000:3］をもとに筆者作成。

# 第2章 スポーツによる援助協力の歴史的変遷

ールの維持が FIFA の主要な役割となってきている。それらに加えて途上国のサッカーを FIFA の援助によって確立しようとすることは、世界のサッカーを、FIFA を中心に構築するための積極的な戦略であったと考えられよう。そして現在、「ゴール（Goal）」プログラムが 1999 年から展開されてきている。このプログラムは、J.S. ブラッターの掲げる新しい構想として開始され、1999 年からの 4 年間で 100 万ドルを拠出することになった［Fédération Internationale de Football Association, et al., 2004: 170］。本プログラムを専門的にマネジメントする事務局（Development office）が各大陸の連盟ごとに設置され、その指導の下に世界各地域で若手選手の強化・育成のためのアカデミーや競技場の開設、近代的な組織運営へ向けての資金援助など、大規模な援助を展開しながら、最終的には各協会が自立できるようになることを目標にしている（図表2-3 参照）。それまでの振興プログラムが、FIFA 本部によってマネジメントされ、運営もすべて FIFA 内部のスタッフによって行われていたのに対し、「ゴール」では各国のサッカー協会に直接資金を提供することで、それぞれの協会としての自覚を促し、資金の持続的な活用方法を自発的に考えるような方法を採用したところに大きな特徴がある［Fédération Internationale de Football Association, et al., 2004: 157-158］。

現地のニーズに即した振興計画を各協会自身にデザインさせ（FIFA はそれを「テイラーメイド」と表現する。）、そのテイラーメイドな各国のサッカー協会の

図表2-3：FIFA ゴール・プログラムの組織体制

出典：Nepfer and Rengglui ［2000:3］をもとに筆者作成。

計画に対し、直接資金を拠出する援助を行うという点で、従来の振興プログラムとは大きく異なる。現地のニーズを包括的に捉えながら、世界各地へ向け大規模に展開されてきていることからすると、「サッカー版ODA」がFIFAによって本格的に始動されたと言ってよい[11]。1999年6月18日には、国連事務総長のコフィ・アナン（Kofi Annan）とFIFA会長のブラッターがニューヨークで会談し、「サッカーは文化、宗教、社会や人種の差異を超越する人類共通の言語である」とのアナン事務総長の言質が示したように、各地で問題化する民族間の軋轢や紛争問題を、若年層世代からの融和に向け、草の根レベルからアプローチする双方の新たな連携が開始される。同時に、UNICEFやUNESCO、WHOやUNDPなどとも共同しながら、子どもの権利や健康、身体活動やワクチン接種キャンペーンなどを支援する活動が開始される[12]。同年、FIFAはヨーロッパ・サッカー連盟（Union of European Football Associations：以下UEFAと表記）及びUNHCR、UNICEFと協力しながら、コソボ危機に揺れる難民の子どもたちに対して1万個のサッカーボール、ミニゴールなどを含む種々のサッカー用品を難民キャンプの子どもたちに届ける活動も展開した[13]。

以上、IOCやFIFAといったスポーツ界の主要なアクターを焦点化しながら、20世紀末までのスポーツによる援助協力の変遷についてみてきたが、そこから明らかになったのは国際開発におけるスポーツを問う場合、論じる視点や活動の目的によって多様な内容を包含しうるという実態である。そしてこの問題は、コールターによって度々焦点化されてきた議論でもある。彼によると「スポーツ・プラス（sport plus）」とは、ジェンダーの問題やHIV/AIDSの啓発活動のような開発プロジェクトと連動しつつも、関心の中心はあくまで参加層の拡大や技術向上といったスポーツ振興に向けられたものである。そしてそれとは異なり、蝿を誘き寄せるあたかも「蝿取り紙（fly paper）」の如くスポーツを活用し、そこに集まってきた人々を対象に、種々の啓発活動を行うことが主たる目的のものを「プラス・スポーツ（plus sport）」としている［Coalter, 2007: 71; 2008: 47-48］。実際の活動では、その違いはしばしば不明瞭なものとなるが、SDPの実践にはこのようなアプローチによる違いがあり、これらに加え、FIFAが展開する途上国のサッカー環境の整備を目的とした「ゴール（Goal）」プログラムなどは、サッカーという種目の発展を優先課題としていることから、「スポーツ・ファスト（sport-first）」と呼ばれたりもする［Levermore, 2008］。

こうしたSDPのプロジェクトは2008年時点で255を数え、うち93％が

第 2 章　スポーツによる援助協力の歴史的変遷

**図表 2-4：Levermore による SDP 領域の分類**

| |
|---|
| ①健常者と障がい者の個人開発（教育を通じたエンパワメントの強調） |
| ②健康増進、健康意識の啓発と疾病予防 |
| ③ジェンダー格差の是正 |
| ④社会的統合（特にコミュニケーションと社会参画を通じて） |
| ⑤平和構築と紛争予防・解決 |
| ⑥災害後の精神的軽減 |
| ⑦経済開発（インフラ整備を含めて） |
| ⑧政策課題に対する啓発活動（特にスポーツ産業による児童労働や肥満対策、人権啓発活動との結びつき） |

出典：Levermore［2010：224］をもとに筆者が作成。

2003 年以降に開始されている［Levermore, 2010: 224］。ハイハーストは、そのプロジェクトを構成するために不可欠な前提条件を、①草の根レベルでの活動、②コミュニティを基点としたスポーツの参加機会を拡大する意図、③スポーツ実践を通じたミレニアム開発目標への貢献の 3 つに集約できるとし［Hayhurst, 2009: 206］、またレバーモアは、スポーツが関与しうる開発プロジェクトにおける事業目標の側面を重視して、SDP の領域を次のように大きく 8 つの形態に分類する［Levermore, 2010］（図表 2-4 参照）。

　ただその時点では、各援助機関と繋がりがある FIFA などの少数のスポーツ連盟を中心として個々のプロジェクトが結びつき、図表 2-4 に示したような開発プロジェクトにおけるスポーツの明確な活用計画および方向性を持っていなかった。すなわち、「スポーツの振興（development of sport）」と「スポーツを通じた開発（development through sport）」という考え方が混在しつつも、貧困問題を対象に、そこにスポーツを「蝿取り紙（fly paper）」として利用することが多く、図表 2-4 に示した目標達成に、スポーツが有効な手段になるという明確な構想や戦略は持ちえていなかった。スポーツの領域が開発の世界と本格的に繋がり始めるには、21 世紀の到来を待たなければならない。第 3 章では、そうした開発とスポーツが結びついていく経緯について、IOC や IF といったスポーツ統括組織と国連との連携を焦点化しながら、21 世紀に入ってからの動向についてみていこうと思う。

【注】
1)　そこでは、豊かな「北」の諸国の工業化の過程において貧しい「南」の諸国が踏み台にされ、国際的な搾取が「北」により長年続けられてきた結果として、現在の「南」の問題が存在するとされた。この理論をもとに、のちにウォーラーステイン［1981］が世界システム論

第 I 部　SDP 発展の経緯

へと発展させていく。
2) 経済成長を中心にした開発の限界が明確になるにつれ、人間開発アプローチに対する関心も徐々に高まり、UNDP は 1990 年以降、毎年『人間開発報告書』を発行してきている。
3) オイルショックにより、各国の一次産品市場は大きく低迷し、その余波は途上国をも巻き込んだ。中南米を中心に深刻な累積債務問題が発生し、世界銀行と IMF はそれらの債務救済にあたるが、その際、各国での増税、歳出の削減等を条件とした。その結果、保健、福祉、教育などの財源が削減され、途上国の国民生活水準が悪化する事態を招いた。
4) 持続可能な開発論は、1987 年に国連の「環境と開発に関する世界委員会」(ブルントラント委員会) が発表した報告書『我ら共有の未来 (Our Common Future)』の中で、新しい開発の方向性として、環境対策が将来の開発に不可欠な視点として示された [The World Commission on Enviroment and Developmenat, 1987]。
5) 詳細については、IOC 公式サイトを参照のこと (アドレスは巻末の参考文献一覧に記載)。
6) その起草のために、アルジェリア、キューバ、インド、ナイジェリア、セネガル、スイス、ソ連、アメリカの 8 か国がワーキング・グループとして選出され、1977 年 11 月にワーキング・グループがパリで会議を行って草案を作成した [遠山, 1979：338]。
7) 国際労働機関 (International Labour Organization：以下 ILO と表記) の文書には、現在の SDP に連なる考えのもと、1922 年には既に IOC と ILO との間で協力関係が結ばれたとの記載を見つけることができる [di Cola, 2006：1]。そうした記載からすると、国際機関において開発にスポーツを結びつけた活動は、20 世紀初頭には既に芽生えていたということができる。
8) 産業社会が発展するにしたがって、スポーツが支配集団によるヘゲモニー装置として機能したとするハーグリーブス [1993] の研究や、大英帝国期における近代スポーツの植民地に及ぼした影響を考察したグットマン [1997]、また、近代日本人の身体や精神の馴致化にスポーツが果たした役割を検討した坂上 [1998] の研究などが代表的であろう。
9) オリンピック・ソリダリティとは、1973 年、IOC が公認した各国のオリンピック委員会 (National Olympic Committee：以下 NOC と表記) への援助を目的として IOC 下に設立された組織である。主に途上国に対する経済的・技術的援助を実施し、現在、貧困地域からオリンピックに出場してくるアスリートの大半は、この援助を受けている。例えば、2004 年アテネオリンピックから 2008 年の北京オリンピックまでの期間に、人的資源の強化や資金援助を目的に、各国の選手やコーチ、ボランティアやスタッフら約 1 万人におよそ 200 万米ドルが援助された [Kidd, 2008：371-372]。
10) この組織とは、Lillehammer Winter Olympic Games Organizing Committee、Red Cross、Save the Children、Norwegian Refugee Council、Norwegian Church Council and Norwegian People's Council である。
11) 2007 年 3 月時点で 189 の協会が Goal programme の援助を受けていた。
12) FIFA と各国連機関との連携の詳細については FIFA 公式サイト (media release 18 Jun 1999) を参照のこと (アドレスは巻末の参考文献一覧に記載)。
13) 想定された裨益者は、約 8 万人の子どもたちであった。詳細については次の FIFA 公式サイト (media release 28 Jun 1999) を参照のこと (アドレスは巻末の参考文献一覧に記載)。

# 第 3 章

## 本格化するスポーツを通じた開発
: 21 世紀初頭に台頭する SDP の潮流

　SDP に対する関心の最初の大きな波は、2001 年に当時の国連事務総長であったアナン（Kofi Annan）が、元スイス連邦大統領であったオギ（Adolf Ogi）を SDP の特別アドバイザー（Special Advisor to the UN Secretary General on Sport for Development and Peace）に任命し、同年 11 月、国連内に SDP に関する特別委員会（United Nations Inter-Agency Task Force on Sport for Development and Peace）を設置したことに遡る。この章では、21 世紀初頭に策定されたミレニアム開発目標についてまず説明し、それに伴い本格化することになる SDP の潮流をみたうえで、活発化し始めた「スポーツを通じた開発」の議論について検討する。

### 1．ミレニアム開発目標（Millennium Development Goals）とは何か？

　2000 年 9 月、より安全で豊かな世界づくりへの協力を約束する「国連ミレニアム宣言」が、147 の国家元首を含む 189 の国連加盟国代表たちが参加する国連ミレニアム・サミットにおいて採択された。各国が貧困撲滅に努め、人間の尊重と平等を促進し、平和と民主主義及び持続可能な環境の構築に向け、国の貧富に関係なくできる限り力を合わせることを公約したこの宣言は、その開発目標をまとめた「ミレニアム開発目標（Millennium Development Goals：以下 MDGs と表記）」を生み出す。MDGs は、低所得や飢餓の蔓延、ジェンダーの不平等や環境悪化、教育の不徹底、保健医療と安全な水の不足などを改善するために、各国にこれまで以上に取り組むことを義務づけ、2015 年までに達成すべき 8 つの目標、21 のターゲット、60 の指標を掲げることとなった。資料 3-1 は、

第 I 部　SDP 発展の経緯

それら 8 つの目標と 21 のターゲットについてまとめたものである。

資料 3-1：MDGs の目標とターゲット

【Goal1】極度の貧困と飢餓の撲滅 (Eradicate extreme poverty and hunger)
- ターゲット 1-A：2015 年までに 1 日 1 ドル未満で生活する人口の割合を 1990 年の水準の半数に減少させる。
- ターゲット 1-B：女性、若者を含むすべての人々の、完全かつ生産的な雇用、ディーセント・ワーク（適切な雇用）を達成する。
- ターゲット 1-C：2015 年までに飢餓に苦しむ人口の割合を 1990 年の水準の半数に減少させる。

【Goal2】普遍的な初等教育の達成 (Achieve universal primary education)
- ターゲット 2-A：2015 年までにすべての子どもが男女の区別なく初等教育の全課程を修了できるようにする。

【Goal3】ジェンダー平等の推進と女性の地位向上 (Promote gender equality and empower women)
- ターゲット 3-A：2005 年までに可能な限り、初等・中等教育で男女格差を解消し、2015 年までにすべての教育レベルで男女格差を解消する。

【Goal4】乳幼児死亡率の削減 (Reduce child mortality)
- ターゲット 4-A：2015 年までに 5 歳未満児の死亡率を 1990 年の水準の 3 分の 1 にまで引き下げる。

【Goal5】妊産婦の健康状態の改善 (Improve maternal health)
- ターゲット 5-A：2015 年までに妊産婦の死亡率を 1990 年の水準の 4 分の 1 に引き下げる。
- ターゲット 5-B：2015 年までにリプロダクティブ・ヘルス（性と生殖に関する健康）の完全普及を達成する

【Goal6】HIV/AIDS、マラリア、その他の疾病の蔓延防止（Combat HIV/AIDS, malaria and other diseases)
- ターゲット 6-A：2015 年までに HIV/ エイズの蔓延を阻止し、その後、減少させる。
- ターゲット 6-B：2010 年までに必要とするすべての人が HIV/ エイズの治療を受けられるようにする。
- ターゲット 6-C：2015 年までにマラリアやその他の主要な疾病の発生を阻止し、その後、発生率を下げる。

【Goal7】環境の持続可能性を確保（Ensure environmental sustainability）
- ターゲット 7-A：持続可能な開発の原則を国家政策やプログラムに反映させ、環境資源の損失を阻止し、回復を図る。
- ターゲット 7-B：2010 年までに生物多様性の損失を確実に減少させ、その後も継続的に減少させる。
- ターゲット 7-C：2015 年までに、安全な飲料水と衛生施設を継続的に利用できない人々の割合を半減させる。
- ターゲット 7-D：2020 年までに少なくとも 1 億人のスラム居住者の生活を大きく改善する。

【Goal8】開発のためのグローバルなパートナーシップの推進（Develop a global partnership for development)
- ターゲット 8-A：開放的で、ルールに基づく、予測可能でかつ差別的でない貿易と金融システムを構築する。
- ターゲット 8-B：後発開発途上国（LDCs）の特別なニーズに取り組む。
- ターゲット 8-C：内陸開発途上国と小島嶼開発途上国（太平洋・西インド諸島・インド洋などにある、領土が狭く、低地の島国）の特別なニーズに取り組む。

- ターゲット 8-D：国内および国際的措置を通じて途上国の債務問題に包括的に取り組み、債務を長期的に持続可能なものとする。
- ターゲット 8-E：製薬会社と協力して、途上国で人々が安価で必要不可欠な医薬品を入手できるようにする。
- ターゲット 8-F：民間セクターと協力して、特に情報・通信での新技術による利益が得られるようにする。

出所：UNDP 公式サイトをもとに筆者作成（アドレスは参考文献一覧に記載）。

　国際社会の共通目標として MDGs が設定されて以降、世界の国々はその目標達成に取り組み、これまでにマラリアと HIV の予防、はしかの予防接種など、重要な対策が大幅に改善したことで、幼児の死者数は 1990 年の 1250 万人から、2008 年には 880 万人へと減少し、国際的貧困ライン未満の生活を送る人々は約 9 億 2000 万人と、1990 年との比較で半減する見込みとなるなど、多くの成果が顕現してきている［United Nations Department of Economic and Social Affairs, 2010］。もともとは 1990 年代に国連や経済協力開発機構（Orgnisation for Economic Co-operated and Development：以下 OECD と表記）、世界銀行、IMF によって策定された国際開発目標が拡充され、国連総会で採択されることになったこの MDGs は、現在、人類の将来の繁栄に向けた基礎的条件を整える重要な国際目標として展開されてきている[1]。

## 2．国連内で高まる SDP への関心

　MDGs の設定は、世界の均衡と安定のために地球上から貧困を削減し、その取り組みを途上国のみに求めるのではなく、世界各国で共有しながら進めていく姿勢を強く押し出すものとなった。そして、こうしたスタンスはスポーツ界にも大きく影響を与え、21 世紀に入ると、「スポーツ」の領域と「開発」の領域とが急速に接近し始める。2001 年、当時の国連事務総長であったアナン（Kofi Annan）が、元スイス連邦大統領であったオギ（Adolf Ogi）を SDP の特別アドバイザー（Special Advisor to the UN Secretary General on Sport for Development and Peace）に任命し、翌 2002 年 7 月、オギと UNICEF 理事であったキャロル・ベラミー（Carol Bellamy）を共同議長とする SDP に関する特別委員会（United Nations Inter-Agency Task Force on Sport for Development and Peace）が設立される。この特別委員会は ILO、UNESCO、WHO、UNDP、UNEP、UNHCR、UNICEF、国連ボランティア（United

第 I 部　SDP 発展の経緯

Nations Volunteers：以下 UNV と表記)、国連薬物犯罪事務所（United Nations Office of Drugs and Crime)、国連合同エイズ計画（Joint United Nations Programme on HIV/AIDS）などからの委員で構成され、SDP の組織として先駆け的存在であった Right to Play の支援のもと、ミレニアム開発目標の達成に向けてスポーツが果たしうる役割について検討されることとなった。

　2003 年 2 月には、スイスのマグリンゲンで「第 1 回スポーツと開発に関する国際会議（1st International Conference on Sport and Development)」が開催され、各国政府や各国連機関、スポーツ界や国際開発の領域から 400 名を越える代表者が集まり、その成果は「マグリンゲン宣言（The Magglingen Declaration)」という形に集約された（図表 3-1)。

　こうした一連の経緯が SDP の方向性を徐々に水路づけ、SDP に関する国連

**図表 3-1：マグリンゲン宣言**

この宣言は、スポーツと開発に対する我々のコミットメントを表したものである。スポーツの多様性を認めつつも、スポーツは人権のひとつであり、ライフスキルを習得する理想的な基盤となる。我々はスポーツの持つ次のような可能性と価値を認め、ここに宣言する。

- スポーツと身体活動は、低コストで人々の心身の健康を増進させ、その発達に必要不可欠なものである。
- 学校制度の中に体育とスポーツを設置することは青少年を活動的にし、彼らのクオリティ・オブ・ライフを向上させる。
- プレイとレクリエーションは紛争や不安定な社会情勢に苛まれる人々の心の傷を癒し、トラウマを乗り越える助力となる。
- ローカル・スポーツは、人々が集う理想的な場となり、それは社会を構築するための助力となる。
- スポーツは、人種や宗教、ジェンダーや障害の有無、社会的背景といった多様な障壁を乗り越える助力となる。
- スポーツは、薬物やドーピングの使用の禁止を実践する際に効果的なものとなる。
- 倫理的な行為にコミットすることにより、スポーツ・グッズ産業はその製品に付加価値を加えることができ、ポジティブな方向で社会構築の助力となる。
- スポーツ界、メディア、開発ワーカー間のパートナーシップは、スポーツが持続的発展に貢献することへの理解を大きく後押しする。

スポーツが国家の発展や国際開発の重要な一部分となることにより、これらすべては達成されうる。それゆえ、我々は各国政府、国連機関、スポーツ連盟、NGO、スポーツ・グッズ産業、メディア、ビジネスなどのすべての人々に対して、開発を後押しするためのスポーツへ貢献することを要請する。

マグリンゲンはスポーツを通じてより良い世界を創り出していくための我々の最初のステップとなる。

マグリンゲン、2003 年 2 月 18 日

出典：Sports and Development International Conference［2003］をもとに筆者作成。

第 3 章　本格化するスポーツを通じた開発

の特別委員会は、2003 年 3 月に「開発と平和を後押しするスポーツ：ミレニアム開発目標の達成に向けて（Sport for development and peace: Towards achieving the Millennium Development Goals）」と題する政策文書を発表し、その中でミレニアム開発目標に資するスポーツの効果を謳い、SDP に関する戦略の新たな方向付けを行う。こうした提言が大きな助力となり、2003 年 11 月の国連総会における「教育を普及、健康を増進、平和を構築する手段としてのスポーツに関する決議（Sport as a means to promote education, health, development and peace）」の採択、同時に 2005 年を「スポーツ・体育の国際年（International Year for Sport and Physical Education：以下 IYSPE2005 と表記）」とする決議の採択へと結びついていく。2004 年 8 月には、SDP に関する国際ワーキング・グループ（Sport for Development and Peace International Working Group：以下 SDPIWG と表記）が発足し、開発のコンテクストにおけるスポーツの活用可能性を検証しつつ、各国の開発戦略の中にスポーツを引き寄せようとの共同歩調が国際的に取られていくことになる。2005 年の IYSPE2005 の制定は、人間開発や平和を構築していく上でのスポーツの持つ可能性を各国政府に大きく喚起し、このような SDP の動向は、国連のスポーツへ

**図表 3-2：国連機関と SDP における主な歩み**

| | |
|---|---|
| 2000 年 9 月 | 国連ミレニアム開発目標の設定 |
| 2001 年 2 月 | Adolf Ogi が SDP に関する国連事務局長の特別アドバイザーに就任 |
| 2002 年 | 国連内に SDP に関する特別委員会（United Nations Inter-Agency Task Force on Sport for Development and Peace）が設置 |
| 2003 年 2 月 | スイスのマグリンゲンで第一回スポーツと開発に関する国際会議（1st International Conference on Sport and Development）が開催 |
| 3 月 | 「開発と平和を後押しするスポーツ：ミレニアム開発目標の達成に向けて（Sport for development and peace: Towards achieving the Millennium Development Goals）」と題する政策文書が、国連の SDP に関する特別委員会によって刊行 |
| 11 月 | 国連総会決議 58/5「教育を普及、健康を増進、平和を構築する手段としてのスポーツに関する決議（Sport as a means to promote education, health, development and peace）」が採択され、2005 年を「国際体育・スポーツ年（International Year for Sport and Physical Education）」とすることが宣言 |
| 2004 年 8 月 | SDP に関する国際ワーキング・グループ（Sport for Development and Peace International Working Group）の発足 |
| 2005 年 | 国際スポーツ・体育年（IYSPE2005） |
| 12 月 | スイスのマグリンゲンで第 2 回スポーツと開発に関する国際会議（2nd International Conference on Sport and Development）が開催 |

出典：筆者作成。

第Ⅰ部　SDP 発展の経緯

の取り組みを、「開発アプローチ」のひとつとして明示的に転換させる。それまで「身体活動（physical activity）」とか「みんなのスポーツ（sport for all）」というフレーズが国連文書において支配的だったのに対して、「開発のためのスポーツ（sport for development）」や「スポーツと開発（sport and development）」、あるいは「スポーツを通じた開発（development through sport）」などが主要なフレーズとして置き換えられ、その結果、「余暇活動や健康増進」の領域内で理解されることが多かったスポーツが、開発を後押しするためのひとつの手段へと概念的に転換することになったのである。図表 3-2 は、21 世紀に入ってから 2005 年の IYSPE2005 の制定に至るまでの国連機関と SDP における主だった歩みをまとめたものである。

　21 世紀初頭、急速に台頭してきた SDP の主な歩みについては図表 3-2 の通りだが、SDP の潮流が興隆し始めた背景には、その潮流を水路づけることになったいくつかのマイルストーンの存在を同時に指摘することができる。次では、そうした節目となった具体的内容について踏み込むことで、SDP の潮流がいかなる議論の積み重ねのもとに進展することになってきたのかについてもう少し詳細に描き出してみることにしよう。

## 3．SDP の潮流を水路づけたマイルストーン①
：第 1 回スポーツと開発に関する国際会議（1st International Conference on Sport and Development）の開催

　ここでは先述のマグリンゲン宣言の際に出された提言の内容について詳細にみてみよう。世界 55 か国より約 380 名の出席者を集めたこの会議は、ポーランドやオーストリア、エチオピア、モザンビーク、ロシア、スイス、カナダ、中国、フランス、イラン、オランダ、タンザニア各国からの政府要人をはじめ、各国連機関やスポーツ連盟、NGO やマスメディアなどの代表者で構成され、2003 年 2 月にスイスのマグリンゲンで開催された。図表 3-3 は会議参加者のリストであるが、この会議にかなり幅広い層の出席者が参集したことがわかる[2]。

　そしてその成果は、様々な提言へと結びつき、「平和」「人間開発」「メディア」「ローカル・ディベロップメントと社会的対話」「安全で持続性のあるスポーツ運営」「企業の社会的責任」といった広範な観点から示されることになった。資料 3-2 はマグリンゲン提言をまとめたものである。

第 3 章　本格化するスポーツを通じた開発

**図表3-3：1st International Conference on Sport and Developmentの出席者**

| | | |
|---|---|---|
| 国連機関 | ILO<br>UNESCO WHO<br>UNHCR<br>UNICEF<br>UN office on Drugs and Crime (UNODC)<br>UN Fund for International Partnerships (UNFIP)<br>UN Institute for Training and Research (UNITAR). | UNDP<br>UNV<br>UNEP |
| スポーツ連盟 | IOC<br>FISA<br>FIS<br>IPC<br>ICWSF | NOC (France)<br>Swiss Olympic Association<br>UEFA<br>YCSCA |
| アスリート | Edith Hunkeler（車椅子陸上）<br>Johann Olav Koss（スピードスケート）<br>Bernhard Russi（ダウンヒルスキー） | Alexander Popov（水泳）<br>Geoff Thompson（空手） |
| NPO | BBC World Service Trust<br>Olypic Sprit Group<br>International Olympic Truce Centre<br>Winds of Hope Foundation.<br>International Working Group on Women and Sport (IWG)<br>Foundation Sport, Science and Society<br>Japanese Association for Women in Sport<br>Physical Activity Network of the Americas<br>World Federation of the Sporting Goods Industry (WFSGI) | Red Deporte<br>Right to Play<br>Sport sans Frontieres<br>Street　Football World(SFW) |
| 研究調査機関 | Centre International d'Etude du Sport, Universite de Neuchatel,(CIES)<br>Executive Masters in Sports Organisation Management (MEMOS/IDHEAP)<br>International Academy of Sports of Science and Technology<br>International Council of Sport Science and Physical Education (ICSSPE)<br>Ohio State University<br>University of Aberdeen<br>Prof.Peter Sloterdijk, Expert on Peace and Conflict (lecture). | |
| メディア | Daily Telegraph, U.K.<br>Fitness Tribune<br>Le Soleil, Senegal<br>International Communications Forum<br>International Federation of Journalists (IFJ)<br>Neue Zurcher Zeitung (NZZ), Switzerland<br>Rizkhan, Former CNN Anchor and Host of "Q&A" | Sunday Mail, Zimbabwe<br>The Guardian, Nigeria. |

出典：Sports and Development International Conference［2003］をもとに筆者作成。

**資料 3-2：マグリンゲン提言（The Magglingen Recommendations）**

■平和Ⅰ：スポーツ、暴力と危機的状況
1. 紛争や社会的崩壊の状況下において、和解やリハビリ、健康を支援するためにスポーツ・プログラムを拡大せよ。
2. NGO、教育機関やスポーツ連盟相互の繋がりを強化し、スポーツ連盟や教育機関は開発領域に対する貢献度を増大させよ。
3. 平和推進と開発メッセージに、スポーツやスポーツ組織を積極的に活用せよ。

## 第Ⅰ部　SDP 発展の経緯

4. スポーツが有する国際的かつ人道的エートスをあらためて確認せよ。
5. エリート・アスリートによる固有の地域との継続的な繋がりを強化し、そうしたアスリートによる意義ある実践の機会を増大させよ。
6. 焦点化すべき個人との対話を促進し、参加者と地域の草の根プレーヤーとのインフォームド・コンセントを確立せよ。
7. これまで周縁に追いやられていた女性や成人、中高年や障がい者など、すべての集団を包含せよ。
8. 実践にそなえた重要な段階で評価せよ。したがって、プロジェクトの実行可能性へのいかなる評価も持続性と継続性のあるオーナーシップが焦点化されるべきである。
9. グローバリゼーションが進展する中、国際的な価値を共有させる文化的な媒介物としてスポーツを促進せよ。そして飢餓や貧困、武力衝突や強制的移住などの改善へ向けた抜本的な戦略にスポーツ政策を組み入れよ。

■人間開発Ⅰ：健康
1. 国家レベルや国際的レベルにおいて、各国政府とすべてのステークホルダーに対して、健康や開発領域のアジェンダとして、エビデンス・ベース及び文化的関連性のある多様な身体活動とスポーツ政策を発展させるよう、積極的に働きかけよ。このことは、身体活動がもたらす健康及び社会・経済的効果と、それとは対照的に運動不足が招く高いコストという事象にとって重要な問題となる。
2. 身体活動とスポーツ政策では、女性や社会的に虐げられてきた人々、先住民や障がい者、すべての人々をターゲットにせよ。とりわけ、人生の早い段階で運動することを習慣化し、生涯にわたりスポーツに親しむことができるよう、若年層を焦点化すべきである。
3. 家族生活が充実したものとなるよう、身体活動やスポーツへの女性の参加を促し、積極的な運動参加と健康的なライフスタイルが実現するよう、他の家族メンバーにも働きかけよう。
4. 適切な知識の普及とアドボカシー活動を通じて、身体活動とスポーツの多岐にわたる効果について社会の中で意識を高めていこう。
5. 健康や開発に寄与する身体活動やスポーツの成功事例を文書化するなどして、広く情報を発信していこう。
6. 健康に直接的なかたちで好影響をもたらす身体活動とスポーツを推進しよう。HIV/AIDS や暴力、タバコや他の体に害のある物質の使用などに対して問題認識を持とう。
7. 人々を楽しい身体活動の実践及び健康的なスポーツ（伝統的なスポーツも含む）へと導くことができるよう、安全で身体活動をし易い環境づくりを推進しよう。
8. ヘルス・サービスやコミュニティ内で身体活動を推進できるよう、健康の専門家を手配しよう。
9. 身体活動とスポーツを開発領域へ組み込むために、パートナーシップ等の支援体制を構築し、国際的なリソースを結集しよう。
10. 健康や社会開発を後押しする身体活動やスポーツを、グローバルな規模、国家規模、ローカル規模のいずれにおいても強力に推進していくため、本会議にて WHO によって打ち上げられた「Annual Global Move for Health Initiative」を支援しよう。

■人間開発Ⅱ：教育
1. 体育・スポーツがもたらす教育や人間開発に対する効用について、国際援助機関や関係諸機関は十分に認識すべきである。
2. 教育を焦点化したスポーツと開発のプロジェクトは、市民社会とのパートナーシップのような斬新な手段を通じて支援される必要がある。
3. 体育・スポーツへの日常的な参加の機会は担保される必要がある。一定程度の質が保たれた体育・スポーツは、すべての学校カリキュラムと生涯教育のプロセスにおいて必須のものとされる必要がある。
4. 文化的な配慮を要する教育パッケージを対象にせよ。それは開発を後押しするスポーツの価値を

# 第3章　本格化するスポーツを通じた開発

　　明示し、多様なフォーマル及びノンフォーマルな状況においても創出しうる。
5. 関与する人々から発せられるニーズ及び開発プロジェクトから便益を受ける人々のニーズは考慮される必要がある。このことはプロジェクトの成功と持続性の上でかなり重要なものとなる。
6. 卓越したスポーツマンとスポーツウーマンの貢献は、スポーツと教育開発に効果的に活用されなければならない。
7. スポーツと開発の領域における既存知識のデータベースは、容易にアクセスでき、より改良され、広く活用されなければならない。
8. HIV/AIDS や障がい者、ジェンダーに関する問題には特に関心を払われなければならない（包摂的アプローチ）。
9. スポーツと開発の活動は、ユーザーを中心に置いたサービス提供のより良い改善のために、注意深くモニターされ、評価されなければならない。
10. 大きなスポーツ・イベントの開催都市や開催国及び開催候補地や開催予定地における一定程度の質が保たれた体育・スポーツは、一般に期待されるような遺産を引き継がなければならない。
11. スポーツや一定程度の質が保たれた体育の重要性、そして社会教育や社会開発のツールとしての身体活動は、意思決定者により認知されなければならない。
12. 若年層の可能性により大きな注目が注がれる必要があり、それは永続的なコンサルテーション・フォーラムを創出するために最終的には国連システムの中へ組み込まれなければならない。
13. スポーツのチームは若者の代表者たちをシステマティックにメジャー・イベントに同行させるべきである。
14. 教育における「スポーツの強み」や「スポーツの力」は、すべてのレベルにおいて強調される必要がある。

■**メディア：スポーツと開発のためのメディア**
1. グローバル・スポーツ界とスポーツと持続的な開発が本質を語れるようなメディア界におけるオピニオン・リーダーを育成せよ。
2. 途上国のジャーナリストが、メジャーなスポーツ・イベントを取材できるよう、メジャー・メディア・グループに積極的に働きかけよ。
3. ステレオタイプ的なレポートや差別主義的なレポートがなされないようなジャーナリストを育成せよ。
4. 開発の領域に関連するスポーツの物語をスポーツ報道の主流の中に組み込ませよ。
5. 特にメディアが関連するようなメジャーな会議や集まりに特徴づけられるスポーツや持続的な開発を押し進めよ。
6. スポーツ組織内で、表現の自由や情報へのアクセスを尊重するためのニーズに関する議論を開放させよ。
7. より良いマスコミ報道を提供するために、スポーツ愛好者とメジャー・イベントに対する接触を増大させよ。
8. 途上国のローカル・コミュニティに対して投資するよう、国際的スポーツ産業に積極的に働きかけよ。
9. IT を活用しつつ、議論をオープンにし、かつスポーツと開発の重要性に関する市民からのフィードバックができるよう、双方向的な対話を創出せよ。
10. スポーツと開発の領域において、より多くの女性が参加できるよう積極的に働きかけよ。

■**平和Ⅱ：紛争予防と平和推進におけるスポーツ**
1. 組織、紛争地域におけるスポーツ・イベントの活用、紛争を経験してきている人々や今まさに直面している人々は、紛争予防や平和推進に向けた以下のような重要な要素を配慮しうる。
    a. スポーツは人々相互間の協力の機会を提供し、それはそれまで面識のなかった人同士においても同様である。

55

# 第 I 部　SDP 発展の経緯

   b. スポーツ・イベントは、平行線を辿る関係性の仲介やハイレベルな外交の努力に対して、ニュートラルな交渉窓口を提供しうる。
   c. スポーツを実践することは、スポーツ・スキルや平和構築にとって重要な理念を教育する（敵やレフェリーに対する尊重、単なる勝利至上主義とは違う参加することの意義、勝者もなく敗者もなく、目標達成へ向かって協力しあうことの意義、etc）
2. 理念的には、そうしたスポーツ・イベントは混合チームや参加することの意義を前面に押し出した（勝敗のつかない）競技形式を強調すべきである。
3. 紛争下におけるスポーツ・イベントは、単なる広報活動に用いられるべきではない。そうした場合、当該イベントは持続性のある形で展開され、イベントの開催が和解への糸口となるように働きかけられなければならない。
4. 開発の領域に既に存在するそうしたプログラムの共通のデータベースを構築し、関連機関同士で連携しあうよう働きかける必要がある。
5. スポーツ・イベントに加えてオリンピック・トゥルースのようなスポーツ関連の新たな取り組みは、紛争下でも一時停戦に応じるような重要な機会を提供する。オリンピック・トゥルースの呼びかけは、スポーツ・イニシアティブやオリンピック期間中を通じて平和を推進するという理念の活用可能性を触発し、オリンピック大会開催期間中や開催後においても平和構築の交渉窓口を提供する。こうした観点から、我々は国連決議とミレニアム宣言の中にオリンピック・トゥルースへの支援が表明されたことを評価するとともに、IOCと国連がミレニアム目標キャンペーンにおいて、こうした取り組みにさらに積極的になるよう働きかける。
6. スポーツ・イベントによって組織化されることになる紛争地域への直接的なボランティアといった取り組み等を通じてスポーツ・ムーブメントとツーリズムの間に強い結びつきを構築せよ。

## ■ローカル・ディベロップメントと社会的対話

I. SDP のパートナーシップを構築するための共通の制度的枠組み
  1. スポーツと開発に関する共通の制度的枠組みは、パートナーシップについて戦略的アプローチを提案する。以下の項目を具現化するために、2つの要素から成るアプローチが必要となる。a）政策対話、b）国家レベルでのプログラム。
     ＊鍵となる指標と統計的方法論の設定。
     ＊国連機関に対する測定基準の確立とそれをスポーツにいかに応用するのかの提示。
     ＊メジャーなスポーツ組織（例えば IOC や NOC、IF や NF）とのパートナーシップにみられるような、そうしたネットワークの最大限に活かしたフィールドレベルでの革新的なプログラムの開発。
  2. ローカルレベルでのスポーツ分野における官民セクター間の潜在的なパートナーシップが確立され、議論されるべきである。
  3. スポーツと開発に関する文化の普及活動は進展されるべきである（例えば、大学間の既存ネットワークを通じた教育プログラムの拡大など）。
  4. スポーツは開発プロセスと紛争予防の領域の中へ組み込まれるべきである。

II. スポーツとローカル・ディベロップメント
  1. ローカルレベルは、モデル開発の素地を提供しうる。民間セクターや種々の基金団体、二国間で展開する組織や多国間で展開する組織は、このプロセスに参画すべきである。
  2. パートナーへの明解な説明やパートナーシップの涵養がコミュニケーションの鍵となる。
  3. スポーツを国連システムへ組み込むことの政策方針が確立されるべきである。
  4. 知識を共有する社会的パートナーシップとのネットワークの構築は、情報を交換し、スポーツ・セクターにおける社会的アクターを強化しつつ、相互に連携したジョイント・プロジェクトに取り組ませうる。
  5. スポーツ・セクターおける雇用創出は、以下の3つの柱のもと促進されうる。

第3章　本格化するスポーツを通じた開発

＊成功した雇用創出に関する政策の鍵となる要素の抽出。例えば、人材獲得に関するスポーツ組織の組織的キャパシティの拡大など。
＊大学機関との連携、新たなニーズの発掘による人材研修の合理化。
＊地方政府の役割の強化、すなわち、パートナーシップを通じて地域に埋もれたリソースを活用した形での地方政府の活性化。

■安全で持続性のあるスポーツの運営

　新たなヴィジョンを持ったスポーツへのニーズの高まり：SAFE スポーツ（Sustainable, Addiction-free, Fair, Ethical）への関心の高まり。

1. SAFE スポーツの必要性に関して、すべてのステークホルダーに対して世界的な情報発信の開始。
2. スポーツマンやスポーツウーマンが、際立ったブランドを創出するような SAFE スポーツのヴィジョンに対して、それに賛同するよう働きかける。
3. スポーツ教員やコーチたちを活用しながら、SAFE スポーツのヴィジョンに基づいた若年層向けの教材を開発せよ。
4. SAFE スポーツのヴィジョンを尊重するようなラベルを、スポーツ組織や施設やイベント向けに製作せよ。
5. SAFE スポーツのヴィジョンを賛同するよう、種々のスポーツ組織に働きかけよ。
6. 開発に資する SAFE スポーツの現在の活用事例のリストを作成せよ。
7. SAFE スポーツのヴィジョンの普及するような成功事例やモデルを特定し、広く発信せよ。
8. これらのモデルにおいて、スポーツ・マネージャーを育成せよ。
9. 開催都市や開催地域において持続的開発を促進するものとして SAFE スポーツのイベントを活用せよ。
10. 各国連機関に、彼らの活動のプログラム要素のひとつとして SAFE スポーツを組み込むよう働きかけよ。
11. 政府が拠出する援助基金の年間予算のうち、いくらかを SAFE スポーツへの向けるよう働きかけよ。
12. スポーツ界で生じる問題に対応でき、国際的 SAFE スポーツ基金への収益から運用が可能となるような税のシステムや反則金制度の将来的な設計を描き出せ。
　ａ）過度な筋肉増強を抑制するようなクーベルタン税など
　ｂ）フットボールでの人種差別に対する UEFA の制裁金など

　SAFE スポーツを普及し、運営し、助成することによって、我々はいかなる場所でも調和ある人間開発を展開し続けることができ、未来の世代が享受しうるスポーツの恩恵を害することなく、現在のスポーツマンやスポーツウーマン、アスリートやファンのニーズに応える続けることができるだろう。

■企業の社会的責任

　以下のように、そこには明らかなニーズがある：

1. 行動規範の設置すること。そこには結社や団体交渉の自由も含まれる。
2. 企業の社会的責任を是認するようなスポーツ・ブランドを誘引し、年次報告をさせること。
3. ステークホルダーが、企業の報告の正確性や内容、事業のインパクトについて説明を求めることを可能にすること。
4. 企業自身のマネジメントや彼らのパートナーやサプライヤーのマネジメントが向上するよう、グッド・マネジメントの実践のトレーニングが展開されること。
5. 市場の拡大とともにスポーツ・グッズ産業の成長を後押しすることで、その生産過程で生起することが、その国の発展に繋がるようにすること。

出典：Sports and Development International Conference ［2003］をもとに筆者作成。

マグリンゲン提言においては、これまで周縁に追いやられていた女性や障がい者など、マージナルな存在に対しても視線が向けられ、開発領域で語られる「持続性」や「オーナーシップ」、「パートナーシップ」や「モニタリング評価」などといった言様を並立し、新たなヴィジョンを持ったスポーツとしての「SAFE (Sustainable, Addiction-free, Fair, Ethical) スポーツ」の振興を試みながら、国連システムの中へスポーツを組み込むことを志向する点に大きな特徴がある。第2章で述べたように、20世紀末の時点では、各援助機関と繋がりがある個々のプロジェクトが散発的に実施され、開発プロジェクトにおけるスポーツの明確な活用計画及び方向性を持っていなかったが、21世紀に入り、図表3-3に示した多様なネットワークのもとで、貧困削減に向けてスポーツが有効な手段になるという明確な構想や戦略が包括的な形で打ち立てられることになったのである。マグリンゲン宣言では、「スポーツの振興（development of sport）」というよりも、むしろ「スポーツを通じた開発（development through sport）」という考え方が前面に押し出され、それはこれまで欧米主導で展開されてきたハイレベルな競技志向のもとに集結する従来のスポーツ界の有り様とは大きく異なっていた。マグリンゲン宣言が出された翌月には、国連のSDPに関する特別委員会により「開発と平和を後押しするスポーツ：ミレニアム開発目標の達成に向けて」が公刊され、スポーツが開発の領域に急速に接近していくことになる。

ではマグリンゲン宣言は、国連のSDPに関する特別委員会（United Nations Inter-Agency Task Force on Sport for Development and Peace）の報告書に対し、いかなる影響を与えたのだろうか。次では、その報告書の内容を検討しながら、スポーツが開発の領域に関係づけられていく工程について見ていくことにしよう。

## 4．SDPの潮流を水路づけたマイルストーン②
### ：2003年『開発と平和を後押しするスポーツ：ミレニアム開発目標の達成に向けて』の刊行

この報告書では、ディシプリンや自信、リーダーシップのようなスキルを習得するのにスポーツは絶好の機会となり、忍耐力や協調性、他人を尊重する態度を涵養できるものとして、図表3-4のようにミレニアム開発目標を達成する上でも強力な目的達成手段になりうるとの見解が示された。

第 3 章　本格化するスポーツを通じた開発

　ここに言う「スポーツ」とは、フィジカル・フィットネスや福祉や社会的相互作用に繋がる身体活動などを指し、そこにはプレイやレクリエーション、組織化された様式、よりカジュアルな様式や競技スポーツ、民族スポーツやゲームも含むとされ、国連の SDP に関する特別委員会（United Nations Inter-Agency Task Force on Sport for Development and Peace）が推奨する身体活動のレベルについては、図表 3-5 のようなかたちで示された。

図表3-4：スポーツで習得できるスキルと価値観

| Skills and values learned through sport | |
|---|---|
| Cooperation | Fair play |
| Communication | Sharing |
| Respect for the rules | Self-esteem |
| Problem-solving | Trust |
| Understanding | Honesty |
| Connection with others | Self-respect |
| Leadership | Tolerance |
| Respect for others | Resilience |
| Value of effort | Teamwork |
| How to win | Discipline |
| How to lose | Confidence |
| How to manage competition | |

出典：United Nations Inter-Agency Task Force on Sport for Development and Peace［2003：8］より抜粋。

　国連の SDP に関する特別委員会が論じた中心的な課題は、開発の分野にスポーツがいかに関わることができるのかということであり、MDGs の達成に向け、スポーツが貢献できるとの見解が全体を通じて強く明言された。報告書に示された政策提言については、資料 3-3 の通りである。

図表3-5：推奨される身体活動のレベル

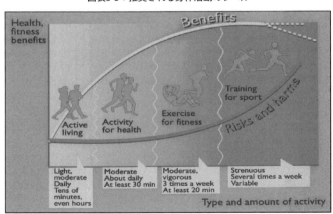

出典：United Nations Inter-Agency Task Force on Sport for Development and Peace［2003：7］より抜粋。

*59*

第 I 部　SDP 発展の経緯

資料 3-3：2003 年 3 月に発表された SDP に関する提言

■Sport for development and peace: Towards achieving the Millennium Development Goals に示された政策提言の要旨
本特別委員会は以下のことを強く提言する。
1. 開発アジェンダにおけるスポーツ（Sport in the development agenda）：スポーツや体育は、他の開発アジェンダと同様、各国の開発政策の中に含まれるべきであり、とりわけユースを対象にした開発政策であれば尚更である。
2. プログラム・ツールとしてのスポーツ（Sport as a programme tool）：スポーツは、開発と平和のためのプログラムにおける有効なツールとして組み込まれるべきであり、ミレニアム開発目標を達成する上でも有効であることを認識すべきである。
3. 国連国別プログラムにおけるスポーツ（Sport in United Nations country programmes）：地域のニーズにもとづき、国連機関の国別プログラムの中にスポーツ活動についての適切な計画が組み込まれるべきである。
4. パートナーシップ（Partnerships）：スポーツ界と開発の領域の間での対話を広げるようなリーダーシップを国連はとるべきであり、また、開発と平和のためのスポーツに関する組織横断的なグローバル・ネットワークの構築についての検討を開始すべきである。
5. リソースの動員（Resource mobilization）：自国内の sport for all を推進し、SDP を推進するために活用できる資源を動員するべきである。
6. コミュニケーション（Communication）：市民社会に積極的にかかわることができるコミュニケーションのあり方へ向け、新たなスポーツの活用方法を国連は検討すべきである。

出典：United Nations Inter-Agency Task Force on Sport for Development and Peace［2003］をもとに筆者作成。

　全 36 ページの報告書で強調されたのは、マグリンゲン宣言で提唱された内容と同様、開発の領域に結びつけたスポーツの活用方法を国連が本格的に検討すべきということだった。このように、分断された社会の障壁をも突き抜け、国家間や地域間の差異にかかわらず、紛争回避や平和構築に有用なものとしてスポーツが注目され、MDGs の達成に向け、それを大きく後押ししてくれるものとして「スポーツ」に大きな関心が向けられたところに本報告書の大きな特徴がある。SDP の方向性がこのように水路づけられる中、同年 11 月には国連総会決議 58/5「教育を普及、健康を増進、平和を構築する手段としてのスポーツに関する決議（Sport as a means to promote education, health, development and peace）」が採択され、2005 年を「国際体育・スポーツ年」とすることが決定される。この国際年の制定は、SDP の潮流が世界的に拡大する大きな契機となった点で、SDP を語る上で看過できないものとなった。次の章では、2005 年が IYSPE2005 に制定された結果、世界でどのような取り組みが行われ、そうした取り組みによって SDP の潮流にいかなる変化が起こったのかについて明らかにしてみることにしよう。

第 3 章　本格化するスポーツを通じた開発

【注】
1) MDGs 達成期限まで 5 年となった 2010 年には、約 140 か国が参加した MDGs 国連首脳会合がニューヨークの国連本部で開催され、潘基文（パン・ギムン）国連事務総長は、全世界で 1600 万人以上の女性と子どもの命を救うグローバル戦略を発表する。これにより各国首脳は国際機関、市民社会、民間企業等と女性と子どもの健康増進に向けて 400 億ドル以上の資金拠出を約束することとなった。
2) 図表 3-3 の表記については、日本語訳してしまうと、かえって混乱をきたす恐れがあるため、敢えて英語による原文表記のままで記載した。

第 I 部　SDP 発展の経緯

# 第 4 章

# 世界規模で拡大する SDP
：2005 年「スポーツ・体育の国際年」の制定

　2005 年が「スポーツ・体育の国際年」として制定されたことの意味は、SDPの展開にとって殊のほか大きいものであった。なぜなら、この国際年の制定を契機に、開発の領域におけるスポーツの重要性が喚起され、開発のコンテクストに結びつけられたところでのスポーツが世界的規模で一気に拡大してきたからである。ただ日本では、政策レベルにおける開発現場への SDP プロジェクトの導入について、SDP を求める動きがいかに広がっていったのかについての十分な研究がなされてこなかった。そこで本章では、IYSPE2005 がいかなる経緯が折り重なる中で具現化し、世界中でどのような活動が展開されたのかについて、一連の経緯を採録した IYSPE2005 の報告書を紐解くことによって、SDP の台頭した経緯とそれを大きく後押しした IYSPE2005 の重要性についてまとめておこう。

## １．IYSPE2005 が具現化した社会的背景とその目的

　国際社会がスポーツを基本的人権のひとつとして認識するようになった端緒は、1959 年の「児童の権利に関する宣言（Declaration on the Rights of the Child）」とされる。そして、そのおよそ 20 年後の 1978 年には、UNESCO の「体育・スポーツに関する国際憲章（International Charter of Physical Education and Sport）」において、「体育・スポーツはすべての人々にとって基本的権利である」と明記されるに至る。1989 年になると、「児童の権利に関する条約（United Nations Convention on the Rights of the Child）」の中で、次のような条文が記され、社会が捕捉すべき課題として体育・スポーツのような身体活動への参加が焦点化されることとなった。

第4章　世界規模で拡大する SDP

児童の権利に関する条約　第31条
1　締約国は、休息及び余暇についての児童の権利並びに児童がその年齢に適した遊び及びレクリエーションの活動を行い並びに文化的な生活及び芸術に自由に参加する権利を認める。
2　締約国は、児童が文化的及び芸術的な生活に十分に参加する権利を尊重しかつ促進するものとし、文化的及び芸術的な活動並びにレクリエーション及び余暇の活動のための適当かつ平等な機会の提供を奨励する。

出典：外務省総合外交政策局人権人道課［2007：41］

　こうした経緯に加え、「女子差別撤廃条約（Convention on the Elimination of All Forms of Discrimination Against Woman）」でも、女性が体育・スポーツへ積極的に参加することに支持が表明されるなど、体育・スポーツ活動に参加することへの意義が国際社会の中で徐々に拡大していく。かつてスポーツは、有閑階級と呼ばれる社会的にも経済的にも余裕のある者たちが、その余力においてスポーツを興じていたことから、「ラグジュアリー」なものとみられていた。しかし、児童の権利に関する条約や女子差別撤廃条約の考え方が広く認識されることによって、スポーツや身体活動の機会への参加は、人間が本来持つ権利を実現させるという「人権」の視点から捉え直されていくことになる。
　勿論、このような考え方の拡大には、第3章で論じた2つのマイルストーンによる影響もさることながら、人権に対する関心が高まり国際人権規約が徐々に確立されてきたという経緯もある。そうした国際人権規約及び条約に関する沿革をまとめると図表4-1のようになる[1]。
　2004年には、国際人権規約及び条約が徐々に整備される趨勢に呼応するように、教育とスポーツ活動の社会的価値を推進するため、教育とスポーツの世界の間のパートナーシップを促進することを目的に、「スポーツを通じた教育のヨーロッパ年（European Year of Education through Sport）」が欧州連合（EU）によって制定された。その目標は資料4-1の通りである。

**資料4-1：「スポーツを通じた教育のヨーロッパ年」の目標**

・スポーツを通じた教育の推進のため、諸種の機関やスポーツ組織に協調体制の構築の必要性を喚起すること。
・若者たちの身体的・社会的能力を涵養するような知識やベーシック・スキルを高めてくれるスポーツがもたらす価値（主に、学校カリキュラムでもたらされるチームワーク、連携、忍耐、フェアプ

第Ⅰ部 SDP 発展の経緯

レイ）を活用すること。
・ボランティア活動が若者のノン・フォーマル教育にもたらす効用への意識を啓発すること。
・社会的・経済的に不利な条件に置かれた集団を包摂できるような教育システムにおいて、スポーツが果たしうる役割についての優れた実践事例を共有すること。
・競技スポーツに参加する若いスポーツマンやスポーツウーマンに生じる教育関連問題について配慮すること。

出典：European Union 公式サイトをもとに筆者作成（アドレスは巻末の参考文献一覧に記載）。

体育・スポーツへの参加が余暇・娯楽の範疇を飛び越え、社会的な次元で認知される素地が整い始めていく中、2005年が「スポーツ・体育の国際年」とされたことにより、各国の政府は人々の暮らしの改善へ向け、とりわけ、貧困や疾病、紛争等に、スポーツをいかに有効活用していくのかについて検討を開始すること

**図表4-1：国際人権規約及び条約に関する歴史的沿革**

| 日付 | 国際人権規約及び条約 | 監視機関 |
|---|---|---|
| 1965/12/21 | 人種差別撤廃条約<br>International Convention on the Elimination of All Forms of Racial Discrimination | 人種差別撤廃委員会<br>Committee on Elimination of Racial Discrimination（CERD） |
| 1966/12/16 | 市民的及び政治的権利に関する国際規約<br>International Covenant on Civil and Political Rights | 人権委員会<br>Human Rights Committee（HRC） |
| 1966/12/16 | 経済的、社会的及び文化的権利に関する国際規約<br>International Covenant on Economic, Social and Cultural Rights | 経済的、社会的及び文化的権利委員会<br>Committee on Economic, Social and Cultural Rights（CESCR） |
| 1979/12/18 | 女子差別撤廃条約<br>Convention on the Elimination of All Forms of Discrimination against Women | 女子差別撤廃委員会<br>Committee on the Elimination of All Forms of Discrimination against Women（CEDAW） |
| 1984/12/10 | 拷問および他の残虐で非人道的なまたは品位を傷つける取り扱いまたは刑罰に関する条約<br>Convention against Torture and Other Cruel, Inhuman or Degrading Treatment or Punishment | 拷問禁止委員会<br>Committee Against Torture（CAT） |
| 1989/11/20 | 子どもの権利条約<br>Convention on the Rights of the Child | 子どもの権利委員会<br>Committee on the Rights of the Child（CRC） |
| 1990/12/18 | 全ての移住労働者及びその家族の構成員の権利の保護に関する国際条約<br>International Convention on the Protection of the Rights of All Migrant Workers and Members of their Families | 移住労働者委員会<br>Committee on Migrant Workers（CMW） |

出典：Sport for Development and Peace International Working Group [2008: 7]をもとに筆者作成。

第4章　世界規模で拡大する SDP

図表 4-2：「スポーツ・体育の国際年」の目的

- 健康意識の啓発、相互に価値を共有できる文化的交流を促進する開発プログラムや政策を推進する際、各国政府に対してスポーツや体育の役割を喚起
- MDGs を含む国際的に認められた開発目標を達成するひとつのツールとしてのスポーツ・体育の存在を担保
- 平和の構築、社会的平等や性別格差の是正へ向けたスポーツや体育の機会の拡大
- 経済的・社会的開発に向けたスポーツ・体育の役割の喚起とスポーツ環境の整備の促進
- 健康や教育、社会開発及び文化振興の手段として、現地のニーズに基づいたスポーツや体育の促進
- 家族や学校、クラブやリーグ、地元のコミュニティや青少年組織等のすべての関係者の間における協力関係やパートナーシップの強化
- スポーツを政府の開発政策の主流にできるように、開発と平和に向けたスポーツと体育の価値についての科学的実証結果の発信

出典：United Nations［2006:28］をもとに筆者作成。

になる。そして、IYSPE2005 のスペシャル・アドバイザーにテニス・プレイヤーのフェデラー（Roger Federer）とマラソンのオカヨ（Margaret Okayo）を迎えつつ、その国際年の目的は図表 4-2 のように定められる。

では IYSPE2005 は、実際にどのように展開されていったのだろうか。IYSPE2005 においては、スポーツが後押しできる領域として、①教育、②健康、③開発、④平和の 4 つの領域が設定され、それぞれの領域において様々な会議が開催されながら、SDP の潮流を象る上で数多くの重要な提言がなされていった。ここでは、IYSPE2005 がターゲットとしたこの 4 つの領域について跡付けながら、各領域での展開を順次見ていくことにしよう。

## 2．教育領域からのアプローチ

まず、1 つめの「教育」の領域においては、「人生のための学校（School for Life）」としてのスポーツが掲げられ、人格陶冶や社会的スキルを習得するための絶好のものとしてスポーツが捉えられ、人生を学ぶ学校のような機能を有するものとしてスポーツが把捉された。一方で、競技スポーツが引き起こすオーバー・トレーニングによる身体の酷使や過剰なまでの商業主義、不法就労問題やドーピング、暴力問題などといった負の側面への注意が喚起され、「子どもの権利」としての体育・スポーツが唱導された。IYSPE2005 の期間中、実施された国際会議や新たな取り組みは資料 4-2 の通りである。

第 I 部　SDP 発展の経緯

### 資料 4-2：IYSPE2005 に展開された国際会議や取り組み（教育の観点から）

■関連のある国際会議と新たな取り組み（International Conferences and Initiatives）
▶学校体育に関するアジア・サミット（Asia Summit for Physical Education in School）
「健康、体育、レクリエーション、スポーツとダンスに関する国際カウンシル（International Council for Health Physical Education, Recreation, Sport and Dance)」の主催により、IYSPE2005 の啓発及び UNESCO 文書「学校体育のグローバル・ミッション（A Global Mission for Physical Education in Schools）」への啓発活動を目的に、タイのバンコクで 2005 年 5 月に開催。

▶初等教育の体育に関する会議（Primary Physical Education Conference）
　英国国内をはじめヨーロッパ各国からの参加者を中心に、2005 年 7 月にロンドンのローハンプトン大学（Roehampton University）にて開催。学校カリキュラムの中でしばしば周縁に追いやられがちな体育授業の実態に対して、そうした実態の改善に向け、より良い体育授業の提供を目指すことを目的として組織化。

▶スポーツと体育に関する国際会議 2005：健康増進と平和の促進（International Sport and Physical Education Convention 2005: "Promoting Health Development and Peace"）
　アメリカ、オーストラリア、イギリス、カナダ、カリブ諸国から 200 名以上の参加者を集め、2005 年 9 月 28 日から 10 月 1 日にかけて、トリニダードトバゴの西インド大学にて開催。学校関係者を対象に、調査をもとにした体育・スポーツの現況に関する情報共有及び体育・スポーツに関する国際会議の中心地としてトリニダードトバゴの地位を確立することを目的として開催された。

▶スポーツと教育に関する国際会議（International Conference on Sport and Education, Bangkok, Thailand）
　60 か国以上、500 名以上の代表者を集めて、2005 年 10 月 30 日から 11 月 2 日にかけて、タイの観光スポーツ省が中心となり開催。「教育に対してスポーツはいかなる貢献ができるのか」を会議全体のテーマとしながら、サブテーマとして①スポーツと体育、②教育のためのスポーツ、スポーツのための教育、③教育とスポーツ・メディア、④スポーツと教育の文化的役割、⑤学校におけるスポーツ体育の改善といった 5 つが設定され、会議の成果として「スポーツと教育に関するアクションに向けたバンコク・アジェンダ（Bangkok Agenda for Action on Sport and Education）」を採択する。その内容は以下の通り。

1. 運動やレジャーとして捉えられる体育・スポーツは、質の高い学校スポーツや体育プログラムを通じて、人間開発や国家開発における重要な要素としても重要である。
2. 体育・スポーツは良質な教育の不可欠な部分として認識されるべきであり、国家的優先課題になるべきである。
3. いずれの学校においても、すべての生徒に対して週に 120 分の体育・スポーツの時間を割り当てるべきであり、長期的には 180 分の時間を割り当てるべきである。
4. 公共、民間、ボランタリーのセクターを一般市民が利用できる。
5. 本バンコク会議は、より良い体育・スポーツの振興のため 2006 年から始まる 10 か年戦略（2 つの 5 か年中期計画）の確立に向け、すべての国を招き入れる。
6. 国家戦略の確立と計画立案のプロセスには、リサーチ、現有する知識、戦略的計画が含まれるべきであり、明確な成果及びマネジメントやモニタリング評価システムも同じく含まれるべきである。
7. 国家戦略は、体育・スポーツを管轄する関係省庁及び当該分野の研究者や専門家たちによって実施されるべきである。そこには学術ネットワークやローカルレベル、国家レベル、国際レベルでの専門家集団が含まれる。
8. 国家戦略に組み込まれる領域には、初等教育や中等教育の体育プログラムが含まれるべきであり、そこには学校内と学校外のプログラム、若者のキャリア・パス・プログラム等が含まれる

# 第 4 章　世界規模で拡大する SDP

べきである。
9. 貧困、初等教育、ジェンダー、健康といった事象を課題化する MDGs の達成に向け、体育・スポーツの果たしうる役割は、国家戦略上、重要な部分に定位されるべきである。
10. 体育・スポーツの教員の専門的準備は、国家戦略の重要なテーマである。焦点化されるべき事項は、規律を内面化した身体、学校を基点にした専門的準備、ジェンダーや障がい者及びエスニシティ問題といった社会的包摂の問題となる。
11. 国連システムは、国家戦略の実施に対して支援を実施すべきである。
12. SDP に関する国連事務総長へのスペシャル・アドバイザー国連事務局（United Nations Office of the Special Adviser to the United Nations Secretary-General on Sport for Development and Peace）は、国連総会にてバンコク・アジェンダについて報告すべきである。

▶第 2 回体育に関する世界サミット（Second World Summit on Physical Education, Magglingen, Switzerland）

1999 年 11 月にベルリンで開催された第 1 回体育に関する世界サミットの後、スポーツ科学と体育に関する国際カウンシル（International Council of Sport Science and Physical Education: 以下 IC-SSPE と表記）とそのメンバー及びスイス連邦スポーツ局（Swiss Federal Office of Sport）が、2005 年 12 月 2 日から 3 日にかけてスイスのマグリンゲンで第 2 回体育に関する世界サミットを開催。UNESCO、GAISF（現在の SportAccord）、IOC からの支援に加え、SDP に関する国連事務総長へのスペシャル・アドバイザー国連事務局と WHO からも支援を受ける。科学や政治、スポーツや教育の分野から 150 名以上の意思決定者やリサーチャーを集め、1999 年以降の動向について検討された。議論の中心は、より良い体育の展開に向け、科学的データをもとにそれが人格陶冶や社会開発にいかに結びつくのかといった点に向けられた。体育に関するマグリンゲン・コミットメント（Magglingen Commitment for Physical Education）が議決され、その詳細は以下の通り。

☆ 40 か国に及んだ我々出席者たちは…
a. 2015 年までに MDGs を達成することと IYSPE2005 の目的の重要性について繰り返し言い続ける。そこには、世界中の文化や健康、開発、若年層の教育、平和の推進などにおける体育のユニークな役割があることを強調しておこう。
b. 1999 年の第 1 回世界サミットで承認されたアジェンダについて繰り返し言い続ける。そこでは、「人権のひとつとしての体育」を振興するための政策が具現化できるようなリソースの提供を政府に要請し、身体的、人格陶冶、社会開発及び健康増進への体育特有の価値について認めさせよう。
c. 第 1 回世界サミットで承認された事項の具現化に向け、政府と体育の専門家集団が連携するように働きかけよう。良質な体育授業を提供できるかどうかは、有資格指導者やカリキュラムの中でのしっかりとした位置づけにかかっており、同時に適切な活動空間やリソースが提供されているか、効果的な運営へ向けた実態調査等の支援があるかどうかにかかっている。

☆体育に従事する我々サミットの出席者は、以下のことに関し、自国において継続的に尽力し続ける。
1. 文化やシステムを横断する多様性と国家レベルやローカルレベルでの課題やニーズについて、第 1 回世界サミットや国際会議で承認された事項が実施されること。
2. 政策優先課題として、体育教員の養成、特に初等教育の体育教員の養成や資質向上に向けた取り組みを後押しすること。
3. 学習過程、教育学的アプローチ、すべての子どもを包摂すること等に特段の注意を払いつつ、且つ彼らの能力やバックグラウンドがいかなるものであったとしても、目標に対する方法や効果的なプログラム評価等にも注意を払いつつ、体育授業の展開に向けた教員養成システムを再検討すること。
4. すべてのステークホルダーを包摂するような国家レベル、地域レベル、ローカルレベルの組織のネットワークを構築すること。それは次の理由に依る。明確なコンセンサスと定義付けの確

立のため。学習、指導及びリサーチに関する情報とグッド・プラクティスの共有のため。教育やスポーツ、健康や関連領域の政策の中に体育を組み込みことを目標に、科学的データに基づいた強固で一貫したリーダーシップを提供するため。
5. 教育学的アプローチを体育に取り込み、科学的データを現場での実践力の向上に結びつけることができるようなマルチディシプリナリーなリサーチへの支援を強化すること。
6. 体育や学校スポーツ促進、健康増進やコミュニティ・スポーツ、ダンスや身体活動における生涯スポーツへの参加の促進、スポーツと社会システムの教育的な価値を高めるため、政府や政府関係機関との連携するためのスキルを洗練すること。

☆これらのコミットメントを支援するために、ICSSPEは、そのメンバーシップとパートナーを通じて、次のようなことを促進する。
a. ベルリン・サミットとマグリンゲン・サミットで出されたアクションと提言を実践していく際に、各国の進捗状況をモニタリングする継続的なシステム。
b. 体育のグッド・プラクティスを共有するための手法。
c. 体育の価値を裏付けるような科学的根拠を示すためのリサーチ・プログラムと調査結果の共有。
d. 体育やそこで用いられる教材について、それを統括するような組織の確立を目指したガイドラインの作成。
e. 学校体育プログラムの国際基準の確立とローカル及び国家レベルの機関が政策を立案、実施していく際の指導。

出典:United Nations [2006:41-47] をもとに筆者作成。

それまでマージナルな存在であった学校教育における体育・スポーツに対し、「初等教育のみならず、中等教育にも体育プログラムが含まれるべき」であるとか、「政策優先課題として、体育教員の養成や資質向上に向けた取り組みを後押しするべき」あるいは「すべての生徒に対して週120分の授業時間が提供されるべき」といった具体的な政策提言がなされ、教育における体育・スポーツの重要性が世界的に呼びかけられていったのである。

## 3．健康領域からのアプローチ

スポーツが後押しできる2つ目の領域とされたのは「健康」の領域である。IYSPE2005の期間中、ヘルシー・ライフスタイルの実践に関する啓発活動が多くの国家機関や国際機関によって行われた。それらの活動は「栄養学的なアプローチ」と「体育・スポーツへの参加」の2つの側面に大別できる。すなわち、人々の糖分摂取量が増加し、体を動かす機会が減少する中、肥満問題が世界的に拡大し、そうした問題に対して体を動かすことの重要性が高まってきている文脈において、スポーツは対費用効果の高いツールとして注目されたのである。例えばWHOは、第57回世界保健総会（World Health Assembly）において

「ダイエット、身体活動及び健康に関する世界戦略（Global Strategy on Diet, Physical Activity and Health）」を採択し、WHO 加盟国は毎年「ムーブ・フォー・ヘルス・デー（Move for Health Day）」を開催することを決定する。その目的は、国家、ローカルレベルでの身体活動に関する取り組みや政策、プログラムを継続的に促進すること、そして、性差や年齢等に関係なく、より多くの人の日常的なスポーツ実践を目指すことであった。WHO は、一日最低 30 分は適度な運動を確保することを推奨し、IYSPE2005 の期間内には、より多くのスポーツ実践者を増大させるため、スポーツ・フレンドリーな環境の構築に向けた「サポーティブ環境（Supportive environment）」をテーマとして掲げる。

　さらには、HIV/AIDS 対策としてスポーツが有効手段であるとし、2004 年には国連合同エイズ計画（UNAIDS）が、HIV/AIDS の問題にスポーツ界がより能動的に立ち向かう旨の覚書を IOC と交わし、2005 年には国際クリケット連盟と連携し HIV/AIDS 撲滅に関する啓発活動を展開するなど積極的な活動が展開された。健康という観点から展開された一連の取り組みは資料 4-3 の通りである。

**資料 4-3：IYSPE2005 期間中に展開された国際会議（健康の観点から）**

■ IYSPE2005 の期間中、中核を成した国際会議と取り組み（IYSPE2005 CORE CONFERENCE "SPORT AND HEALTH"）
▶ スポーツと健康に関する国際会議（International Conference on Sport and Health, Hammamet, Tunisia)
　MDGs 達成へ向けた観点から健康増進を図る際、スポーツや身体活動はかなり大きな役割を担うとの認識を共有するため、世界 40 か国、350 名以上の参加者を集めて、2005 年 3 月 21 日から 24 日にかけてチュニジアのハマメットにて開催。会議では、以下のようなハマメット宣言が採択された。

ハマメット宣言（The Hammamet Declaration）
　本会議では以下のことを再喚起する。
・教育、健康、開発と平和を促進するための手段としてスポーツに関する国連総会決議 58/5（2003 年 11 月 3 日）
・子どもの権利条約（the Convention on the Rights of the Child）と A World Worthy of Children と銘打たれた子どもたちに向けての国連特別総会の最終報告書
・体育・スポーツに関する UNESCO 国際憲章（1978 年）
・WHO 決議 WHA57. 16「健康とヘルシー・ライフスタイルの推進」、WHA57. 17「ダイエット、身体運動と健康に関する世界戦略（World Strategy on Diet, Physical Exercise and Health)」（2004 年 5 月）
・世界アンチ・ドーピング機構に関する各国政府によるコペンハーゲン宣言（2003 年）
・ICSSPE の政府大臣へ向けたベルリン・アジェンダ・フォー・アクション（the Berlin Agenda for Action）（1999 年）
・IOC の第 10 回 Sport for All に関する世界会議での宣言（2004 年 11 月、ローマ）

第 I 部　SDP 発展の経緯

・スポーツと健康に関する他の国際会議
また、本会議では以下のことについて配慮する。
・広い意味で身体活動とスポーツが、健康とクオリティ・オブ・ライフの向上に重要な要素となる。
・スポーツと身体活動がもたらす健康的、教育的、社会経済的便益。
・スポーツがもたらす文化的そして社会的インパクト。
・健康とクオリティ・オブ・ライフに対して体育が果たす重要な役割。
・スポーツと身体活動を活用した多くのプロジェクト間の連携の欠如。
・デスクワーク中心のライフスタイルや肥満、それらがもたらす経済的・社会的コストといった問題とリンクする非伝染性疾病の拡散。
・身体活動を通じた健康増進の推進と対極的な、ドーピングや不正行為、暴力のような逸脱行為。
・様々な法律の調和が、ドーピング禁止に関する啓発活動にとって重要である。
・こうした一連の勧告を各国政府や政府間組織、NGO、パブリック・セクターやプライベート・セクターに訴えかけることの責任。
それゆえ、本会議は以下のことを提議する。
1. 教育機関における体育・スポーツへの参加の減少を抑制する。
2. スポーツが健康を増進するものとして継続的に活用されるよう、スポーツの倫理的価値を維持し続ける。
3. 一般市民、とりわけ子どもたちや青年期が身体的にも精神的にも健全になるような身体活動やスポーツを後押しできる多部門のプログラムや環境を整備していく。
4. 女性の身体活動やスポーツへの参加を奨励し、スポーツ・ムーブメントにおいてはすべてのレベルに男女均等を尊重する。
5. リソースの有効活用、シナジー効果を獲得するため、すべての鍵となるアクター（例えば、国家機関、NGO、スポーツ組織、プライベート・セクター、専門家集団、メディア）間においてパートナーシップを構築する。
6. 身体活動とスポーツへの意識を啓発し、メディアと密接な関係を築くことで、そうした知識を広く拡散していく。
7. 政治問題について透明性を確保でき、計画の効果的な測定評価をできるような国際協調の確保。
8. スポーツが倫理的、教育的そして衛生的価値を有するのと同様、ヘルシーでクリーンなスポーツを守り続け、促進する。
9. 国際的な法律文書を通して、すべての人々によって世界アンチ・ドーピング・コードが認識され、適用されるような体制を構築。
10. それゆえ本会議は、体育・スポーツ、開発、人間としての尊厳といった間で新たな連携が構築されるよう、すべてのアクターを招き入れる。
11. それゆえ本会議は、IYSPE2005 の国連事務局に、このハマメット宣言を、国連総会決議へ提出される最終報告書の中に反映させることを要請する。
12. それゆえ本会議は、体育・スポーツへ参加することが誰もが享受しうる人権のひとつとして担保されるような世界へ向け、IYSPE2005 の制定が大きく寄与するものとなるため、国連事務総長を招き入れるものとする。

▶スポーツにおけるドーピングに関する国際条約（International Convention against Doping in Sport, UNESCO, General Conference Meeting, Paris, France）
　2005 年 10 月 19 日に開催された第 33 回 UNESCO 総会にて全会一致で「スポーツにおけるドーピングに関する国際条約」が採択。これにより、世界中のアスリートが同一のルールのもとでテストされ、違反者に対しては同一の制裁が加えられることになった。この条約はまた、児童の権利条約の第 33 条「締約国は、関連する国際条約に定義された麻薬及び向精神薬の不正な使用から児童を保護し並びにこれらの物質の不正な生産及び取引における児童の使用を防止するための立法上、行政上、社会上及び教育上の措置を含むすべての適当な措置をとる。」を大きく後押しすることになった。WADA が、

第 4 章　世界規模で拡大する SDP

ドーピングに関する世界基準が施行できるような中心機関となる上で、この国際条約の採択は、大きな意義を持つものとなった（WADA による世界アンチ・ドーピング・コードについては、2003 年にコペンハーゲンで開催された「スポーツにおけるドーピングに関する世界大会」で採択）。

出典：United Nations［2006:52-57］をもとに筆者作成。

　デスクワーク中心のライフスタイルの拡大に伴い、健康とクオリティ・オブ・ライフの向上に重要な要素として体育・スポーツに関心が向けられたと同時に、ドーピングに関する世界基準の構築に向け、WADA がその中心機関としての位置を確立していくこととなったのである。

## 4．開発領域からのアプローチ

　スポーツが後押しできる 3 つ目の領域とされた「開発」の領域については、どのような展開がなされたのであろうか。IYSPE2005 の期間中、この領域においても数多くの取り組みがなされたが、その背景には、社会的烙印（social stigmas）や個人の成長やコミュニティ開発に関する伝統的な考え方へ抗う「ツール」としてスポーツを積極的に活用しようという期待があった。そして、そうした捉え方は「Development plus sport」と「Sport plus development」に類別された［United Nations, 2006:60］。ここで言う「Development plus sport」とは、主に開発援助機関や各国政府、スポーツ省や各種の NGO が関係し、スポーツが MDGs のような特定の開発目標の達成に向けての手段として活用されるものを指す。この場合、いくつかのケースでは、これらのプログラムはより広範な開発プログラムの中に組み入れられる。対照的に、「Sport plus development」とは、典型的には政府やスポーツ省、及びスポーツ界からのアクターが中心となり、プログラムを展開するものを指す。その目的はスポーツや学校体育を普及拡大することであり、体育・スポーツそのものの価値に重点が置かれる。意図的であろうとなかろうと、そうした活動はコミュニティの再編や所得増加、社会的インフラの整備に繋がりうると捉えられ、開発におけるスポーツの役割としては、資料 4-4 のような形で捉えられた。

**資料 4-4：開発におけるスポーツの役割**

▶個人の成長（Individual Development）
　多くの心理学者が、子どもの発達に対し、体系化されていないプレイ (unstructured play) が大きな影響をもつことを論じてきており、とりわけそれは、子どもの自発的なプレイが脳の発達や子ども

の知能拡大に良い影響を与えるとされる。スポーツやプレイはまた、女性個人の成長や障がい者、トラウマを負った人々などの社会復帰に重要な役割を果たす。

▶コミュニティ開発（Community Development）
　戦略的なスポーツを基にしたパートナーシップは、より良い環境の構築に向け、連携関係、知識や専門家の共有、対費用効果などの共通のフレームワークを創出しうる。また、ローカル・スポーツ・プログラムは雇用創出にも繋がり、雇用機会の獲得に関するネットワークへの接近をも可能にするなど、社会的排除の問題を緩和しうる。IYSPE2005 の期間中には「エンパワメント」や「オーナーシップ」を会得するようなボランティア養成のプロジェクトを数多く展開したが、その結果、そうしたスポーツ・プログラムを新たに創設したり、既存のプログラムにかかわらせたりすることが、社会参加やオーナーシップの観念を促進させることが判明している。同時に若者にとってはリーダーシップを涵養するのにも役立つ。すなわち、組織化されたスポーツ活動 (Organized sports activities) は、コミュニティ間で結束力を高め、平和的な共存を可能にする市民社会の基盤を築くものである。

▶国家開発（National Development）
　体育・スポーツが国家開発や国際協力政策の中へ組み込まれる上で、政府が先導役となることは、かなり重要なことである。IYSPE2005 により、そうした動向が世界各国で散見されつつあるが、引き続き政府の継続的な関与が重要である。

▶国際開発（International Development）
　IYSPE2005 の期間中、各国連機関が MDGs のような開発目標の達成に向け、スポーツが有効なツールになりうることを示してきたが、市民社会が活性化し、開発の世界的なパートナーシップへの原動力となるよう、各国政府がスポーツ界とより密接に連携していくことが求められる。

出典：United Nations［2006: 60-62］をもとに筆者作成。

　加えて、「スポーツと環境（Sport and the Environment）」や「スポーツと経済開発（Sport and Economic Development）」などのトピックに関する取り組みなども展開された。「スポーツと経済開発」については、スイス・ダボスで開かれた「世界経済フォーラム（World Economic Forum）」に FIFA 会長や IOC 会長が出席するなど、スポーツが経済界に与えるインパクトの大きさについて相互に認識を共有していくことになる。例えば、IYSPE2005 の期間中、「国際ビジネス・リーダーズ・フォーラム（International Business Leaders Forum）」と連携し、UK Sport が、コミュニティ開発にスポーツを活用するプロジェクトに対し、プライベート・セクターを積極的に参入させようとした報告書「共有する目標：開発のためのパートナーシップにおけるスポーツとビジネス（Shared Goals: Sport and Business in Partnerships for Development）」を刊行するなど、スポーツ界の経済活動に及ぼす大きさが国際ビジネス界の中にも徐々に浸透していく［International Business Leaders Forum, 2005］。
　そうしたスポーツと経済活動との結びつきの強まりは、同時に、「スポーツと環境」についても一定の配慮を求めるようになる。ケニアでの「第 6 回スポーツと環境に関する世界会議（6th World Conference on Sport and the Envi-

第 4 章　世界規模で拡大する SDP

ronment)」の開催や日本での「環境に関する世界サミット（Sports Summit for the Environment）」の開催に見て取れるように、環境に配慮したスポーツ実践のあり方が本格的に問われ始めるようになったのも、この時期であると言える。資料 4-5 は、開発の領域に結びつけられたところで実施された国際会議と取り組みについて時系列に並べながらまとめたものである。

**資料 4-5：IYSPE2005 に関連する国際会議と取り組み（開発の観点から）**

■開発を後押しするスポーツに関する国際ワークショップ（International Workshop on Sport for Development）
　2004 年 12 月に、IOC、SDP に関する国連事務総長への特別アドバイザー事務局（The Office of the Special Adviser to the Secretary-General on Sport for Development and Peace）、UNDP などが連携してスイスにて開催。スポーツ界とそうした機関との間のシナジーの重要性について焦点化。本ワークショップで提言された事項は以下の通り。
【合意点】
・スポーツ・コミュニティと国連は同じ価値観を共有する。
・スポーツの振興は、社会のすべてのレベルで促進され、支援される必要がある。
・コミュニティ間において、開発を後押しするためのスポーツの便益に関する共通の理解がある。
・IYSPE2005 は新たな取り組みを開始する機会として活用されるべきであり、特に国家レベルでの委員会を通じて取り組まれるべきである。
・スポーツは MDGs 達成に向けての推進力となりうる。
【アドボカシー】
・共通の目的に対する合意と相互の役割をより良い理解へ向け、国連加盟国のチームと NOC の間で、定期的な会合を持つようにせよ。
・Sport for All の役割に関する国家機関の場合と同様、地域政府及び準地域政府の機関においても会合を持つようにせよ。
・開発を後押しするスポーツの概念を普及するために、IYSPE2005 の各国委員会とともに活動せよ。
【政策】
・地域アジェンダ（アフリカの開発ための新たなパートナーシップ）や国家アジェンダ（貧困削減戦略、部門計画）、国連の開発プラン（国連開発援助フレームワーク、国別プログラム）の中へ、スポーツを主流なものとして組み入れよ。
【キャパシティ・ビルディングと制度の構築】
・スポーツ・インフラとコンピテンシーの発展を促進せよ。
・スポーツ・コミュニティに開発問題への理解を深めさせ、国連職員にはスポーツの考え方に対する理解を深めさせよ。
【アクティビティのプログラム】
・国連プログラムの活動の中にスポーツを定位させよ。
・各国の NOC の活動プログラムの中に開発を定位させよ。
・開発を後押しするコミュニケーション・ツールとしてスポーツを活用せよ。
・共通理解のあるモニタリングや評価ツールを明確にせよ。
【パートナーシップ・ビルディング】
・すべてのステークホルダー（各国政府、各国連機関と他の国際的機関、NOC、大陸レベルのオリンピック組織、スポーツ・コミュニティ、国際金融機関、市民社会、プライベート・セクター、メディア等）と新たなパートナーシップを構築せよ。

# 第Ⅰ部 SDP 発展の経緯

【リソースの動員】
　グローバル、地域、国家すべてのレベルにおける従来のパートナー及び新規のパートナーをターゲットにせよ。

■ SDP プログラムのモニタリングと評価に関するグローバル・ワークショップ（Global Workshop on the Monitoring and Evaluation of Sports for Development Programmes）
　UNICEF の開発プログラムの要素としてスポーツやレクリエーション、プレイが、その重要性を高めつつある中、その評価方法を検討することを目的に、2005 年 1 月 31 日から 2 月 2 日にかけて、ニューヨークで開催。SDP の実証データの蓄積が要請されてきていることを背景に、SDP の効果を測定する質的・量的な指標の活用可能性についての議論が展開。そこでの提言は以下の通り。

【Sport for Development, Monitoring and Evaluation Report: Recommendations】
　ワークショップの終了にあたり、UNICEF は SDP のモニタリングと評価に関する報告書を刊行した。報告書には、SDP のモニタリングと評価に関する目的や課題について言及し、次のような提言も記載された。

1. スポーツ・プログラムの役割、目的、利点及び多様な組織や関心をも横断できるようなその効果を推し量れるような国際的ツールキットの開発。
2. 情報や批判的見解を共有できるような制度的なプラットフォームの構築（例えばウェブサイトのようなもの）。そこには、たとえ一定の質が満たされていなかったとしても、「Value of Sport Monitor」のようなすべてのリサーチが含まれる。
3. 認知されている産業指標の開発に組み込めるようなモデリングの進展。
4. モニタリングや評価の原則やガイドラインの確立。
5. SDP プログラムの運営資金の確保。
6. スポーツが開発領域に結びつくことへの政府や各機関への働きかけ。
7. ワークショップ参加者たちは、UNICEF が SDP のモニタリングや評価プログラムの運用について重要な役割を担うとし、定期的なワークショップやネットを通じて成功事例の共有や比較が可能となるような調整作業を UNICEF が担うべきとの見解を提示。
8. モニタリングと評価のネットワークの継続的な支援と連携を展開するとともに、そのネットワークが拡大するよう、将来のワークショップにも支援していくこと。具体的には、スポーツ・ベースのプログラミングに対するモニタリングや評価フレームワークの開発、2006 年に南アフリカのケープタウン大学で開催されるモニタリングと評価ネットワークに関する会合をフォローアップすること。

■開発を後押しするためのスポーツ：評価マニュアル（Sport for Development: Evaluation Manual）
　先のワークショップに引き続き、UK Sport のリサーチの協議会合に UNICEF が招待され、プロジェクト評価のマニュアル作成について検討が重ねられた。現在作成中の評価マニュアルでは、スポーツ・プロジェクトの評価、スポーツを含むプロジェクトの評価が検討され、社会開発へ向けたツールとしての活用可能性や、特定の 4 つの現場プロジェクトについてデザイン且つテストされたロジック・モデルによって補足されることになる。その 4 つのプロジェクトとは、①ジンバブエのスポーツを通じたユース教育（Youth Education through Sport programme in Zimbabwe）、②ケニアのマザレ青少年スポーツ連盟、③ザンビアの Edusport によるゴー・シスターズ・ガールズ・エンパワメント・プログラム（Go Sisters girls' empowerment programme）、④インドのマジック・バス（Magic Bus）である。UK Sport がこの取り組みの第一スポンサーであり、UNICEF とインディアン・ベースのプロジェクトであるマジック・バスが、ジョイント・スポンサーとなった。

■スポーツと開発に関する国際フォーラム：経済、文化、倫理（International Forum on Sport and Development: Economy, Culture and Ethics）
　スポーツ界や政界、科学界や経済界、人権団体や NGO など、通常ならば接点がないような組織同士を結ぶことを目的に、ドイツのバッドボール・アカデミー（Bad Ball Academy）と ICSSPE が主催し、

第 4 章　世界規模で拡大する SDP

2005 年の 2 月 13 日から 15 日にかけて、ドイツのバッドボールで開催。フォーラムの席上にて、ドイツ政府が IYSPE2005 のために、700,000 ユーロを拠出することを約束。

■インド洋津波被害者への支援に関する国連とレキップ紙のラウンド・テーブル（United Nations and L'Equipe round table on Indian Ocean tsunami aid）
　インド洋津波被害者への支援に関して、IYSPE2005 のフレームワークのもと、2005 年 4 月 14 日にジュネーブの国連事務局にて開催。フランスの日刊紙であるレキップ紙、IOC 会長のロゲ氏、SDP に関する国連事務総長への特別アドバイザーが中心となり議論を展開。その目的は、津波被害を受けた地域の人々への支援に、レクリエーションやスポーツ施設の整備が必要であるとの主張を展開することであった。

■次なるステップⅡ：「開発の中心にスポーツを」（Next Step II Conference: "Taking Sport for Development Home"）
　2003 年 11 月にアムステルダムで開催された Next Step I 会議を進展させた形で、ザンビアのリビングストーンにて 2005 年 6 月 10 日から 13 日にかけて開催。中心となったのは、ノルウェー・オリンピック委員会・スポーツ連盟（Norwegian Olympic Committee and Confederation of Sports）、ザンビア・ナショナル・スポーツ・カウンシル、UK Sport、コモンウェルス・ゲームズ・カナダ、Right to Play、FK Norway（ユース交流プログラム）などである。目的は、HIV/AIDS や平和、和解調停のような領域での MDGs 達成に向けた手段としてスポーツの活用可能性に関する情報共有と、ローカルレベルでのコミュニティ・スポーツの構造を強化するための情報共有、そしてそうしたことを実践へ移し、持続性あるものにする交流を図ることであった。Sports Coaches Outreach、Right to Play、Go Sisters、MYSA、Magic Bus などのような主要団体の実践事例に、大きな進展を確認することができ、会議の成果は、以下のようなリビングストーン宣言（The Livingstone Declaration）といった形に集約された。

【リビングストーン宣言（The Livingstone Declaration）】
　スポーツと身体活動が、人間開発の推進に寄与し、MDGs の達成に資するものであるとの考え方を本会議の参加者たちは支持する。本会議にて披瀝された幅広い証拠は、スポーツや開発領域の関係者たちに持続性を担保するパートナーシップの重要性を気づかせ、一方に依存する関係から、自立的な関係及び相互依存的な関係へ進展することの重要性を我々に認識させてくれる。パートナーシップは、教育や健康、社会統合、開発と平和といった領域に対する SDP の効果を高め、同時に、貧困や差別、HIV/AIDS のような疾病に立ち向かう能力を拡張してくれる。
　本会議では、我々の目標を達成するために、「スポーツの振興（development of sport）」とともに「スポーツを通じた開発（development through sport）」を活用していくことを焦点化し、とりわけスポーツ・セクターは、既存のキャパシティを焦点化し、新たなエネルギーやリソースとなる大きな可能性を秘めている。本会議の成果は、本宣言という形で国際社会のリーダーたちに提出されることになる。我々は、国連総会決議 58/5 及び 59/10 に示された革新的なセクターともいえる強固・拡大のために、種々のリソースがすぐさま動員されることを要請する。

■開発を後押しするスポーツのための国際的ツールキット（International Toolkit Sport for Development）
　ザンビアにおける Next Step II Conference の開催期間中、開発を後押しするスポーツのための国際的ツールキット（International Toolkit Sport for Development）の計画が開始された。オランダが支援するスポーツ関連プロジェクトの質の向上のために、オランダ政府機関やオランダ・オリンピック委員会、オランダ・スポーツ連盟等がツールキットを開発。そのツールキットは、多種多様なツール、チェックリスト、成功事例の紹介や役に立つリンク集など 250 ページ以上にわたる。それらは MDGs への貢献を目指す各種 GO、スポーツクラブ、政府機関によってデザインされた。

■ 2005 年国連世界サミット（2005 United Nations World Summit）

# 第Ⅰ部　SDP発展の経緯

2005年9月14日から16日にかけて国連本部で開催された世界サミットの文書にて、以下のような文言が記載される。

> 我々は次のことを強調する。それは、スポーツが平和と開発を促進し、忍耐と相互理解の雰囲気を醸成するということである。それゆえ我々は、国連総会におけるSDPに関する活発な議論を期待する。
> 出典：United Nations（2005）"2005 World Summit Outcome", resolution 60/1.

■南西アジアにおける津波被害者に対する身体活動とスポーツを通じたリハビリテーション（Rehabilitation through Physical Activity and Sport in the Tsunami-Affected Area of South-East Asia）
ICSSPEとドイツ内務省による連携のもと、2005年10月28日から30日にかけて、タイのバンコクで開催。12か国から100名以上の参加者のもと、津波による被害からの社会復興に向け、スポーツや身体活動が重要な役割を担うとの議論が展開。

■スポーツを通じたコミュニケーションと開発に関するセミナー（Seminar on Communication and Development through Sport）
デンマーク文化開発センター（Danish Centre for Cultural Development）、デンマーク体操・スポーツ連盟（Danish Gymnastics and Sports Associations International）、プレイ・ザ・ゲーム（Play the Game）の連携のもと、2005年11月7日に、デンマークのコペンハーゲンで開催。セミナーではstreetfootballworld（ストリートフットボールワールド）やウガンダ北部で活動するRecreation for Development and Peace（開発と平和を後押しするためのレクリエーション）などの実践事例にもとづき、そこでの実際の経験や課題について議論された。RDPのプロジェクト・マネジャーからは、20年にわたる紛争により様々な傷を負ったウガンダの社会環境においては、スポーツや文化活動がとりわけ重要となるとの指摘がなされた。同時に、経済や健康などの領域に、一連のプロジェクトがいかなる影響を与えるのかを示す、数値化された測定評価方法の必要性が喚起され、スポーツや体育がもたらす長期的なインパクトの評価が求められていることが指摘された。

■スポーツと都市開発に関する国際会議（International Sport and Urban Development Conference）
20か国以上から170名の参加者を集め、オランダのロッテルダムにて、2005年11月9日から11日にかけて開催。検討されたテーマは以下の通り。①スポーツを通じた教育、②都市のスポーツと経済、③ローカル・スポーツへの参加と都市の多様性、④スポーツと都市計画、⑤ローカル・スポーツ政策のグッド・プラクティス、⑥スポーツとローカル・アイデンティティの6領域。

■第2回スポーツと開発に関する国際会議（2nd International Conference on Sport and Development）
IYSPE2005の終局を飾る会議が、2005年12月4日から6日までスイスのマグリンゲンで開催された。70か国から400名以上の参加者を集め、開発と平和に資する「スポーツの力」をさらに促進するために、政治的意思（political will）、財政的援助（financial support）、効果的なパートナーシップ（effective partnership）、エビデンス・ベースのリサーチ（evidence-based research）、革新的で地域密着のプロジェクト（innovative and locally owned projects）といったものが、SDPを展開するのに重要であることが確認された。会議の成果は、「マグリンゲン2005 行動喚起（The Magglingen Call to Action 2005）」として採択される。詳細は以下の通り。

【マグリンゲン2005 行動喚起（The Magglingen Call to Action 2005）】
我々、第2回スポーツと開発に関する国際会議の参加者一同は、IYSPE2005の終幕を迎えるにあたり、MDGsを含む国際的な開発目標に向け、スポーツが重要な要素となるよう、長期的にコミットしていくことを誓う。「第1回スポーツと開発に関する国際会議（2003年2月開催）」で採択されたマグリンゲン宣言を再確認し、IYSPE2005の期間内で展開された取り組み、会議の成果、これまで実施されてきたプロジェクトやイベントすべてを思い起こす。

我々は、教育や健康の質の向上、貧困削減、平和構築、寛容と理解の雰囲気を醸成するのに、スポーツを活用していくことを決議する。そうすることで我々は、人権—特に子どもの権利、人種の多様

第 4 章　世界規模で拡大する SDP

性、ジェンダー格差の是正、持続的な環境保全といったものの原理を尊重する。それゆえ我々は、種々のステークホルダーに対し、次のような行動を喚起する。

1. スポーツ組織：各種のプログラムやプロジェクトに人間開発の目標を入れること。正しいと認められたスポーツと開発の原則に基づいたガイドラインを開発し、それらを実践せよ。
2. アスリート：ロールモデルとして自覚し、開発と平和への関心を喚起するのに自身の注目度を活用せよ。そしてそうしたことが具現化できるように、その時間を確保せよ。
3. 多国間にまたがる開発機関：戦略的、グローバルレベルでの政策的対話において主導的役割を果たせ。国際的なアクター及びパートナーたちへの意識を啓発せよ。ネットワークを強化し、連携を深めよ。種々のプロジェクトやプロジェクト、アプローチを実践し、検証せよ。
4. 二国間の開発機関：開発援助政策やプロジェクトにスポーツを組み込め。他の模範となるプロジェクトやプログラム、アプローチを検証し、実践せよ。
5. 政府：Sport for All の理念を促進せよ。一貫性のあるスポーツ政策を展開し、それらの実施をコーディネートせよ。学校におけるスポーツと体育を振興せよ。公衆衛生とその関連分野にスポーツとプレイを組み入れよ。
6. NGO：種々のプロジェクトを通して SDP のポテンシャルを提示せよ。経験と知識を集約せよ。市民社会の他のメンバーたちと繋がれ。
7. 民間セクター / スポーツ産業：ビジネスを展開する上での社会的及び環境的責任を受け入れよ。スポーツをベースにした開発活動に投資せよ。
8. 学術界：スポーツをベースにした開発活動に対する分析概念を洗練せよ。有効な実践事例を分析せよ。その評価方法の開発に貢献せよ。
9. 武力：友好関係の促進と平和構築にスポーツを活用せよ。
10. メディア：純粋なスポーツの側面を越えるスポーツの社会的役割について報道せよ。SDP の可能性に対する意識を啓発せよ。
11. すべてのステークホルダー：スポーツと開発に関するグローバルなパートナーシップの拡大に向け、それに積極的に参加、投資せよ。共通のビジョン、目標、活動枠組みについての対話に積極的に関われ。すべてのレベルにおいて革新的なパートナーシップを促進し、実践せよ。

出典：United Nations［2006:66-77］をもとに筆者作成。

　このように、「パートナーシップ」や「エビデンス・ベース」、「持続性」や「オーナーシップ」といった考え方が随所に織り込まれながら、MDGs とスポーツ、もしくは開発とスポーツとの関係が強く結びつけられ、数多くの取り組みが展開された。ステークホルダーの領域は多岐にわたり、それを横断する SDP の効果を測定できるモニタリング評価手法の開発が喫緊の課題とされた。

## 5．平和の領域からのアプローチ

　スポーツが後押しできる 4 つ目の領域とされたのは「平和」の領域である。近代に入り、スポーツの哲学的・教育学的価値がオリンピック・ムーブメントを通じクーベルタンによって制度化され、同時にスポーツが平和を推進しうるという「オリンピック休戦（Olympic Truce）」という考え方が台頭する。1992 年以降、

第Ⅰ部　SDP 発展の経緯

国連総会は加盟国に対し、「オリンピック休戦」への支持を訴え続け、現在はパラリンピックも「オリンピック休戦」の理念を踏襲してきている。このように、スポーツと平和との間の結びつきは古く、そうした結びつきは、現代の国際関係にひとかたならぬ影響を与えてきた。例えば、1967 年、内戦に苦しむ当時のナイジェリアでは、ブラジルのサッカーチームとの試合を開催に当たり、48 時間停戦が実施された。また、1971 年の冷戦下で展開された米中の「ピンポン外交」、2000 年のシドニー・オリンピックで実現した韓国と北朝鮮による開会式の合同行進、2004 年のブラジル代表チームによるハイチ遠征試合を平和推進の外交的手段とした事例など、国際協調へ向けた外交手段としてスポーツが活用されるケースは、これまで枚挙にいとまがない。さらに UNHCR は、2004 年に世界的スポーツ・メーカーであるナイキ社とパートナーシップを結び、女性の教育をターゲットとしたパイロット・プロジェクトをケニアのダダヴ (Dadaab) で展開した。IYSPE2005 の報告書では、紛争中や紛争後の時期においてスポーツが有用である理由を、①安全性への貢献、②ロールモデルとしての機能、③規律訓練の場としての機能、④平穏な社会としての指標、⑤クオリティ・オブ・ライフへの寄与、⑥犯罪抑止、⑦人々のまとまりの再編、⑧社会的統合、⑨国民国家形成への寄与、といった領域で整理しており（United Nations, 2006: 84）、「スポーツと平和」という観点から展開された一連の取り組みは資料 4-6 の通りである。

**資料 4-6：IYSPE2005 に関連する国際会議と取り組み（スポーツと平和の観点から）**

■スポーツと平和に関する国際会議 (International Sport and Peace Conference)
　UNESCO やカウンシル・オブ・ヨーロッパ (Council of Europe)、WADA など、数多くの国際機関や 25 か国からの政府のスポーツ政策担当者たちを集め、2005 年 10 月 3 日から 4 日までの期間、ロシアのモスクワで開催。会議では、以下のような宣言が採択された。

【スポーツと平和に関する国際会議の宣言 (Declaration of the International Sport and Peace Conference Moscow, 5 October 2005】
　平和のためのスポーツ、協調のためのスポーツ、未来の名のもとにおけるスポーツ！
　本会議の参加者たちは近代社会の偉大な功績及び重要な社会的財産としてのスポーツと体育という点に関して、オリンピズムの理念の重要性、若年層に対するオリンピック教育の必要性を認識し、スポーツは、21 世紀における人類の身体的、知的、モラル的な向上において積極的な役割を果たしうるという信念に基づき、スポーツは、人道的価値を有する要素になりうるし、なるべきであるということ、そして人種差別や宗教的偏見及び暴力主義への抗う重要な要素になりうるし、なるべきであるということに配慮しつつ、民族主義に基づく民族問題、憎悪による敵対、武力侵略などを抑止するのにスポーツを活用し、そうすることにより平和と調和のある国際社会が構築されうることを、地球上の国家や政治的リーダー、アスリートらに訴える。

■地雷廃絶へ向けたサイクリング (Cycling Against Landmines)
　IYSPE2005 の期間中、両足切断手術を余儀なくされたアルフィ氏が、地雷廃絶へ向けたキャンペー

第 4 章　世界規模で拡大する SDP

ンのため、ジュネーブからクロアチアへ 1000 キロ以上のサイクリングを実施。

■**青少年グローバル平和ゲームズ (2005 Global Peace Games for Children and Youth)**
　IYSPE2005 を記念して、国連国際平和デーである 9 月 21 日前後の日程において、世界中の青少年たちが文化的理解や非暴力の重要性への意識を啓発することを目的に世界 46 か国で開催。

出典：United Nations［2006:85-88］をもとに筆者作成。

　以上のように、「オリンピック教育」や「国際平和デー」などと連動させられながら、スポーツを平和利用するなど、平和構築の手段としてスポーツが活用され始めた。

## 6．IYSPE2005 の成果

　これまで見てきたように、2005 年は IYSPE2005 の制定をきっかけに、SDP の台頭を各界に強く印象づけ、そうした台頭は先進国のような一部の地域のみに偏在したのではなく、途上国までも包摂したかたちで拡散し、各々の国家レベルにおいても SDP に関する活動が活発に繰り広げられた。その政府担当窓口（National focal point）は、図表 4-3 の通りおよそ 70 か国に及んだ。
　そして、こうした SDP の拡大は、MDGs とスポーツとの関係をますます強固なものとし、MDGs が設定する 8 つの目標に対し、スポーツがいかに寄与できるのかを直接的に明示することになる。資料 4-7 は、IYSPE 国連事務局の報告書において示されたスポーツと MDGs との関係性についてまとめたものであ

図表4-3：SDPに関する政府担当窓口を設置した国家

| アジア | バーレーン、ブータン、グルジア、インド、イスラエル、レバノン、モンゴル、フィリピン、カタール、スリランカ、タイ、UAE |
|---|---|
| アフリカ | アルジェリア、ブルキナファソ、カメルーン、中央アフリカ、チャド、コモロ、エリトリア、エチオピア、ガーナ、マラウィ、モーリタニア、モーリシャス、モロッコ、モザンビーク、ニジェール、サントメ・プリンシペ、セネガル、セイシェル、シエラレオネ、南アフリカ、チュニジア、ザンビア |
| ヨーロッパ | アルバニア、オーストリア、ベラルーシ、ブルガリア、フィンランド、フランス、ドイツ、ギリシャ、ラトビア、オランダ、ノルウェー、ポーランド、ロシア、スペイン、スウェーデン、スイス、マケドニア、トルコ、イギリス |
| 北アメリカ | カナダ、キューバ、メキシコ、トリニダード・トバゴ |
| 南アメリカ | ボリビア、ブラジル、チリ、コロンビア、パラグアイ |
| オセアニア | オーストラリア、フィジー、ナウル、ニュージーランド、サモア、トンガ、ツバル、ヴァヌアツ |

出典：United Nations［2006: 102］をもとに筆者作成。

79

第 I 部　SDP 発展の経緯

る。

**資料 4-7：MDGs 達成へ向けスポーツが貢献しうる領域**

【Goal1】極度の貧困と飢餓の撲滅（Eradicate extreme poverty and hunger）
　開発の機会を提供することは、貧困に立ち向かうことを後押ししてくれる。大規模なスポーツ・イベントと同様、スポーツ産業は雇用の機会を創出してくれる。スポーツは、社会における生産的な生活における基礎的なライフ・スキルを提供してくれる。

【Goal2】普遍的な初等教育の達成（Achieve universal primary education）
　スポーツと体育は質の高い教育にとって基本的要素である。それらは前向きな価値観を涵養し、若者たちにとって即時的かつ持続性のあるインパクトをもたらすスキルを涵養してくれる。スポーツ活動と体育は、一般的に学校に対するみんなの関心を向かせたり、出席率を向上させたりする。

【Goal3】ジェンダー平等の推進と女性の地位向上（Promote gender equality and empower women）
　女性が体育やスポーツへかかわりやすくなることは、彼女達に自信をつけさせたり、より強固な社会統合をもたらすことになる。少年たちと一緒に少女たちがスポーツ活動に関わることは、弱い立場に立たされがちな女性への偏見を是正しうる。

【Goal4 と Goal5】乳幼児死亡率の削減と妊産婦の健康状態の改善（Reduce child mortality and Improve maternal health）
　スポーツは女性にヘルシーなライフスタイルをもたらす効果的な手段になりうるばかりでなく、そうした目標がしばしば女性のエンパワメントや教育機会へのアクセスに繋がるものとして重要なメッセージとなる。

【Goal6】HIV/AIDS、マラリア、その他の疾病の蔓延防止（Combat HIV/AIDS, malaria and other diseases）
　通常であればなかなか手の行き届きにくい人々に対しても、スポーツを通じると到達しやすく、種々の疾病予防に繋がるメッセージを伝えるポジティブなロールモデルを提供してくれる。スポーツが本来的に有する包摂性とインフォーマルな構造といった特徴により、スポーツを通じて社会統合が促進され、その結果、偏見やスティグマ、差別のようなものを打破するのに役立つ。

【Goal7】環境の持続可能性を確保（Ensure environmental sustainability）
　スポーツは環境保全の意識を啓発するのに理想的である。アウトドアスポーツの日常的な実践と環境保全の間の相互扶助的な関係性は、すべての人々にそれを喚起する上で明らかである。

【Goal8】開発のためのグローバルなパートナーシップの推進（Develop a global partnership for development）
　スポーツは、開発における革新的なパートナーシップに対して無限の機会を提供し、MDGs に向け、先進国と途上国の間にパートナーシップを構築するツールとして活用しうる。Goal 8 は、貧困国にとって Goal 1 から Goal 7 までを達成するのに必要なものと認識され、豊かな国々がより効果的な援助や持続性のある債務整理、フェアトレードを実施するのに決定的に重要なものとなる。

出典：United Nations［2006: 386］をもとに筆者作成。

　多様で大規模に実施された IYSPE2005 の取り組みは、最終的に図表 4-4 のような成果として結論づけられることになった。

　2000 年代初頭には SDP は新鮮な議題設定であったのだが、IYSPE2005 が

図表 4-4：IYSPE2005 による成果

| |
|---|
| 1. スポーツは開発のパートナーとなる。 |
| 2. スポーツは MDGs の達成に貢献する。 |
| 3. スポーツは社会を結集させ、洗練させる。 |
| 4. Sport for All は国家的優先課題として認識される。 |
| 5. スポーツは質の高い教育になくてはならないものとして認識される。 |
| 6. スポーツは人々の健康増進をはかるものとして認識される。 |
| 7. スポーツは平和構築の手段として見いだされる。 |
| 8. スポーツは差別や周縁化に抗うものとして貢献する。 |
| 9. スポーツは女性の格差是正やエンパワメントの手段となる。 |
| 10. スポーツはマルチステークホルダー・アプローチを受け入れる |

出典：United Nations［2006: 385-389］をもとに筆者作成。

終幕する時点においては既にありふれたものになっていた。この時点において「スポーツ」と「開発」の結びつきは自明のものとなり、MDGs に資するものとしてスポーツが国際社会の中で瞭然たる位置を占めていく。MDGs の達成に向け、それを大きく後押ししてくれる重要な方策のひとつとしてスポーツが認識され、SDP のプロジェクトが世界的な規模で同時多発的に展開されるという事態は、少なくともそれまでのスポーツ界においては前例のないことであった。国際大会での覇権が焦点化され、欧米を中心に発展してきたそれまでのスポーツの潮流は、途上国という新たなアクターを表舞台に登場させながら、各国の開発問題と分かち難く結びつき、SDP のプロジェクトやイベントを一挙に拡散させていった点で、スポーツ界に大きな変化がもたらされたと言ってよいだろう。そして IYSPE2005 が終わると、スポーツを通じた国際開発のさらなる展開へ向け、SDP に関する文書が次々と刊行され、こうした文書は SDP に対する時代の雰囲気をより強固なものへと仕立て上げていく。第 5 章では、2006 年から 2008 年にかけて公刊された文書を時系列に並べながら、SDP のプログラムが世界でどのように実践されていったのかについて詳しくみていくことにしよう。

【注】
1) 図表 4-1 の規約では「スポーツへの権利」を明確に定義しているわけではないが、「余暇活動への権利」や「文化的生活を享受する権利」、「人間の発達を促す教育への権利」など広範な領域に及んでおり、その趣意からすると、スポーツへの権利についても十分に含意されると捉えてよいだろう。

第 I 部　SDP 発展の経緯

# 第 5 章

## SDP へ向かう時代の色調
: 相次ぐ SDP 文書の発刊

　1990 年代までスポーツは、余暇娯楽活動や人権レベルにとどまり、開発現場でのフィールド活動にほとんど影響を及ぼさなかったが、これまで見てきたように、近年になって急速に開発政策と実践アプローチへという進展がみられるようになってきた。例えば、ILO や UNDP は 21 世紀になって、SDP を焦点化した活動を打ち出し、また他の国連機関も、開発プロジェクトにおいてスポーツに十分な力点を置いてこなかったそれまでの活動を徐々に変容させた。つまり 2002 年の「SDP に関する特別委員会」の設立からわずか数年が経過したのち、瞬く間に開発政策のひとつとして、さらにはフィールドレベルでの開発実践の場においてスポーツが議論されるようになったのである。その口火を切ったのは SDP の特別アドバイザーのポストが創設されたことであり、これにオリンピック・エイド（2003 年に Right to Play と組織名を変更）がいち早く追随し、SDP に関する特別委員会の設立を呼びかけた。特別委員会が設立されると、さらに国連教育科学文化機関（United Nations Educational, Scientific and Cultural Organization：以下 UNESCO と表記）や UNDP などの各国連機関や各国政府、IOC や各 IF などがこれに続き、2003 年の「第 1 回スポーツと開発に関する国際会議（1st International Conference on Sport and Development)」の開催へ結びつく。

　さて、21 世紀に入り、開発問題とスポーツがこのように急速に接近し、国連内に SDP に関する特別委員会が設立された事情には 2 つの背景を指摘できる。ひとつは国家のような組織による開発援助の非効率性や限界性が顕現してきた事態であり、2 つ目は MDGs が設定され、2015 年までに達成すべき目標が明確化されてきた情勢である。1980 年代の構造調整の時代以降、政府やその外郭団体が縦割りに存在する国家のような制度よりも、もっと小回りの利く NGO の

ような組織が開発援助の中心的アクターとして台頭する。そこに、Levermoreが指摘する、非政治的手段（non-political）や価値中立的種類（value-neutral manner）といったスポーツの特有さも相俟って［Levermore, 2010: 228］、通常なら敬遠されてしまうオーソドックスな開発プロジェクトでも、現地の人々が親近感を覚えるスポーツ・プロジェクトなら参加しやすいのではとの期待が高まり、スポーツへの関心が変節した。行政機構となかなか繋がらない地域でも手を差し伸べられる、このスポーツのアウトリーチ性は、開発とスポーツが結束するSDP の機運に加勢する結果をもたらす。

　また、2000 年の MDGs の設定は、世界の均衡と安定のために地球上から貧困を削減し、その取り組みを途上国のみに求めるのではなく、世界各国で共有しながら進めていく姿勢を強く押し出しながら、スポーツ界をも否応なく貧困問題へと向かわせる。折しも 1999 年には、「第 3 回 UNESCO 体育・スポーツに関する担当部局の政府高官による国際会議（3rd UNESCO International Conference of Ministers and Senior Officials Responsible for Physical Education and Sport)」がウルグアイで開催され、スポーツや体育が開発を推し進めるのに強力なツールとなり、ODA を通じて種々のリソース供与を各国に働きかける必要性が確認される［UNESCO, 1999］。そして、この国際会議の成果は、開発プロジェクトにおけるスポーツの実践が社会開発の促進に有効であるという論調をいっそう高揚させ、国連内においてスポーツの領域と開発の領域とを急速に接近させたのであった。

　こうした背景が折り重なる 20 世紀末から 21 世紀初頭の動向は、国連内に SDP に関する特別委員会を設置させるのに十分な素地を整えていたとも言えるだろう。すなわち、2000 年 9 月、より安全で豊かな世界づくりへの協力を約束する「国連ミレニアム宣言」が、147 の国家元首を含む 189 の国連加盟国代表たちが参加する国連ミレニアム・サミットにおいて採択されたのをひとつの大きな契機として、MDGs の目標達成に、スポーツを応用すれば、スポーツと開発が相互に連動しつつ、開発アプローチという問いに新しい視角から解答が出せるように思い始めたのが 21 世紀初頭に沸き起こったのである。

　このような中、Right to Play は、SDPIWG の事務局としての役割を兼ねつつ、単なる「スポーツの振興（development of sport）」ではなく、「スポーツを通じた開発（development through sport）」という発想から、スポーツを主役とした開発のあり方を模索すべきだという主張を、以前にも増して強く押し出してい

く。その視点は、SDPIWG が後に公刊する数々の報告書や政策提言においても一貫しており、MDGs と歩調を合わせながら、スポーツを通じた貧困削減へ向け、力を結集する方向性が国際社会に呼びかけられていった。ここでは 2006 年から 2008 年にかけて公刊された文書を時系列に並べながら、SDP へ向かう時代の色調について整理していこう。

## 1.『開発と平和を後押しするためのスポーツ：実践から政策へ（Sport for Development and Peace: From Practice to Policy）』（2006 年）

SDP を持続的に展開するためにはそれを実際に運営する側が政府側からの様々な資源動員を求める。ただ現実には、各国政府の SDP に対する積極的な関与が漸進的にしか進まない情況下で、SDPIWG が主体となり開発分野におけるスポーツへの関心を喚起するしかなかった。そこで SDPIWG は、それまでの各国における SDP の取り組みを整理した報告書『開発と平和を後押しするためのスポーツ：実践から政策へ（Sport for Development and Peace: From Practice to Policy）』を作成し、各国の政策に SDP を組み込もうとの働きかけに取り組む。この報告書は、SDP の潮流を後押しする材料として成功した事例ばかりを取り上げている感がなくもないが、他方でその時点においてどのような SDP が展開されていたのかを浮き彫りにしてくれる。例えば、途上国各国が SDP の目的とした対象は図表 5-1 の通りである。

ガーナでは、コミュニティ・フィットネスクラブの強化とローカル・キャパシティの樹立に重点が置かれ、SDP 事務局が立ち上げられる。また、タンザニアにおいては体育・スポーツが初等教育から大学教育までの教育システムに組み込まれる一方、若年層の HIV/AIDS 予防と貧困削減を焦点化したプログラムが展開された。同時にタンザニアでは成年層や女性のスポーツへの参加率を高めるプログラムが実施された ［Sport for Development and Peace International Working Group, 2006: 21-22］。各プログラムにおいて鍵となるターゲット・グループは図表 5-2 に示した通りであり、SDP に対して途上国政府が投じた金額は図表 5-3 の通りとなる。

これらの表は、SDP を有効に活用し MDGs の達成という目標へ向け、どのような省庁が関わり、それぞれの政府がいかなる財源を投じたのかについて示唆

第5章　SDPへ向かう時代の色調

図表5-1：途上国各国によるSDPの目的

| 政策／プログラムの目的 | アゼルバイジャン | ブラジル | ガーナ | シエラレオネ | タンザニア | ザンビア |
|---|---|---|---|---|---|---|
| ヘルスプロモーションまたは病気の予防 | ● |  | ● | ● | ● | ● |
| ソーシャル・キャピタルの形成 | ● | ● |  | ● | ● | ● |
| 経済開発 | ● |  | ● |  | ● | ● |
| コミュニティ・デベロップメント | ● |  | ● | ● | ● | ● |
| 紛争解決または平和構築 |  |  | ● | ● |  | ● |
| 男女共同参画 | ● |  | ● | ● | ● | ● |
| 人権に対する啓発 | ● |  | ● |  |  | ● |
| スポーツ振興 |  | ● | ● |  |  |  |
| ヘルシー・ヒューマン・デベロップメント | ● |  |  |  |  |  |
| 教育 |  | ● |  |  | ● |  |
| 災害後または紛争後の対応 |  |  |  | ● |  |  |
| クオリティ・オブ・ライフの促進 |  | ● |  |  |  |  |
| 障がい者との共存 |  |  | ● |  |  |  |

出典：Sport for Development and Peace International Working Group［2006: 21］をもとに筆者作成。

図表5-2：各プログラムにおいて鍵となるターゲット・グルー

| ターゲット・グループ | アゼルバイジャン | ブラジル | ガーナ | シエラレオネ | タンザニア | ザンビア |
|---|---|---|---|---|---|---|
| 若年層 | ● | ● | ● |  | ● |  |
| 各世代全体 | ● |  | ● |  | ● |  |
| 子ども |  |  | ● |  |  | ● |
| 女性と少女 |  |  | ● |  |  |  |
| 選手 |  |  | ● |  |  |  |
| 難民 |  |  |  |  | ● |  |
| HIV/AIDS感染者 | ● |  |  |  | ● | ● |
| 低所得者層 |  | ● |  |  |  |  |
| 受刑者 |  | ● |  |  |  |  |
| 社会的弱者 |  |  |  |  |  | ● |
| スポーツ・エージェンシー |  | ● |  |  |  |  |
| コミュニティ・スポーツ・クラブ |  | ● |  |  |  |  |
| スポーツを中心に活動するNGO |  | ● |  |  |  |  |

出典：Sport for Development and Peace International Working Group［2006: 22］をもとに筆者作成。

を与えてくれる。とりわけ、健全な青少年育成に向けた意欲をSDPという枠組みでもってうまく掬い上げたブラジル政府によるSDPの展開は、若年層の社会的包摂という問題にスポーツをいかに組み合わせたのかを知る上で興味深いケースとなる。例えば、英語でセカンド・ハーフを意味する「Segundo Tempo」は、スポーツや課外活動への参加を阻まれてきた7歳から17歳までの若者たちを対象に、午前の授業後も彼らが学校に残り、監督の行き届いた環境下でスポーツや

第 I 部　SDP 発展の経緯

図表5-3：SDPに対する途上国政府の投資金額

| 国（人口） | 担当省庁 | 収入源 | 年 | 投資額（アメリカドル） |
| --- | --- | --- | --- | --- |
| ブラジル<br>（1億7900万） | ・スポーツ省 | ・一般歳入<br>・宝くじによる収益が直接 NOC とパラリンピック委員会へ配分 | 2005 | 3億2000万<br>※ブラジルスポーツ省全体予算額となるが、ブラジル政府はすべてのスポーツ活動を SDP として展開予定。 |
| ガーナ<br>（2億2800万） | ・教育スポーツ省 | 一般歳入 | 2006 | 1500万 |
| アゼルバイジャン<br>（7900万） | ・ユース<br>・スポーツ観光省 | ―― | 2006 | 60万<br>（体育・スポーツに関する国家プログラム予算の25％） |
| タンザニア<br>（3億8600万） | ・情報・文化<br>・スポーツ大臣 | ―― | 2005－2006 | 8万<br>※情報・文化・スポーツ大臣管轄下におけるスポーツ・ディベロップメント省による現在進行中の予算 |
| ザンビア<br>（1億1300万） | ・ユース・スポーツ<br>・小児期発達省 | 一般歳入 | 2006<br>※内閣次第となるため予測値 | 4万<br>（省全体予算の1/6） |
| シエラレオネ<br>（600万） | ・ユース<br>・スポーツ省 | SDP のための特定財源を含む国家のスポーツ政策を策定中 | 2005 | 該当無し |

出典：Sport for Development and Peace International Working Group［2006: 28］をもとに筆者作成。

ゲームに興じるのを可能にしたプログラムである。食事や補習授業の提供を可能としたこのプログラムは、ブラジルの主要都市に 2003 年から設立され、2006 年時点で国内 800 以上のセンターに 100 万人以上の子どもたちが登録された。ブラジル政府は近くこの数字を 2 倍にし、国内全土に拡大する意向を表明する［Sport for Development and Peace International Working Group, 2006: 23-24］。

また、スポーツ用品の製造を通して受刑者の社会復帰を促進するプログラムである「Pintando a Liberdade（英語で Painting Freedom）」も、ブラジルで展開される。ブラジル国内での Segundo Tempo の拡張とともに、そのプログラムで活用されるスポーツ用品の需要が増すにつれ、そうした用品の低コスト生産と受刑者たちの社会復帰へ向けたリハビリテーションとを両立する Pintando a Liberdade は、犯罪者単位に費やされる社会的コストを直接的に削減できるプログラムとして注目しておいてよいだろう。受刑者はボール一つの生産につき 2 ブラジルレアルを受領することができ、3 日間作業するごとに収容日数が 1 日ずつ減刑されるという仕組みは、連邦政府が製造に必要な原材料費や研修費を負担し、基礎自治体がすべての賃金を負担する。受刑者の手による生産のため製造コストを抑えられ、受刑者側にとっても生産に応じた給与を受け取ることができる

第 5 章　SDP へ向かう時代の色調

このプログラムは、Segundo Tempo で使用されるスポーツ用品の供給を大きく下支えし、もともと 3 州（15 センター）から踏み出されたものが、2006 年には 27 州 70 のセンターが設置されるまでに拡張した。ブラジル政府は、将来的に Segunndo Tempo や Pintando a Liberdade のアフリカ諸国での展開を視野に置くまでになっている［Sport for Development and Peace International Working Group, 2006: 23-24］。

このように、途上国側での取り組みが次々と開始される中、先進国側でも SDP に対する試みが本格化する。図表 5-4 は先進国側が取り組んだ SDP の目

図表5-4：先進国側によるSDPの目的

| PROGRAM OBJECTIVES | AUSTRALIA | AUSTRIA | CANADA | NETHERLANDS | NORWAY | SWITZERLAND | U.K. |
|---|---|---|---|---|---|---|---|
| Gender equity | ● | ● | ● | ● | ● | ● | ● |
| Health promotion and disease prevention | ● | ● | ● | ● | ● | ● | ● |
| Healthy human development | ● | ● | ● | ● | ● | ● | |
| Building individual or social capital | ● | ● | | ● | ● | ● | |
| Community development | ● | ● | | | ● | ● | |
| Conflict resolution/peace building | | ● | ● | ● | ● | | ● |
| Education | ● | ● | ● | ● | | | |
| Advancement of human rights | | ● | | | ● | ● | |
| Inclusion of people with a disability | ● | | ● | | | | |
| Post-disaster and conflict normalization | | ● | | | ● | | |
| Child protection and children's rights | | | ● | ● | ● | | |
| Economic development | | ● | | | ● | ● | |
| Good governance | ● | | ● | | ● | | ● |
| Alternative network building | | ● | | | | | |
| Awareness raising | | ● | | | ● | | |
| Building global partnerships | | | | | ● | | ● |
| Employment | | | | | | | |
| Promotion of equity in or through sport | | | | | | | ● |
| Research, monitoring, & evaluation | ● | | | | | | ● |
| Sport development | ● | | | | | | ● |

出典：Sport for Development and Peace International Working Group［2006: 47］より抜粋。

第Ⅰ部　SDP発展の経緯

図表5-5：対象となるターゲット・グループ

| TARGET GROUPS | AUSTRALIA | AUSTRIA | CANADA | NETHERLANDS | NORWAY | SWITZERLAND | U.K. |
|---|---|---|---|---|---|---|---|
| Youth | ● | ● | ● | ● | ● | | ● |
| Women and girls | ● | ● | ● | ● | ● | ● | ● |
| Children | ● | | ● | ● | ● | ● | |
| Disadvantaged groups | | ● | ● | | ● | ● | ● |
| People with a disability | ● | | ● | ● | ● | | ● |
| Refugees | | | ● | ● | ● | ● | |
| Education professionals | ● | | | | | | ● |
| Governments | ● | | | | | | ● |
| Migrants | ● | | | | | ● | |
| Ethno-cultural minorities | ● | | | | | ● | |
| Drug users | | | | | | ● | |
| Soldiers | | | | | | ● | |
| Other governments | | | ● | | | | |
| Local sport organizations | ● | | | | | | |
| Sport professionals | ● | | | | | | |
| National sport federations | ● | | | | | | |

出典：Sport for Development and Peace International Working Group ［2006: 48］より抜粋。

図表5-6：先進各国がSDPへ投じた金額

| COUNTRY | DEPARTMENT OR AGENCY | AMOUNT IN USD | TOTAL IN USD |
|---|---|---|---|
| Australia 2005-2006 | Australian Agency for International Development | 1,706,183.00 | 2,474,734.00 |
| | Victoria State Government | 768,551.00 | |
| Canada 2005-2006 | Canadian Heritage | 480,800.00 | 2,296,633.00 |
| | Canadian International Development Agency | 1,815,833.00 | |
| Netherlands 2005 | Ministry for Development and Cooperation | 635,603.00 | 635,603.00 |
| Norway 2005 | Various Programs | 6,202,218.00 | 6,202,218.00 |
| Switzerland 2005-2006 | Swiss Development and Cooperation Agency Mid-term Program 2005-2006 | 1,216,069.00 | 3,333,493.00 |
| | Special Program for IYSPE 2005 | 1,791,644.00 | |
| | Office of IYSPE 2005 | 325,780.00 | |
| United Kingdom 2005-2006 | International Development Assistance Program | 836,617.00 | 6,506,056.00 |
| | DFID and DFES | 92,942.00 | |
| | The British Council Dreams and Teams Program | 5,576,497.00 | |

出典：Sport for Development and Peace International Working Group ［2006: 51］より抜粋。

的である。また、図表 5-5 は対象となるターゲット・グループの一覧であり、図表 5-6 は先進各国が SDP へ投じた金額の一覧となる。

また、SDP の政策への融合に向け、資料 5-1 のような見解が提示され、MDGs を達成するための低コストかつ高効率な手段として、スポーツを開発のための「ツール」とするとの観点が前面に押し出されていった。

**資料 5-1:『開発と平和を後押しするためのスポーツ：実践から政策へ』で示された主な見解**

■開発のツールとしてスポーツを位置づけ（Positioning sport as a tool for development）
　政府と連携するために、スポーツは単なるスポーツという範疇の中に位置づけるのではなく、むしろ MDGs のような広範な開発目標を達成する上で、低コストで強いインパクトをもたらすツールとして位置づけるべきである。

■政府からの支援体制の構築（Building government suppot）
　スポーツ組織や開発パートナーなどの外部の組織に対しても、SDP を展開する上で政府の協力は重要なものである。

■重要な役割を担うスポーツ連盟と開発 NGO（Sport federations and development NGOs play an essential role）
　SDP の展開においてスポーツ連盟と開発 NGO は重要な役割を担う。政府はこれら市民社会組織と政策パートナーとしてあるいはデリバリーパートナーとして連携する必要があり、より親密な関係構築へ向け連携していく必要がある。

■現在のエビデンス・ベースの強化（Strengthening the current evidence base）
　この領域や政策レベルにおける国際的及び領域横断的な連携を図るために、現在のエビデンス・ベースを強化し、プログラムのモニタリングと評価を強化する努力が求められる。

■対象となる地域及び国家レベルのキャパシティとオーナーシップを構築するためのニーズを焦点化（Donor countries are firmly focused on the need to build local and national capacity and ownership）
　グッド・クオリティ、強いインパクト、持続的なプログラムの達成へ向け、そして途上国の国々から大きな支援を受けられるよう、ドナー国は、対象となる地域及び国家レベルのキャパシティとオーナーシップを構築するためのニーズをしっかりと焦点化する必要がある。

■途上国における大きな機運（There is strong momentum among developing countries）
　SDP に対する大きな機運が途上国に起こりつつある。多くの国々が国家政策に SDP を組み込みつつあり、そのうちのいくつかでは成功事例を確認できる。

■リージョナル・アウトリーチ（Regional outreach）
　途上国の国々では、SDP への関心を向けてもらい、国家開発戦略に向けた活用可能性を検討するために、関係組織と連携しながら幅広い地域組織を活用が始まっている。こうした傾向は SDP の潮流に対するさらなる好循環をもたらす。

■多様な組織との連携（Engaging multilateral institutions）
　政府によるリーダーシップは多様な組織との連携に欠かせないものである。未だ SDP にかかわりのない組織にも SDP へ関心を向けてもらえるよう、政府のリーダーシップは重要である。

出典：Sport for Development and Peace International Working Group［2006: 2］をもとに筆者作成。

以上のように、2006年に公刊された『開発と平和を後押しするためのスポーツ：実践から政策へ』は、各国の政策の中へSDPを組み込もうとの働きかけを各地の成功事例から行ったものと言える。こうした成功事例からの教訓を開示する傾向は、翌年発刊の『フィールドから：開発と平和を後押しするためのスポーツの実践』においてさらに強められていくが、ただ、その働きかけはこの時点で未だ発展途上の段階にあり、国際開発機関や途上国を含む各国の政府にプログラム・ツールとしてのスポーツへの認識を高めてもらうといった重点課題が示されながら、それぞれの立場からできることを実行に移そうという機運が高められていった。

## 2.『フィールドから：開発と平和を後押しするためのスポーツの実践（From the Field: Sport for Development and Peace in Action）』（2007年）

『開発と平和を後押しするためのスポーツ：実践から政策へ』が刊行された翌年、SDPIWGは『フィールドから：開発と平和を後押しするためのスポーツの実践（From the Field: Sport for Development and Peace in Action)』を公刊する。この報告書では世界各国で実践されるSDPの事例が紹介され、実際の現場で生じている経験から学ぶことで、政策立案者側のSDPへの認識を高め、それを活動支援へと結びつける、SDPと多様なステークホルダーとを繋ごうとする意趣が発信された。それは、SDPを①青少年の問題、②健康と疾病の問題、③ジェンダーの問題、④障がい者の社会的包摂の問題、⑤社会統合と平和構築の問題といった5つの領域から検討することによって、スポーツと開発とを統合する包括的なアプローチとして理解しようとするものであった。ここでは領域ごとの実践事例を紹介しながら、SDPがどのように展開されたのかを簡単に見ておこう。

まず、①青少年の問題である。図表5-7で示すように7つのプロジェクトが取り上げられ、それらの実施場所や活動概要などが紹介され、②健康と疾病の問題では、図表5-8に示すように7つのプロジェクトが取り上げられた。また③ジェンダーの問題の領域でのSDPの取り組みについては図表5-9に示す通りであり、さらに、図表5-10には④障がい者の社会的包摂の領域でのSDPの取り組みを示した。最後に⑤社会統合と平和構築の領域でのSDPの取り組みについては、図表5-11の通りである。

第5章　SDPへ向かう時代の色調

**図表5-7：①青少年の問題の領域での取り組み**

| プロジェクト名 | 場所 | 中心的運営組織 | 対象と活動概要 |
|---|---|---|---|
| Living For Sport | Secondary schools across thr UK | Youth Sport Trust | 社会に不満を抱く11歳から16歳の若者を対象に、スポーツ・プログラムを通じて社会との繋がりを構築 |
| Sport and Play for Traumatized Children and Youth | Bam, Iran | Swiss Academy for Development | 震災被害者となった6歳から18歳の若者を対象に、スポーツやプレイを通じてリハビリテーションに貢献 |
| LEARN & play, Afghanistan | Kabul and Parwan Province, Afghanistan | AfghanistanHilfe Paderborn, Germany (AfghanistanHilfe means Afghanistan Assistance) | ストリート・チルドレンを中心とした子ども達を対象に、フットボール・プログラムを通じて長期的な教育機会を供与するきっかけ作り |
| Dreams and Teams Poland | Poland, and later, Hungary, Latvia, Ukraine, Czech Republic and Slovakia | British Council | 中等教育に在籍する14歳から18歳の若者を対象に、スポーツ・イベントの企画を通じながら東ヨーロッパにリーダーや文化大使を養成 |
| Sport in Action | Six districts in Zambia | Sport in Action | 4歳から26歳を対象に、スポーツによる健康教育とザンビアにおけるライフ・スキルの習得 |
| Grumeti SportWorks | Mugumu, Kyambahi and Natta, three wards of Serengeti district, Tanzania | Right To Play | 初等教育機関に在籍する生徒と教員を対象に、学校を拠点としたスポーツへの取り組みによる子どもの全人的な発達の促進 |
| Physically Active Youth | Katutura, Namibia, a low-income community which was once a black township | Physically Active Youth | 試験準備に追われる中等教育の生徒たちを対象に、特に非行に走る恐れのある子どもへ向け、補習と学習とスポーツを組み合わせた放課後プログラムの提供 |

出典：Sport for Development and Peace International Working Group［2007: 2-22］をもとに筆者作成。

**図表5-8：②健康と疾病の領域での取り組み**

| プロジェクト名 | 場所 | 中心的運営組織 | 対象と活動概要 |
|---|---|---|---|
| Thailand Migrant SportWorks Project | Sangkhlaburi, Thong Pah Pum, Kraburi and Tha Sae Districts, Thailand | Right To Play and the American Refugee Committee International | ビルマ人とタイ人の移民労働者の6歳から12歳までの子どもたちと学校やコミュニティ・ヘルス・センターのヘルス・プロモーターたちを対象に、タイ国内でのスポーツ活動を通じた感染症との闘い |
| Dads Against Drugs | Hull, East Yorkshire, England | Dads Against Drugs | 薬物乱用の恐れのある16歳から24歳までの若者とその家族を対象に、コミュニティ内の薬物問題を、フットボールを通じて改善しようとする父親たちの取り組み |
| Caribbean Healthy Lifestyles Project | Jamaica, St. Vincent & the Grenadines, Grenada, Trinidad and Tobago, St. Lucia, Barbados, St. Maarten, Anguilla, Guyana, Dominica, Antigua & Barbuda, St Kitts & Nevis | Commonwealth Sports Development Programme, Organization of Caribbean Administrators of Sport and Physical Education, and Caribbean Netball Association | カリブ地域のユースを対象に、より健康的なライフスタイルを志向するためのスポーツと人格形成をを組み合わせたユース同士の新たな取り組み（当初は女性を対象にしていたが、2003年より男性も対象） |

*91*

第Ⅰ部　SDP発展の経緯

| | | | |
|---|---|---|---|
| National Social Sport Program | Argentina | Secretary of Sport | 若年層の子どもたちと、初等・中等教育の教員達を対象に、健康や疾病予防、社会統合をターゲットにした国家的レベルでの社会スポーツ・プログラムの展開 |
| PLAY SOCCER | Ghana, Senegal, Cameroon, Malawi, Zambia and South Africa | PLAY SOCCER | 貧困地域に暮らす若者、特に5歳から14歳の少女たちを対象に、子どもの発達とコミュニティ開発を焦点化したサッカー・プログラムの展開 |
| Alive and Kicking Kenya | Kenya | Alive and Kicking UK | 修学期の若者、特にマラリアやHIV/AIDSに罹患する危険に晒される若者を対象に、スポーツを通じた経済活動と健康増進の促進 |
| Agita Sao Paulo | Sao Paulo State, Brazil | The Centre of the Physical Fitness Research Laboratory Sao Caetano do Sul | 生徒や労働者、高齢者を対象に、身体活動を通じた疾病予防を目的としたヘルス・プロモーション・プログラムの促進 |

出典：Sport for Development and Peace International Working Group［2007: 24-44］をもとに筆者作成。

図表5-9：③ジェンダーの問題の領域での取り組み

| プロジェクト名 | 場所 | 中心的運営組織 | 対象と活動概要 |
|---|---|---|---|
| SportWorks Pakistan | Peshawar and Quetta, Pakistan | Right To Play and Insan Foundation Pakistan (in Urdu, "insan" means human) | パキスタンに住むアフガニスタンの難民（特に少女や女性）を対象に、女性のエンパワメントやコミュニティの統合を目指すスポーツ・プログラムの展開 |
| Go Sisters | 36 communities in six of Zambia's nine provinces | Education through Sport (EduSport) Foundation, Zambia | 5歳から15歳の少女を対象に（就学者、非就学者とも）、ザンビアにおける彼女たちをエンパワメントすることを目的としたスポーツを活用したピア・エデュケーション（Peer Education）プログラムの展開 |
| Women in Paralympic Sport Leadership Program | Africa, Europe, Oceania, Asia and the Americas | International Paralympic Committee | パラリンピック・スポーツでリーダーシップを女性たちを対象に（典型的には女性障がい者）、リーダーシップ能力の開発と障がいを持つ女性への新たな機会の提供を目的としたスポーツ・プログラムの展開 |
| Moving the Goalposts Kilifi | Kilifi District, Kenya | Moving the Goalposts Kilifi | 8歳から20歳までの女性を対象に、女性の健康教育やリーダーシップ開発を目的としたフットボール・プログラムの展開 |
| Ishraq | 14 villages in the rural Upper Egyptian Governorates of El-Minya and Beni-Suef, and expanding to another 30 villages in El-Minya, Beni-Suef and Assiut | Population Council, Save the Children USA, Centre for Development and Population Activities and CARITAS | 11歳から15歳までの非就学児童（少女）を対象に、南エジプトの農村部における少女のための教育やエンパワメントを目的としたスポーツ活動の展開 |

出典：Sport for Development and Peace International Working Group［2007: 46-60］をもとに筆者作成。

第 5 章　SDP へ向かう時代の色調

**図表5-10：④障がい者の社会的包摂の領域での取り組み**

| プロジェクト名 | 場所 | 中心的運営組織 | 対象と活動概要 |
|---|---|---|---|
| Sports for Life | Mexico, the eastern-most province in Angola | Vietnam Veterans of America Foundation (now called Veterans for America) | 下肢切断やポリオのような筋肉系組織変性疾患を煩う退役軍人を対象に、アンゴラ社会におけるリハビリテーションや障がい者コミュニティの尊重を目的としたチームスポーツの展開 |
| Sport as a Tool for Social Integration and Personal Development | Morocco | Handicap International | 10歳から45歳までの障がいを持つモロッコ人を対象に、モロッコ社会における障がい者との社会統合やパーソナル・デベロップメントを目的としたスポーツの展開 |
| Cambodian National Volleyball League (Disabled) | Throughout Cambodia with a focus on provincial development | Cambodian National Volleyball League (Disabled) Organization | 障がい者のコミュニティ（地雷犠牲者やポリオのような筋肉系変性疾患を煩う者を含む）、特に18歳から54歳までの競技者を対象に、カンボジア社会における障がい者コミュニティの再統合を目的としたスポーツリーグの展開 |
| Basic Education through Sport and Play for Children in West and Francophone Africa: Play to Learn | Ghana | Right To Play and the Special Education Division of the Ghana Education Service | 障がいを持つ生徒とその教員を対象に、ガーナ社会における若年障がい者への支援を目的としたスポーツやプレイ・プログラムの展開 |
| Sport and Leisure for Children and Youth with Disabilities | Bangladesh (districts of Manikgonj, Tangail and Mymensingh) | Handicap International/Bangladesh Programme | 8歳から30歳までの若年障がい者を対象に、バングラデシュ社会におけるリハビリテーションと社会的包摂を目的としたスポーツ・プログラムの展開 |

出典：Sport for Development and Peace International Working Group［2007: 62-76］をもとに筆者作成。

**図表5-11：⑤社会統合と平和構築の領域での取り組み**

| プロジェクト名 | 場所 | 中心的運営組織 | 対象と活動概要 |
|---|---|---|---|
| Sharek Youth Forum | Occupied Palestinian Territory, Gaza and the West Bank | Sharek Youth Forum | 8歳から14歳までの子どもと14歳から25歳までのユース及びSharekネットワーク内のユース組織を対象に、パレスチナ占領地区におけるユース・デベロップメントとジョブ・トレーニングを目的としたスポーツの展開 |
| Esperance | Rwanda | Youth Sports Association, Kigali | 8歳から19歳までのユースを対象に、紛争解決とコミュニティ教育を目的にスポーツを活用するフットボール・クラブの展開 |
| SportWorks Chad | Chad | Right To Play | 東チャドの難民キャンプに暮らす子どもたちや教員、指導者やコミュニティ・リーダー及びパートナー組織を対象に、紛争解決と平和構築を目的とした学校やコミュニティを拠点としたスポーツ・プログラムの展開 |
| Youth in Action Sierra Leone | Eight slum districts in Freetown and in Kono District, Sierra Leone | Youth in Action Sierra Leone | 農村部に暮らす社会的に疎外された女性や若年層を対象に、シエラレオネ社会における紛争摩擦の低減と社会的統合の向上を目的としたフットボールの展開 |

| Scotiabank Salud Escolar Integral | El Salvador | Centre for Healthy Development through Sport and Physical Activity, Brock University, Canada | 現役教員と将来的に教員になる者たちを対象に（特に体育科担当者とその生徒達）、エルサルバドル社会におけるライフ・スキルの習得を目的としたスポーツとプレイの展開 |
|---|---|---|---|
| Fight for Peace | Rio de Janeiro, Brazil | Fight for Peace (Luta Pela Paz) | 7歳から25歳までのユースを対象に、薬物乱用や犯罪に苦しめられるコミュニティにおける平和社会の構築を目的としたボクシング・プログラムの展開 |
| PeacePlayers International – Middle East | Israel and the West Bank | PeacePlayers International | 10歳から16歳までのパレスチナ人、アラブ系イスラエル人、ユダヤ系イスラエル人を対象に、イスラエルとパレスチナとの融合を目的としたバスケットボール・プログラムの展開 |

出典：Sport for Development and Peace International Working Group［2007: 78-98］をもとに筆者作成。

　本節で跡付けたように、2007年に公刊された『フィールドから：開発と平和を後押しするためのスポーツの実践』では、SDPの活動自体がアフリカ諸国のような途上国の一定地域にとどまらず、イギリスやポーランドのような地域においても若年層の社会的包摂やエンパワメントを目指して取り組まれた事例についても紹介された。すなわち、この時点で執り行われるSDPの実践事例を、地理的にも領域的にも拡大する動向として重ねて論じることで、SDPの伸展を関係機関に強く印象づけるものとなった。

## 3．『開発と平和へ向けたスポーツの力の活用：各国政府への提言（Harnessing the Power of Sport for Development and Peace : Recommendations to Governments)』（2008年）

　2008年の北京オリンピックにおいては、スポーツの活用可能性に対する認知を高め、SDPに取り組もうとする国々へ向けた政策提言として、『開発と平和へ向けたスポーツの力の活用：各国政府への提言（Harnessing the Power of Sport for Development and Peace: Recommnedations to Goverments)』［Sport for Development and Peace International Working Group, 2008］が作成される。折しもこの年の3月にはドイツ人のレムケ（Wilfried Lemke）がSDPに関する国連事務局長の特別アドバイザーに就任し、SDPの潮流をより強固なものへと仕立て上げていく。開発や平和構築活動におけるスポーツの活用可能性への政府の関心拡大を図ったこの報告書は、およそ300ページに及ぶ労作であり、①スポーツと健康、②スポーツと青少年の健全育成、③スポー

第 5 章　SDP へ向かう時代の色調

ツとジェンダー、④スポーツと障がい者、⑤スポーツと平和といった領域から、SDP の実効性を示す「エビデンス」と、「政府への提言」を提示しているのが大きな特徴となる。具体的には、各領域の課題解決に向けてスポーツがツールとしていかに有効であり、ただ一方でその制約はどこにあるのかといった「コンテクスト」が初めに描き出され、当該領域におけるスポーツの活用可能性を裏書きする数々の研究成果が「エビデンス」として示される。そして、それらをもとに「政府への提言」がなされるという構成となっている。以下では、報告書の構成に倣いながら各領域でどんなエビデンスが示され、いかなる政府への提言がなされたのを跡付けてみよう。

　まず、①スポーツと健康である。資料 5-2 は報告書の中で言及されたエビデンスの一覧である。

**資料 5-2：①スポーツと健康の関連性を示すエビデンス**

【言及された分野】
　ヘルスケアにかかるコストの低減と生産効率の向上
【提示された主なエビデンス】
　WHO のデータを引用しつつ
・アメリカにおいて、職場での身体活動プログラムを導入した結果、短期病気休暇が 32％から 6％まで減少し、ヘルスケア・コストも 55％から 20％に減少、生産性が 2％から 52％に上昇したとのデータ。
・カナダの企業で身体活動プログラムを導入した結果、生産性、常習的欠勤、転倒や怪我等の改善により一人当たり年間 513US ドルの節約効果があったとのデータ。

【言及された分野】
　循環器系疾患の予防と対応
【提示された主なエビデンス】
　2005 年には 1750 万人が循環器系疾患で死亡。これは死因全体のおよそ 30％を占める。そしてその 80％以上が低中所得の国々で生起しているという現実において―
　米国公衆衛生局の報告書を引用しつつ
・適度な運動が、循環器系に好影響をもたらすとの主張。
・身体活動が、子どもの循環器系疾患や低血圧に好影響をもたらすとの主張。
　WHO のデータを引用しつつ
・定期的な運動が、心臓発作のような冠状動脈に起因する疾患の発症を大幅に低減されるとの主張。

【言及された分野】
　肥満予防と対応
【提示された主なエビデンス】
・世界中で 1 億 8000 万人以上が肥満であり、2005 年には 110 万人がそれをもとで死亡している。そしてそのおよそ 80％が低中所得の国々で生起し、うち半数が 70 歳以下であるという現実において
　それまで発表されてきた研究者らの知見を引用しつつ

95

第Ⅰ部　SDP 発展の経緯

- 食事制限や薬剤治療とともに適度な運動をすることが肥満治療に最も効果的手段であるとの主張。

【言及された分野】
　がん予防
【提示された主なエビデンス】
　WHO の報告によると、2005 年には 760 万人が癌により死亡している。そしてそのおよそ 70% が低中所得の国々で生起し、うち 40% は食事制限や運動、禁煙で防げたという現実においてそれまで発表されてきた研究者らの知見を引用しつつ
- 運動の欠如が疾患の誘因であることが明白で、日常的な運動の実践が、乳がんや大腸がんのような疾患になることを低減しうるとの主張。
- ただし、がん患者の健康増進に運動がどれほど寄与するのかについてのエビデンスはほとんどなく、その点については未だ不明であるとの主張。

【言及された分野】
　骨粗そう症予防と骨の健康度改善
【提示された主なエビデンス】
　1990 年には、世界で 170 万人が股関節を骨折したが、その数は 2025 年に 600 万人に上ると予測される中、それまで発表されてきた研究者らの知見を引用しつつ
- 体重負荷運動が、骨粗そう症予防と骨の健康度改善効果的であるとの主張。
- 運動が、75 歳から 85 歳までの閉経期後の女性の骨密度に好影響を与えるとの主張。

【言及された分野】
　HIV/AIDS 予防とその対応
【提示された主なエビデンス】
　2006 年 12 月時点で、中低所得の国々に暮らす HIV/AIDS 感染者の 28% しか抗レトロウィルス薬治療を受けられず、約 150 万人の子どもたちが肉親を失うという現実において、以下の理由などから、スポーツは HIV/AIDS 教育の領域に有効に活用できるとの見解。
- スポーツそのものが有する人気により、社会的に排除されているような集団にも手を伸ばすことができる。
- 予防対策上の主要なターゲットとなる若年層への訴求力がある。
- エリート・アスリートや大きな大会を通じて世間の注目を集めることができる。
　さらには、それまで発表されてきた研究者らの知見を引用しつつ
- 週に 3 度かそれ以上の身体活動が、AIDS の進行を遅らせるとの主張。
- 身体活動レベルとウィルス量は反比例関係にあるとの主張。

【言及された分野】
　自己概念、自己尊重、自信の前進
【提示された主なエビデンス】
　それまで発表されてきた研究者らの知見を引用しつつ
- スポーツや運動プログラムへの定期的な参加が、思春期における自己概念の形成に重要な役割を果たしうるとの主張。
- スポーツや運動プログラムへの定期的な参加が、自己尊重や自信の形成に全年齢期にわたり重要な役割を果たしうるとの主張。

【言及された分野】
　ストレス対処と不安低減
【提示された主なエビデンス】
　過去 15 年に渡り実施された 45 の研究結果から、ストレス対処に運動が有効であるとの見解を示

第 5 章　SDP へ向かう時代の色調

しつつ
- 20 分から 60 分までの有酸素運動を週に 3 回もしくはそれ以上の頻度で実施し、それを 8 週間から 10 週間に渡って行うと、いずれの研究でも心理的効果や身体的効果が得られたとの主張。
- 運動が不安低減へ結びつくメカニズムは不明としながらも、リラックスの促進や気晴らし等の気分転換に有効であるとの主張。

上記の他、鬱病予防や脳活性化、紛争後や災害後のトラウマの軽減等にも有効との主張。

出典：Sport for Development and Peace International Working Group［2008: 32-56］をもとに筆者作成。

以上のようなエビデンスにもとづき、次のような「政府への提言」がなされた。資料 5-3 はその一覧である。

資料 5-3：①スポーツと健康に関する「政府への提言」

■政策提言 (Policy Recommendations)
- 身体活動レベルを向上させるような包括的戦略の実践。
- エビデンス・ベースの戦略の進展と身体活動を促進するような包括的アプローチの実施。
- すべての戦略における明確な目標設定とターゲット設定。
- 戦略策定時において、現在の身体活動レベルやスポーツ参加率、それらの傾向と決定因子の評価に向けてのステークホルダーとの連携。
- 成功事例からの教訓の活用。
- 身体活動を促進しうるもの（例：法整備や税控除、マスメディアによるキャンペーン等）の積極的な活用。
- 学校での体育科教育及び身体活動、Sport for All に対する国家政策の強化。
- 住民のニーズを考慮した政策の策定。
- 地域の物理的・社会的及び環境的な制約を考慮した戦略の立案。

■プログラム提言 (Program Recommendations)
- 身体活動がもたらす多様な便益と運動不足がもたらすリスクへ対する意識の啓発（政府内、キーアクター間、住民間）を図るための具体策の実施。
- 最適な身体活動レベルに関するガイドラインの策定と、そのガイドラインの社会全体での共有。
- よりアクティブな健康的生活へ向けた重要な手段としてスポーツや身体活動プログラムのみならず、文化的に関連性のあるもの、コミュニティレベルのものにも目を向け、積極的に投資せよ。
- 障がい者でも参加できるような機会を提供せよ。
- ダイエットや身体活動及びボディ・シェイプに関してローカル・レベルで信じられていることにも目を向けた取り組みを展開せよ。
- 場合によっては、女性たちがアクティブになるのを忌避するようなジェンダーに関する文化的規範に注意せよ。
- 効率性を評価するために、モニタリングと評価のプロセスについてはプログラム開始時から組み込み、それらを継続的に活用しながらリソース配分について決定せよ。
- 成功事例から得られた教訓を活かしながら、スポーツ及び身体活動への参加率向上へ向け、プログラムの効率性を最大化せよ。
- 対象を焦点化したメッセージを発信せよ。
- 健康を阻害するような行動や疾病予防に影響を与えるコミュニケーション方法や一般への啓発活動のプラットフォームとしてのスポーツのポテンシャルを利用せよ。

出典：Sport for Development and Peace International Working Group［2008: 56-66］をもとに筆者作成。

第 I 部　SDP 発展の経緯

　次に、②スポーツと青少年の健全育成の問題をみてみよう。資料 5-4 は報告書の中で言及されたエビデンスの一覧である。

**資料 5-4：②スポーツと青少年の健全育成の関連性を示すエビデンス**

【言及された分野】
　身体的健康の促進と疾病予防
【提示された主なエビデンス】
　それまで発表されてきた研究者らの知見を引用しつつ
・幼少期や青年期に定期的に運動することは、健康的な骨や筋肉、関節の形成を手助け、引き締まった筋肉や肥満予防に有効との主張。
・幼少期や青年期に定期的に運動することは、高血圧予防や血圧値を下げ、呼吸器系疾患の予防や情緒的不安定を低減するのに有効との主張。

【言及された分野】
　青年期に推奨される身体活動レベル
【提示された主なエビデンス】
　米国スポーツ・体育協会 (the Association for Sports and Physical Education in the United States) のガイドラインを示しながら
・初等教育期の子どもたちは、各年齢に合った適度な身体活動を、ほぼ毎日、累算して少なくとも 30 分から 60 分間行うべきであるとの主張。
・子どもたちにとって、体を動かさない時間が増えるべきではないとの主張。

【言及された分野】
　社会心理的な発達
【提示された主なエビデンス】
　それまで発表されてきた研究者らの知見を引用しつつ
・青年期のアイデンティティ形成を手助けするものとし、身体活動と自己尊重の間の繋がりについて検討した先行研究では、軒並み自己尊重が高まったとの結果が示されているとの主張。
・ライフ・スキルやポジティブな価値を形成するものとし、とりわけ次のような領域に対するスポーツや体育プログラムの効果が示されているとの主張。
　＊チーム・ビルディング・スキル
　＊コミュニケーション・スキル
　＊意思決定スキル
　＊問題解決スキル
　＊コミュニティの感覚
　＊自己尊重
　＊責任感
　＊共感
　＊モラルの発達
　＊抵抗力
　＊学業成績への思い

【言及された分野】
　アクティブ・シチズンシップの涵養
【提示された主なエビデンス】
　カナダでの全国調査によると

第 5 章　SDP へ向かう時代の色調

・子どものとき組織化されたスポーツに参加した成人は、そうでない人と比較すると、かなりボランティア活動に積極的になるとの統計データがある。

【言及された分野】
少年非行や犯罪の抑制作用
【提示された主なエビデンス】
それまで発表されてきた研究者らの知見を引用しつつ
・スポーツをする若者はそうでない若者より非行にはしらないというエビデンスが数多くある。
・スポーツ活動が逮捕される確率や反社会的行為を低減し、スポーツ参加と犯罪抑制という関係は、不利な立場にある若者やマイナー・スポーツのアスリートにおいて際立っているとの主張。
・ある国際調査によると、スポーツのような放課後の活動は、社会的に不利な立場にある 10 代の若者の高校への進学意欲を高め、逮捕される事態を 71％減少させると同時に、高等教育での出席率を 26％上昇させるとのデータがある。
・高い犯罪率の地域に住む 13 歳から 16 歳までの潜在的に危険な状態にある若者を対象にした「London England's Youth Inclusion Program」において、スポーツやレクリエーション活動、種々のスキル・トレーニング（怒りを他人にぶけないように処理する方法、ギャングや薬物への対処方法など）を提供し、2003 年の評価では、学校除籍率 27％の低減、逮捕率 65％の低減、近隣地域での犯罪率 16％から 27％の低減が成果として示された。
・34 名の 10 代の非行少年を対象にしたアメリカの研究によると、次のような知見が示されている。
＊10 代の非行少年を 3 つのグループに分ける。1 つ目は、テコンドーのトレーニングに哲学的な熟考や瞑想、武道技術の実践を組み合わせたグループ。2 つ目は、闘いや自己防衛だけを強調した近代的な武道のトレーニングのグループ。3 つ目はバスケットボールとフットボールをするグループである。
＊6 か月後、第一のグループは、攻撃性や不安が減少するとともに、自己尊重やソーシャル・スキルが上昇し、非行レベルというよりは標準レベルに分類されるようになった。第二のグループは非行レベルや攻撃性が高く、実験開始時より適合能力が低くなった。第三のグループは非行レベルやパーソナリティ尺度にほとんど変化が見られなかったが、自己尊重やソーシャル・スキルが向上した。
＊以上の結果より、スポーツ参加に関連するプラス面もマイナス面が何であろうとも、その成果はスポーツ経験そのものから生じるものではなく、スポーツ経験の全体を構成する社会的相互作用や身体活動等が混ざり合うことで生じるものであるとの見解が示された。

【言及された分野】
トラウマからの回復
【提示された主なエビデンス】
それまで発表されてきた研究者らの知見を引用しつつ
・ロシア国内のチェチェンに隣接する地域である北オセチアにおいて、2004 年 9 月、テロリストによる学校襲撃により多数の子どもの犠牲者が出し、その後、リハビリテーションを目的としたプロジェクトが実施された際、スポーツ・プログラムが、トラウマから生じる感情的問題を解決するのに役立ち、抑鬱症などが低減するなどの結果が示されたとの主張。

【言及された分野】
学校教育へのアクセス向上策のひとつとして
【提示された主なエビデンス】
それまで発表されてきた研究者らの知見を引用しつつ
・既述のブラジルにおける Segundo Tempo プログラムの成果やザンビアにおけるスポーツ・プログラムの成果を示しながら、体育やスポーツ、プレイの時間を学校カリキュラムに組み込むことは、在籍率や中退者減少などの学校教育へのアクセス向上策として有効とのエビデンスが示され

99

第Ⅰ部　SDP 発展の経緯

ているとの主張。

【言及された分野】
学業成績向上を後押しするひとつとして
【提示された主なエビデンス】
南太平洋のパラオ共和国の事例から
・パラオで体育が初等教育での必修科目となったのに伴い、よりスポーツに参加した生徒が身体的に健康で授業中の集中力も上昇し、結果的に学業成績が向上したとの報告について言及。

【言及された分野】
エンプロイアビリティ（雇用され得る能力）の向上
【提示された主なエビデンス】
カナダや ILO の報告から
・スポーツに参加することは、日常生活における雑多な問題や要求に前向きかつ効果的に対応するための能力を涵養し、それらの多くは労働市場で要求されるスキルと重なるとの主張。

出典：Sport for Development and Peace International Working Group［2008: 85-109］をもとに筆者作成。

　以上のようなエビデンスにもとづき、次のような「政府への提言」がなされた。資料 5-5 はその一覧である。

**資料 5-5：②スポーツと青少年の健全育成に関する「政府への主な提言」**

■政策提言（Policy Recommendations）
・青少年が体育やスポーツ、プレイにアクセスできるように、国家レベルの教育政策、スポーツ健康政策の枠組みにおいて、明確な政策課題を設定せよ。
・すべての子どもたちに対して体育の時間を拡大せよ。
・教育プログラムを効果的に提供するために学校と教員のキャパシティを向上させよ。
・青少年の身体活動に関する国家的なガイドラインを採択し、学校や家族、スポーツクラブやコミュニティ組織、自治体を横断するようなアプローチを通じてそれらのガイドラインを活用する方策を考えよ。
・異なるターゲット・グループ内での身体活動に影響する重要因子を探る調査を実施し、それらの因子を考慮した国家戦略やプログラムをデザインせよ。
・年齢に応じた適切な体育やスポーツ政策のあり方について検討せよ。
・スポーツの場面にて、子どもを虐待や搾取から守るための政策について策定せよ。
・社会的に不利な立場にあるコミュニティやグループにも配慮せよ。
・政策立案過程において、青少年たちも参画できる機会を担保せよ。

■プログラム提言（Program Recommendations）
・健康なライフスタイルのために必要な知識や態度、振る舞いや自信を生徒たちに習得させるための健康に関する教育コースを実施せよ。
・学校やコミュニティ・スポーツのパートナーと協働し、教科課程外の身体活動プログラムを展開するためにも、教育省との連携を模索せよ。
・安全でアクセスし易く、身体活動を楽しめるような環境を整備できるように、数多くのパートナーと連携せよ。
・すべての子どもたちを包摂するような SDP プログラムをデザインせよ。
・プログラムの日々の活動に関して、青少年たちに対話や意思決定の機会を与えよ。

第 5 章　SDP へ向かう時代の色調

- プログラム・マネジャーは、将来性のあるコーチや体育教員を大切に育成し、彼らが素晴らしいロールモデルとなるように支援せよ。
- 保護者たちをも巻き込むようなプログラムをデザインせよ。
- 定期的な評価を実施せよ。

出典：Sport for Development and Peace International Working Group［2008: 110-117］をもとに筆者作成。

続いては、③スポーツとジェンダーである。資料 5-6 は報告書の中で言及されたエビデンスの一覧である

### 資料 5-6：③スポーツとジェンダーに関して示された主なエビデンス

【言及された分野】
　身体活動を通じた非伝染性疾病の予防
【提示された主なエビデンス】
　それまで発表されてきた WHO 等の報告を引用しつつ
- 適度な運動は骨粗そう症予防、肺がんや大腸がん予防に効果的

【言及された分野】
　性に関する情報やリプロダクティブ・ヘルスに関する情報及びそれらの教育やサービスに対するアクセスの改善
【提示された主なエビデンス】
　2002 年、ザンビアにおいて社会的に不利なコミュニティに暮らす思春期の女性を対象に、EduSport Foundation が開始した Go Sisters プログラムの報告を示しつつ
- 2002 年から 2006 年の間、本プログラムに 5,474 名の女性がリーダー研修に参加し、彼女たちは 56,132 名の少女たちに健康教育を行った。その結果、プログラム参加者たちは自分たちの性や健康に関してオープンに議論するようになり、大きな態度変容が見られた。プログラム・スタッフの報告では、プログラム参加者は非参加者よりも幼い年齢で妊娠することが少なくなったという。

【言及された分野】
　母性の健康に関する改善
【提示された主なエビデンス】
　それまで発表されてきた研究者らの知見を引用しつつ
- 妊娠期間の適度な運動は心臓へのストレスを軽減し、妊娠期の肥満症状や腰痛を低減させる効果があるとの主張。

【言及された分野】
　メンタル・ヘルスへの貢献
【提示された主なエビデンス】
　国際スポーツ心理学会が示した知見を引用し、スポーツが女性の健康に寄与するものとして
- 不安の軽減
- 鬱の軽減
- 神経症の軽減
- 多様なストレスの軽減
- 前向きな感情の生成

*101*

第 I 部　SDP 発展の経緯

【言及された分野】
　自己尊重とエンパワメントへの貢献
【提示された主なエビデンス】
　それまで発表されてきた研究者らの知見を引用しつつ
- 先進国と途上国の双方において、スポーツや身体活動に参加する女性たちは、自己尊重をする傾向が見られ、個人的自由にも富むとの主張。
- エジプトの Ishraq プログラムやケニアの MYSA Girls' Football プログラムにおいてもスポーツがセルフ・エンパワメントに好影響を与えるとの報告があるとの主張。

【言及された分野】
　社会的支援と社会的包摂の促進
【提示された主なエビデンス】
　ケニアの貧民街として有名なキベラ地区にて、少女の「安全に活動できるスペース」に関する調査をしたところ、家族や友人と週に 2、3 時間程度の間、安全に会えるスペースがあると回答したのは 76,000 名の少女のうち 2%に充たなかった。こうした現実を前に、それまで報告されてきた様々な実践事例を引用しつつ
- スポーツは、女性たちに安全かつ皆が認めるパブリック・スペースを提供し、そこに女性同士で集まったり、社会的ネットワークを形成できる。さらには問題解決について議論したり、日常的に自由な移動を享受することもできるとの主張。
- さらに、スポーツは多くのコンテクストでマスキュリンな文化を醸成してきた経緯から、女性を社会的に排除してきたジェンダーに関する規範を変化させていく可能性を有するとの主張。
- ノルウェー・カップに参加した MYSA の女性の言質に示される彼女たちの選択肢の拡大とエンパワメントの模様から、社会的包摂が進展するとの主張。

【言及された分野】
　ジェンダーに関する規範を変容する可能性
【提示された主なエビデンス】
　それまで報告されてきた知見を引用しつつ
- ジェンダーに関する規範を短期間のうちに変容させることはできず、MYSA の女性フットボール・プログラムでも 15 年の歳月を要したとの主張。
- 平和構築とジェンダー格差の是正、人権に関する啓発活動等を目的に開始されたルワンダの Esperance プログラムでは、フットボール・チームは男女同数である必要があり、得点できるのは女性のみというルールを設定しているゆえ、女性メンバーを尊重し、支援するチームだけが勝利できる仕組みとなっている。ただ、スタッフが村を訪れると、現地の人から度々「フットボールに興味を持つ女性などいない！」と言われたりしたが、実際はそうではなく、プレイする機会はおろか、見る機会さえも奪われており、フットボールが好きな女性たちがいたというエピソードを引き合いに出しながら、今では女性たちが大勢フットボールに興じてきているという事例について紹介。

出典：Sport for Development and Peace International Working Group ［2008: 137-156］をもとに筆者作成。

　以上のようなエビデンスにもとづき、次のような「政府への提言」がなされた。資料 5-7 はその一覧である。

資料 5-7：③スポーツとジェンダーに関する「政府への主な提言」

■政策提言（Policy Recommendations）

第 5 章　SDP へ向かう時代の色調

- 基本的人権を尊重する政策やプログラム領域が幅広く浸透しているように、ジェンダー平等を政府のアジェンダとして幅広く組み込むようにせよ。
- ジェンダー平等や女性のエンパワメント、女性のクオリティ・オブ・ライフの向上に向け、国家レベルのスポーツ政策を策定し、女性に対するスポーツがもたらす便益について認識せよ。
- ジェンダー平等を促進するようなスポーツ・プログラムに対する資金援助や法制化を後押しせよ。
- ジェンダー平等が促進するようにスポーツを最大限に活用せよ。
- スポーツ参加の機会について焦点化したジェンダー平等に関する政策や取り組みについて検討せよ。
- 政策立案・形成過程に女性たちを参加させよ。
- 女性の能力構築（キャパシティ・ビルディング）に投資し、女性たちが適切な発言権を持つようなスポーツ組織に支援せよ。
- 女性をひとつのターゲット・グループとして捉えるのではなく、その多様性に目を向けながらニーズにあったアプローチをせよ。
- 女性たちが男性と同じようにスポーツを楽しめるようなリソース配分をせよ。
- 女性をハラスメントや性的虐待から守る政策を施行せよ。
- 政府によるスポーツ組織への資金援助は、その組織内での男女平等に繋がるようにせよ。
- ジェンダー平等に繋がるようなプログラムを展開するよう、スポーツ組織や自治体、コミュニティ組織に働きかけよ。
- ジェンダー平等に繋がるような調査やモニタリング、評価のフレームワークを担保せよ。
- スポーツ・プログラミングに関するニーズや女性の関心について調査せよ。

■プログラム提言 (Program Recommendations)
- 女性のスポーツ参加を積極的に促すようなプログラムを構築せよ。
- 既存のスポーツ・プログラムでもジェンダー平等や女性のエンパワメントを促すようなものにせよ。
- 初等・中等教育において体育を必修科目とし、体育教員養成においてジェンダーの問題を必須の学習内容とせよ。
- 女性のコミュニティ・ベースのスポーツ・プログラムを支援せよ。
- 女性たちが利用し易い施設や用具類に対して資金援助せよ。
- 女性のスポーツ界での活躍を讃えるようなプログラムを構築せよ。
- 国レベルやローカルレベルでのスポーツの取り組みを先導するような女性を選出し、彼女たちに権限を付与せよ。
- 女性にとって安全なスポーツ実践が可能になるよう、スポーツ組織の中の女性と協働せよ。
- 女性にとってベスト・プラクティスとなるようなプログラムには、最初からモニタリングや評価のフレームワークを組み込むようにせよ。

出典：Sport for Development and Peace International Working Group［2008: 156-162］をもとに筆者作成。

次は、④スポーツと障がい者である。資料 5-8 は報告書の中で言及されたエビデンスの一覧である。

資料 5-8：④スポーツと障がい者に関して示された主なエビデンス

【言及された分野】
　スティグマを軽減するものとしてスポーツを活用
【提示された主なエビデンス】

それまで発表されてきた報告を引用しつつ
- 障がいを持つ女性の93％がスポーツや身体活動に参加せず、障がい者の国際大会の女性の参加率は三分の一しかない。また、女性の障がい者は、男性の障がい者よりも一般的に識字率や被雇用率が低く、性的な暴力を含む暴力問題の被害者になりやすい。このような状況下において、スポーツはジェンダーに関するステレオタイプや女性障害者に対する否定的なイメージを払拭してくれる可能性があるとの主張。

【言及された分野】
社会化の手段としてのスポーツ
【提示された主なエビデンス】
それまで発表されてきた研究者らの知見を引用しつつ
- 障がい者に不足しがちなソーシャル・スキルの獲得にスポーツは役立つとの主張。
- スポーツは、チームワーク、協力、目標設定、自己鍛錬、他人の尊重やルール遵守の重要性を教えてくれるとの主張。
- コーチやチームメイトは重要なロールモデルになりうるとの主張。

【言及された分野】
自立とスポーツ参加
【提示された主なエビデンス】
障がい者を低能で弱く未熟な人に依存する存在として扱う社会がある中、そうした依存心は、実は障がい者と対峙する教員や家族によって助長されているとの指摘もある。依存する存在として障がい者を捉え、その認識において障がい者も人に依存する度合いを高めていく。こうした負のスパイラルが生じうる現実において、それまで発表されてきた研究者らの報告を引用しつつ
- スポーツは脳性麻痺やダウン症候群の子どもたちに数多くの身体的な便益をもたらし、社会感情的な発達も促すとの主張。
- カンボジアのバレーボールリーグ（障がい者）の事例について言及しながら、参加者の60％がプログラム終了後に雇用を獲得できたとの主張。

【言及された分野】
障がい者をエンパワメントするためのスポーツの活用
【提示された主なエビデンス】
アンゴラの障がい者バスケットボールのキャプテン（Manuel Gaiato）となった事例を引用しつつ
- スポーツを通じた経験が障がい者に自信を植え付け、エンパワメントするための重要手段となると主張。

【言及された分野】
障がい者の社会的包摂
【提示された主なエビデンス】
障がい者の80％が雇用機会に恵まれず、GDPの観点からすると、1.37兆から1.94兆アメリカドルの損失に見られる中、シッティング・バレーボールやパラリンピック・スポーツの事例を引用しつつ
- 言語的・文化的差異を乗り越えて人々をひとつにできるとの主張。

出典：Sport for Development and Peace International Working Group［2008: 176-185］をもとに筆者作成。

　以上のようなエビデンスにもとづき、次のような「政府への提言」がなされた。資料5-9はその一覧である。

第 5 章　SDP へ向かう時代の色調

資料 5-9：④スポーツと障がい者に関する「政府への主な提言」

■政策提言 (Policy Recommendations)
- 障がい者が十分に社会に参画できるような障がい者の権利を国家目標として宣言せよ。
- 障がい者に対する政府の問題対応を浮き彫りにし、差別的な態度や認識を変容させよ。
- 障がい者の十分な社会参画が可能になるよう、障がい者の権利や能力に対する啓発活動を拡大させよ。
- 国家の SDP 戦略において、障がい者の包摂や参画を促すような視点を組み込め。
- 障がい者がもっとスポーツに参加できるような社会的支援を充実させよ。
- 性差や障がいの程度に関係なく、より多くの障がい者がスポーツに参加出来る機会を拡大することの重要性を認識せよ。
- 障がいを持つすべての子どもたちが包摂されるような体育科教育のあり方を法制化せよ。
- 強固な体育科教育のあり方を推進せよ。
- 義援や慈善という考え方ではなく、人権ベースの政策や実践方策を推進せよ。
- 政策において障がい者に焦点を当てて言及せよ。
- "sport for all", "disability", "participation", "mainstream sport", "disability –specific sport" といった用語について定義せよ。
- 政策立案過程に、障がい者たちも参加させよ。
- 便宜と包摂について焦点化せよ。
- スポーツ政策や障がい者政策と積極的に対話を重ねよ。
- スポーツや体育に対する障がい者の人権を守るための法や政策を施行せよ。
- スポーツや障がいに関する情報を国際的に共有できるメカニズムを構築せよ。

■プログラム提言 (Program Recommendations)
- コーチや体育教員はアダプティブ・スポーツや障がい者の包摂について学べるようにせよ。
- （ハイテクではなく）ローテク、ローコストとなる障がい者支援に繋がるプログラムに出資せよ。
- 写真やポジティブなロールモデル、女性障がい者などを含むアダプティブ・スポーツに関するリソース・マテリアル（物的資源）を広めよ。
- 障がい者やその家族に関するプログラム・インパクトを正確に測定するモニタリング・メカニズムや指標を含むようにせよ。
- 障がい者の両親同士が集い、経験やアイデア、ネットワークを共有できるようなフォーラムを組織化せよ。
- パートナーシップやコラボレーションを後押しせよ。
- ローカルなデベロップメント・プログラムを柔軟に運営せよ。
- 知識や経験を共有することを通じて障がい者スポーツのステークホルダーのキャパシティを高めるフォーラムを発展させよ。

出典：Sport for Development and Peace International Working Group ［2008: 176-196］をもとに筆者作成。

　続いて、⑤スポーツと平和構築である。資料 5-10 は報告書の中で言及されたエビデンスの一覧である。

資料 5-10：⑤スポーツと平和構築に関して示された主なエビデンス

【言及された分野】
　難民や移民、亡命希望者らを包摂するものとしてスポーツを活用
【提示された主なエビデンス】

それまで発表されてきた報告を引用しつつ
- イギリスにおける難民や亡命希望者を対象に調査した結果、難民や亡命希望者と現地住民の間の垣根が低減され、異民族であっても相互の関係が良好となり、自己尊重や自信を高められる機会が提供されたとの主張。
- スコットランドのプログラム「Operation Reclaim」の参加者の事例から、かつて難民らに人種差別していた17歳のスコットランド青年が、フットボールを通じて難民らと交流を深めることで大きな態度変容が見られたとの主張。
- イギリス国内の他の事例等の成果にも言及しつつ、いずれの事例もインパクトに関する厳格な評価がないものの、関係者らかの聞き取り調査からはポジティブな効果がもたらされたとの主張。

【言及された分野】
犯罪組織や武装勢力に参加しないようにする代替手段としてスポーツを活用
【提示された主なエビデンス】
それまで発表されてきた報告を引用しつつ
- オーストラリア犯罪研究所による「スポーツを活用した若者の犯罪抑制」に関する調査結果から、スポーツや身体活動が特定のグループやコミュニティにおいて犯罪抑制の効果があったとの主張。

【言及された分野】
土着の文化を強化するものとして
【提示された主なエビデンス】
それまで発表されてきた報告を引用しつつ
- オーストラリア・スポーツ・コミッションによる「アボリジニ・コミュニティにもたらされるスポーツの便益」に関する調査結果から、土着のコミュニティによって組織化されるスポーツ・カーニバルは、社会的及び伝統的な結束力を高める中心的なイベントになっているとの主張。

【言及された分野】
ホームレスの人々をエンパワメントする手段としてスポーツを活用
【提示された主なエビデンス】
それまで発表されてきた報告を引用しつつ
- ホームレス・ワールドカップ基金による調査結果から、大会の計画立案や作業など、参加者それぞれが重要な役割を担うことを通じて、彼らの77%が自分の人生が大きく変化したとの主張。

【言及された分野】
和解に向けた手段としてスポーツを活用
【提示された主なエビデンス】
それまで発表されてきた報告を引用しつつ
バスケットボールを通じて異民族間の良好な関係の構築や民族融和を目指した南アフリカの「Bridging Divides」プログラムの調査結果から、人種に関するステレオタイプや分裂を乗り越えるのに有効であり、多様な文化の共存に最適な環境を創出したとの主張。
上記の他、リハビリテーションや元兵士たちの社会復帰、復興にも有効との主張。

---

出典：Sport for Development and Peace International Working Group ［2008: 210-230］をもとに筆者作成。

以上のようなエビデンスにもとづき、次のような「政府への提言」がなされた。資料5-11はその一覧である。

## 第 5 章　SDP へ向かう時代の色調

**資料 5-11：⑤スポーツと平和構築に関して示された主な提言**

■**政策提言（Policy Recommendations）**
- 国家のスポーツ振興政策や平和構築に関する国際開発政策において、紛争予防や平和構築に対するスポーツ活用可能性について言及せよ。
- 排除されている人々が直面する課題解決や紛争予防へ向け、政府の戦略にスポーツをツールとして捉えよ。
- 国家建設におけるスポーツの活用可能性について検討せよ。
- オリンピック・トゥルースの精神を遵守せよ。

■**プログラム提言（Program Recommendations）**
- 次の質問に回答できるコンテクスト分析を最初に実施し、効果的なプログラムとせよ。
  - ＊紛争となった要因を安易な仮説から分析するのではなく、対立する両者の共通理解のもと、プログラムを構成せよ。
  - ＊変化に抵抗しそうなグループや影響しうる要因について分析せよ。
  - ＊紛争の地域的及び国際的な次元のコンテクストは何か？
- プログラム開始前に、コミュニティや地域や国レベルでの紛争予防や平和構築の戦略についてスポーツいかに貢献しうるのかについて理解せよ。
- プログラム開始前に、他のパートナーたちの連携が適切かどうか、効果的かどうかについて検討せよ。
- 平和構築の過程において女性が重要なステークホルダーとなるため、ジェンダー・インパクトについて考慮し、同時に女性が十全に参画できるようにせよ。
- 紛争や平和構築について社会的・政治的なレベルと個人レベルで取り組め。
- 鍵となる人々やより広範なターゲットとなる人々と繋がれ。
- すべての取り組みで、「do no harm（損害を与えない）」の原則を守れ。
- ネガティブ・インパクトが低減するようにプログラム評価をもとに、効果的な運用をはかれ。
- プログラムを実施する際は、弱い立場にある人々を取り巻くコンテクストについて注意せよ。
- 紛争により障がい者となった人々も参画できるようにせよ。
- より多様な便益をもたらせるよう、プログラムに参加する子どもたちの親たちも繋がるようにせよ。
- スポーツや紛争のマネジメント及び平和構築のテクニックにおいて、コーチやトレーナーたちは十分にトレーニングされるようにせよ。
- 持続的な活動へ向け、自発的なイベントを活用せよ。
- 大会は人々の交流を促進し、元兵士たちの軍隊組織の論理を薄めるのに有効であるように、大会形式がもたらす価値を尊重せよ。
- 選択するスポーツ種目の現地での人気度、女性の参加の容易さ等、プログラムに適切なスポーツ種目を選択せよ。
- 有名なアスリートを有効に活用せよ。
- オーナーシップを高め、より正確な成果を測定するために、裨益者やパートナー、ステークホルダーたちまでも含んだプログラム評価を実施せよ。

出典：Sport for Development and Peace International Working Group［2008: 230-242］をもとに筆者作成。

　以上のように、本報告書は、基本的に前年の『フィールドから：開発と平和を後押しするためのスポーツの実践』で設定された領域に倣った形でのアプローチとなった。要するに、2007 年の『フィールドから：開発と平和を後押しするた

*107*

めのスポーツの実践』で区分された領域に対して、2008年の『開発と平和に向けたスポーツの力の活用：各国政府への提言』で区分された領域も基本的には同じつくりである。大きな違いと言うと、SDPIWGの2006年や2007年の報告書が、それまで展開されてきたSDPの具体的な実践事例を紹介しているのに対し、2008年の報告書の視角の特徴は、SDPの実効性を裏書きするエビデンスをつぶさに提示しているところにある。この点を踏まえるならば、SDP関連のスポーツをめぐる先行研究が漸次的にレビューされ、エビデンス・ベースの機運を傍らに推進されるという新たな局面がこの頃から生み出されたということになる。そして、SDP関連の政策を立案する際の基礎となる検討材料の提供を目的とした本報告書が発刊された年の12月、国連総会は、SDPIWGを国連システム下に組み込む決議を採択し、その結果として2004年から2008年まで事務局となってきたRight to Playに代わり、「SDPの国連事務局（UN Office on Sport for Development and Peace）：以下UNOSDPと表記」が設置された。他の開発アプローチとSDPを同列に扱う主張を繰り出すSDPIWGの取り組みに伴い、開発のコンテクストでスポーツが意識されるようになったのは確かであり、その点でSDPIWGは、多くの人々にとってSDPを語る上では、なくてはならない中心的組織として認識されてきたといえるだろう。

　こうした経緯からすると、開発実践の場においてスポーツの活用可能性が本格的に議論されるようになるのは、21世紀になって始まったということがわかる。つまり2003年の国連総会の「教育を普及、健康を増進、平和を構築する手段としてのスポーツに関する決議」が採択された後、フィールドレベルでの開発実践の場においてスポーツが議論され始め、それまで途上国での開発プロジェクトにはほとんど影響を及ぼさなかったスポーツが、開発アプローチのひとつとして開発現場へ積極的に関与するという進展がみられるようになったのである。各国政府のスポーツ政策とは別の原理によるものとはいえ、その口火を切ったのはRight to PlayやSDPIWGなどのNGOであり、これに国連がいち早く追随した。財政面など未だにひ弱な側面をもっているが、しかし他方でスポーツのグローバル化の現象において、いち早く現れた南北間格差の問題を考える上では、たとえ「スポーツの振興（development of sport）」の視点を優先させるにしても、途上国の開発問題への配慮が求められ、スポーツがSDPの視点から次第に捉えなおされつつあるという状況は、スポーツ援助をめぐる近年の動向として見逃せない点である。

## 第 5 章　SDP へ向かう時代の色調

これまで SDP の潮流が象られていく経緯を述べてきたが、ここでもう一度、第Ⅰ部のテーマである SDP の発展経緯を、SDP の沿革として資料 5-12 に整理しておくことにしよう。

**資料 5-12：SDP の沿革**

▶ 1922
　IOC と ILO 間での協力関係の構築。
　ただし、ILO の報告書によると、IOC と ILO は 1922 年に既に協力関係を構築されたとの記録を確認することはできるものの［di Cola, 2006: 1］、その具体的な活動内容については、管見ながら見つけ出すことはできない[1]。

▶ 1960
　第 1 回パラリンピック（ローマ）の開催。
　夏季オリンピックの開催後に、パラリンピックが開催。

▶ 1978
　UNESCO での体育・スポーツに関する国際憲章の採択。［11 月 21 日］
　すべての人々にとって基本的権利としての体育・スポーツという認識の台頭。

▶ 1989
　児童の権利に関する条約（United Nations Convention on the Rights of the Child）の採択。　［11 月 20 日］
　「休息及び暇についての児童の権利並びに児童がその年齢に適した遊び及びレクリエーションの活動を行い並びに文化的な生活及び芸術に自由に参加する権利を認める」

▶ 1993
　オリンピック休戦の考え方の再興。［10 月 25 日］
　オリンピック開催期間中の停戦を求める国連総会決議 48/10 の採択。

▶ 1994
　スポーツとオリンピック理念に関する国際年（International Year of Sport and the Olympic Ideal）の制定。
　IOC 創設 100 周年を記念し、国連総会決議 48/10 の採択により宣言。
　第 1 回女性とスポーツに関する国際会議（1st International Conference on Women and Sport）の開催。［イギリス・ブライトン、5 月 5 日〜 8 日］
　女性とスポーツに関する国際ワーキング・グループが設立。
　ノルウェーの組織を中心に「オリンピック・エイド（Olympic Aid）」が新設。サラエボやアフガニスタンの子どもたちに対する予防接種、食糧や衣料品等のための資金援助を実施。

▶ 1995
　第 1 回スポーツと環境に関する世界会議（1st World Conference on Sport and the Environment）の開催。［スイス・ローザンヌ、7 月 12 日〜 15 日］

▶ 1996
　第 1 回女性とスポーツに関する IOC 世界会議の開催。［スイス・ローザンヌ］

▶ 1999
　第 1 回スポーツにおけるドーピングに関する世界会議の開催。［スイス・ローザンヌ、2 月］
　第 1 回 ICSSPE 体育に関する世界サミットの開催。［ドイツ・ベルリン、11 月 3 日〜 5 日］
　第 3 回 UNESCO 体育・スポーツに関する担当部局の政府高官による国際会議（3rd UNESCO Inter-

第 I 部　SDP 発展の経緯

national Conference of Ministers and Senior Officials Responsible for Physical Education and Sport) の開催。［ウルグアイ・プンタデルエステ、11 月 30 日〜12 月 3 日］
　　スポーツと体育が、開発を押し進めるのに強力なツールとなり、ODA を通じて種々のリソースを供与することを各援助国に働きかけることを確認。

▶ 2000
　　国連ミレニアムサミットの開催。［ニューヨーク、9 月 6 日〜8 日］

▶ 2001
　　当時の国連事務総長であったアナン（Kofi Annan）が、元スイス連邦大統領であったオギ（Adolf Ogi）を SDP の特別アドバイザー（Special Advisor to the UN Secretary General on Sport for Development and Peace）に任命。

▶ 2002
　　ラウンドテーブル・フォーラム「より健康に、より安全に、より強く：世界中の子どもたちの輝ける未来へ向け、スポーツを活用しよう」の開催。［アメリカ・ソルトレイクシティ、2 月 9 日］
　　オリンピック・エイド（Right to Play）による「SDP に関する特別委員会（United Nations Inter-Agency Task Force on Sport for Development and Peace）」設立呼びかけ。
　　「SDP に関する特別委員会（United Nations Inter-Agency Task Force on Sport for Development and Peace）」の設立。［ジュネーブ、11 月］

▶ 2003
　　オリンピック・エイドが、Right to Play へと組織名を変更。UNICEF や UNHCR などの国連機関と連携し、アフリカやアジア、中東など 23 の地域へコミュニティ開発にスポーツを絡めた積極的な取り組みを開始。
　　「第 1 回スポーツと開発に関する国際会議（1st International Conference on Sport and Development）」の開催。［スイス・マグリンゲン、2 月 16 日〜18 日］
　　「開発と平和を後押しするスポーツ：ミレニアム開発目標の達成に向けて（Sport for development and peace: Towards achieving the Millennium Development Goals）」と題する政策文書の発表。［3 月、SDP に関する国連の特別委員会により刊行］
　　第 2 回スポーツにおけるドーピングに関する世界大会の開催。［デンマーク・コペンハーゲン、3 月 5 日］
　　国連総会決議 58/5「教育を普及、健康を増進、平和を構築する手段としてのスポーツに関する決議（Sport as a means to promote education, health, development and peace）」の採択：
　　同時に 2005 年を「スポーツ・体育の国際年（the International Year for Sport and Physical Education：以下 IYSPE2005 と表記）」とする決議の採択。

▶ 2004
　　スポーツを通じた教育のヨーロッパ年 (the European Year of Education through Sport)。
　　SDP に関する国際ワーキング・グループ（the Sport for Development and Peace International Working Group）の発足。［ギリシャ・アテネ、8 月 14 日］
　　開発を後押しするスポーツに関する国際ワークショップ (International Workshop on Sport for Development) の開催。［スイス・ジュネーブ、12 月 15 日］

▶ 2005
　　SDP プログラムのモニタリングと評価に関するグローバル・ワークショップ (Global Workshop on the Monitoring and Evaluation of Sports for Development Programmes) の開催。［ニューヨーク、1 月 31 日〜2 月 2 日］
　　スポーツと開発に関する国際フォーラム：経済、文化、倫理（International Forum on Sport and Development: Economy, Culture and Ethics）の開催。［ドイツ・バッドボール、2 月 13 日〜15 日］
　　スポーツと健康に関する国際会議（International Conference on Sport and Health）の開催。［チュ

第 5 章　SDP へ向かう時代の色調

ニジア・ハマメット、3 月 21 日〜 24 日］
　次なるステップ II：「開発の中心にスポーツを」（Next Step II Conference: "Taking Sport for Development Home"）の開催。［ザンビア・リビングストーン、6 月 10 日〜 13 日］
　国連総会決議 60/1 "2005 World Summit Outcome" として「スポーツが平和と開発を促進し、忍耐と相互理解の雰囲気を醸成する」が採択。［ニューヨーク、9 月 16 日］
　スポーツと平和に関する国際会議 (International Sport and Peace Conference) の開催。［モスクワ、10 月 3 日〜 4 日］
　スポーツにおけるドーピングに関する国際条約 (International Convention against Doping in Sport) の制定。［パリ、10 月 19 日］
　スポーツと教育に関する国際会議（International Conference on Sport and Education）の開催。［バンコク、10 月 30 日〜 11 月 2 日］
　国連総会決議 60/8「スポーツとオリンピック理念を通じた平和構築とより良い世界の構築へ向けて」、国連総会決議 60/9「教育、健康、開発や平和構築を促進するための手段としてのスポーツ」の採択。［11 月 3 日］
　スポーツと都市開発に関する国際会議（International Sport and Urban Development Conference）の開催。［オランダ・ロッテルダム、11 月 9 日〜 11 日］
　第 2 回体育に関する世界サミット（2$^{nd}$ World Summit on Physical Education）の開催。［スイス・マグリンゲン、12 月 2 日〜 3 日］
　第 2 回スポーツと開発に関する国際会議（2$^{nd}$ International Conference on Sport and Development）の開催。［スイス・マグリンゲン、12 月 4 日〜 6 日］

出典：United Nations［2006: 396-400］をもとに筆者作成。

　さらに、SDP へ繋がる潮流を別の角度から捉えた沿革についても紹介しておこう。SDPIWG の報告書の中では、現在の SDP へ繋がるを 4 つのフェーズから整理しており、その詳細は資料 5-13 の通りとなる。

**資料 5-13：SDP へ繋がる多様な潮流**

■フェーズ 1：国際的な人権問題の枠組みにスポーツが埋め込まれる
▶ 1952：UNESCO が教育のツールとしてスポーツを認識
　UNESCO は、パリでの第 7 回総会において、UNESCO のプログラムにスポーツを組み入れる。その後、UNESCO は教育のためのスポーツという領域において国際協力を推進。

▶ 1959：子どもの権利に関する国連宣言が、いかなる子どもにも遊びとレクリエーションの権利を認める
　子どもの権利に関する国連宣言において「子どもは遊びとレクリエーションの十分な機会を享受する」、また「社会と各公共機関はこの権利が享受されるよう努める」と記載。

▶ 1978：UNESCO がスポーツと体育を基本的権利として認識
　UNESCO は、パリで開催された第 12 回総会で「体育とスポーツに関する国際憲章」を採択し、スポーツと体育がすべての人の基本的権利であると宣言。

▶ 1979：女性差別撤廃条約において女性のスポーツが権利として認識
　「レクリエーション活動、スポーツ、文化生活のすべての側面」に参加する女性の権利を確約する女性差別撤廃条約を国連総会が採択。

▶ 1989：子どもの権利条約の採択が、すべての子どもの遊ぶ権利に対する意識を高揚

*111*

第 I 部　SDP 発展の経緯

子どもの権利条約が、国連総会において採択。その第 31 条において、子どもの遊ぶ権利に対する意識を高揚。

■フェーズ 2：開発と平和、スポーツの結合
▶ 1991：コモンウェルスの政府高官らがスポーツ特有の役割を認識
　72 か国にわたるコモンウェルスの政府高官たちが、貧困削減、人間中心の開発の促進を目指すなかで、スポーツ特有の役割を認識し、開発の手段としてスポーツの重要性を認識するよう加盟国へ向け意識喚起。
▶ 1993：国連総会がオリンピック停戦（the Olympic Truce）を復活
　国連総会は、1994 年リレハンメル・オリンピックの期間中、平和的な環境整備への奨励及び選手たちの安全な渡航と参加を担保するために、古代ギリシャ伝統の停戦である「エケケイリア（ekecheiria）」を復活。1993 年以降、国連総会は類似の 6 つの決議を採択。
▶ 1999：MINEPS III プンタ・デル・エステ宣言が sport for all を呼びかけ
　体育とスポーツを管轄する担当大臣と上級官僚による第 3 回国際会議（The third International Conference of Ministers and Senior Officials Responsible for Physical Education and Sport: MINEPS III）がウルグアイのプンタ・デル・エステにて開催。特に子どもと女性の参加に関心を向けた sport for all が焦点化され、その成果としてプンタ・デル・エステ宣言が採択。
▶ 2000：国連がミレニアム宣言を採択
　国連がミレニアム宣言を採択。加盟国に対し、子どもの権利条約、女性差別撤廃条約、国際人権宣言へのコミットメントを啓発。
▶ 2001：国連事務総長が SDP の特別アドバイザーを任命
　コフィー・アナン国連事務総長が、前スイス大統領であるアドルフ・オギを SDP の特別アドバイザーとして招聘。その後、SDP の国連事務次長（局長クラス）に任命。
▶ 2002：国連が「子どもたちにふさわしい世界（A World Fit for Children）」を採択
　国連は参加政府、国際機関、市民社会、民間セクター、メディアへ向け、すべての人権と基本的な自由を子どもたちに享受させられるよう、「子どもにふさわしい世界」決議を採択。この決議には、世界中の学校やコミュニティにおいて教育的かつレクリエーション的なサービスや、スポーツとレクリエーション活動への均等なアクセス機会の提供などが含まれる。

■フェーズ 3：グローバル・ムーブメントの出現
▶ 2002：オリンピックで開催される SDP のラウンド・テーブル
　国際的 NGO である Right to play が SDP の国際フォーラムを開催。それまで先導してきた種々の国際団体を結束させ、国連内に SDP に関する特別委員会（UN Inter-Agency Task Force on Sport for Development and Peace）を設立。
▶ 2003：SDP に関する特別委員会（UN Inter-Agency Task Force on Sport for Development and Peace）が、開発と平和のためのツールとしてのスポーツを改めて主張
　スポーツがどのようにミレニアム開発目標の達成に貢献できるのか概説した報告書『Sport for Development and peace: Towards Achieving the Millennium Development Goals（ミレニアム開発目標の達成に向けた国際社会の取組み）』を公刊。
▶ 2003：SDP に関する第 1 回マグリンゲン会議
　スイスのマグリンゲンにおいて、開発や平和のためのツールとしてのスポーツの便益性が発信。それにコミットしていくことが、より良い世界の実現へ近づくとしたマグリンゲン宣言が、政府、国連、NGO の代表らによって宣言。
▶ 2003：第 1 回 SDP に関する国際ネクスト・ステップ会議（First international Next Step Conference on Sports for Development and Peace）

第 5 章　SDP へ向かう時代の色調

45 か国から 200 名におよぶ SDP の専門家と実務家などがオランダのアムステルダムでの Next Step 専門家会議に出席。SDP を実践する人にとって実用的なリソースとなる「the Next Step Toolkit」が始動。

▶ 2003：スイス開発アカデミー（Swiss Academy for Development）が、SDP の国際的プラットフォーム（International Platform on Sport and Development）を開始。
SDP に関するオンライン上の国際的なプラットフォームが構築。

▶ 2003：国連総会が SDP に関する最初の決議を採択
「Sport as a Means to Promote Education, Health, Development and Peace」とされたこの決議により、スポーツは教育、健康、平和を含んだより広い発展を達成するための手段として位置づけられる。
その後の決議：A/Res/59/10(2004); A/Res/60/8(2005), and A/Res/60/9(2006)

■フェーズ 4：機運と高まり
▶ 2004：国連総会が 2 つ目の SDP 決議を採択
「Sport as a Means to Promote Education, Health, Development and Peace」とされたこの決議 A/Res/59/10(2004) は SDP へのかかわり改めて表明。

▶ 2004：欧州連合が「スポーツを通じた教育のヨーロッパ年（European Year of Education through Sport）」を開始
185 の地域、国家、EU のスポーツ及び教育プロジェクトと一緒になり、教育の手段としてのスポーツの重要性をヨーロッパの人々に喚起。

▶ 2004：WHO がダイエット、身体活動、健康に関する国際戦略を採択
非伝染性の疾病の世界的蔓延が懸念される中、身体活動を世界的に促進するために、WHO は国家のアクション・プランと領域横断的なパートナーシップを要請。

▶ 2004：SDP に関する政府間連携を目的とした Sport for Development and Peace International Working Group（SDPIWG）が設立
2004 年のアテネ・オリンピック開催期のラウンド・フォーラムにおいて、開発を後押しするスポーツの可能性が示唆され、SDPIWG が設立。

▶ 2004：MINEPS IVが、健康のためのスポーツ（sport for health）をターゲット化
MINEPS IV（The fourth International Conference of Ministers and Senior Officials Responsible for Physical Education and Sport）の第 4 回国際会議がアテネにて開催。大臣らは女性をスポーツに取り込むことが喫緊の課題であると主張。

▶ 2005：国連が IYSPE（International Year for Sport and Physical Education）を宣言
国連加盟国が、スポーツ・身体教育活動及びスポーツに基づいた開発に対して、世界規模のパートナーシップが構築できるよう、すべてのレベルの意思決定者への呼びかけを展開。一連のイニシアティブの中で体育・スポーツは MDGs の達成に寄与し、開発のための重要なツールとなるという啓発活動が展開。

▶ 2005：国連総会が「Building a Peaceful and Better World through Sport and the Olympic Ideal（スポーツとオリンピックの理想を通じた平和とより良い世界の構築）」決議を採択
この決議 A/Res/60/8(2005) において、MDGs の達成の手段としてのスポーツの役割、ユースに対する教育手段としてのスポーツの価値、相互理解、友好、結束のためのスポーツの有用性が承認。

▶ 2005：SDP に関する第 2 回マグリンゲン会議
世界 70 か国 400 名の代表らによって Magglingen Call to Action（マグリンゲン行動喚起）が採択。参加者らは教育、健康、開発、平和構築の促進のためのスポーツの活用について決議。政府や各国際機関は、国内・国家間双方のアジェンダの中に SDP に関する戦略が入れられるよう、その先導的役割を要請。

*113*

第 I 部　SDP 発展の経緯

▶ 2005：欧州議会が開発とスポーツにおける決議を採択
　EU は、ローコストで高いインパクトをもたらす開発ツールとしてスポーツへの支援を確認。社会的包摂や結束、異文化間対話、環境理解、紛争後の子どもたちの社会復帰に対するスポーツの有効性を承認。

▶ 2005：第 2 回 International Next Step Conference on Sport for Development
　ザンビアのリビングストーンで開かれた Next Step 2005 が、アフリカで最初に開催された SDP の会議。発展途上の世界から 180 名の参加者。

▶ 2005：世界サミットが国連の Sport for Development に対する支援を表明
　この国連総会のハイレベル全体会議は、寛容、理解、平和、発展を果たすための手段としてのスポーツに対する国連の支援を承認する宣言を発表。サミットは国連総会を見解を後押しし、スポーツと開発における具体的なアクション・プランを要請。

▶ 2006：国連総会が 3 回目の Sport for Development に関する決議を採択
　国連決議 A/Res/60/9(2006) において、教育、健康、開発、平和を促進する手段としてのスポーツについて、IYSPE 2005 によって象られた潮流を維持していく必要性を確認。

▶ 2006：特別アドバイザーが国連事務局長に対する IYSPE の最終報告書を公表
　2006 年 4 月 3 日、アドルフ・オギが、世界 106 か国によって着手された試みやイベントをまとめた IYSPE の最終報告書を国連事務総長に提出。

▶ 2006：SDPIWG が第一次報告書を公表
　『Sport for Development and Peace: From Practice to Policy（実践から政策へ）』は、各国政府の SDP 活動についてまとめた最初の報告書。この報告では、13 の政府に焦点を当てながら、分析、所見、教訓などが記載。

▶ 2006：国連事務局長が SDP に関する国連アクション・プランを設定
　国連総会に提出された『Sport for Development and Peace の The way forward（今後の方策）』において IYSPE 2005 の各国政府の活動をレビューされ、SDP に関する国連のアクション・プランが設定。

▶ 2006：アフリカ連合が the International Year of African Football 2007 を開始
　アフリカ連合会議において、統一、連帯意識、平和、和解の普及促進、HIV/AIDS 予防のための手段としてスポーツが認識され、特にフットボールの活用可能性を承認した 2007 the International Year of African Football が宣言。

▶ 2007：アフリカスポーツの最初の協定において教育と開発のためのスポーツが焦点化
　アフリカのスポーツ専門家の国際的な最初の会合がセネガルのダカールで 2007 年 2 月 1 － 3 日にかけて開催。5 大陸から 200 名以上が参加し、アフリカにおける教育と開発のためのスポーツについて議論。

▶ 2007：『EU White Paper on Sport（EU のスポーツ白書）』が EU におけるスポーツの社会的及び経済的役割の増大を認識
　この白書において、スポーツと開発の領域における幅広いステークホルダーとの協議の成果を提示。

▶ 2007：EU 条約がその対象としてスポーツを包括
　加盟国へ対し、スポーツの社会的、教育的、文化的側面において諸種の活動の援等を後押しする姿勢を形成。

▶ 2007：第 3 回 International Next Step Conference（ナミビアにて開催）において、若年層の教育や発達に対するスポーツの有効性を啓発
　MDGs 達成に向けスポーツの活用するため、世界中から集まった若いスポーツリーダーたちに対してプラットフォームを提供。

▶ 2007：43 か国の大臣と政府高官により Accra Call for Action on Sport for Development and Peace

第 5 章　SDP へ向かう時代の色調

が採択
スポーツの活用可能性を最大化するために参加者のコミットメントを要請。
▶ 2008：Joint Parliamentary Assembly of African, Caribbean and Pacific States（アフリカ、カリブ海、太平洋諸国の共同の議員会議）と EU が SDP について議論
歴史上初めての共同の議員会議において、170 か国以上の国会議員によって SDP が討論。
▶ 2008：障がい者のレクリエーション、レジャー、スポーツをする権利が認識
障がい者権利条約の効力を発しつつ、障がい者が健常者と同じようにレクリエーション、レジャー、スポーツ活動に参加する権利があることへの意識啓発。
▶ 2008：国連事務総長が SDP の 2 代目の特別アドバイザーを任命
国連事務総長パン・ギムンが SDP の特別アドバイザーにウィルフリード・レムケ（ブレーメン出身の前ドイツ上院議員）を招聘。
▶ 2009：SDPIWG の最終報告書『Harnessing the Power of Sport for Development and Peace: Recommendation to Governments（開発と平和へ向けたスポーツの力の活用：各国政府への提言）』が公刊
2008 年の北京オリンピックの際に公刊。各国政府への政策提言やスポーツの活用可能性を示すエビデンスを記載した SDP に関する最初の総合的な報告書。

出典：Sport for Development and Peace International Working Group［2008: 278-285］をもとに筆者作成。

　第Ⅰ部で述べようと努力してきたことは、開発問題とスポーツ援助の歴史を重ね合わせ、SDP 発展の経緯を「歴史的」に浮かび上がらせることであるが、第Ⅱ部では、その時間軸を「現在」に合わせ、SDP が隆盛する現代世界において、いかなる活動が実際に展開されているのかについて検討する。とりわけ、IYSPE2005 の前後において、急速に脚光を浴びるようになった SDP のアクターのうち、世界的に特に著名な 3 つの中心的アクターに焦点を当てながら、そうしたアクターたちの活動やこれまでの実績等について見ていくことにしよう。

【注】
1）　第一次世界大戦後に連合国とドイツの間で締結されたヴェルサイユ条約の余波を受ける中、1922 年、当時 IOC 会長だったクーベルタンと ILO の初代事務局長であったアルバート・トーマス（Albert Thomas）の間で、両機関の将来にわたる連携について合意がなされ、1924 年の第 6 回国際労働会議（The 6th Session of the International Labour Conference）において労働者の余暇時間という観点から検討がなされたのが、IOC と ILO の関係の始まりとされる［di Cola, 2006: 1］。

# 第Ⅱ部
# SDPが隆盛する現代世界

第Ⅱ部　SDPが隆盛する現代世界

# 第6章
# SDPの中心的なアクター

　急速に拡大したSDPへの関心は、国連諸機関や各IFはもとより、数多くのNGOまでを巻き込みながら一気に多様な形でのSDPの展開へと拡大する。例えばFAOは、サッカー選手として高名なラウル（スペイン）やバッジョ（イタリア）をFAOの親善大使として任命し、コンサートやスポーツ・イベント、有名人やメディアの力を連携させながら、途上国を飢餓から救おうとする小規模プロジェクトを支援するためのキャンペーンである「テレフード・プログラム（TeleFood Programme）」を伸展する[1]。またILOは、スポーツを通じたユース・スキルとローカル・ディベロップメント（Youth Skills and Local Development through Sport）を開始し、セネガルにおいてアメリカのケネソー州立大学と連携し、ユース・リーダーシップのトレーニング・カリキュラムを実施したり、エルサルバドルでユース世代のスキル獲得を目的としたILOユース・スポーツ・プログラム（The ILO Youth Sport Programme）を開始したりする[2]。UNICEFでは、2005年3月、プロテニス連盟（The Association of Tennis Professionals）と連携しながら、テニスの力を健康や教育、児童保護に活用することを目的に有名選手によるファンド・レイジングを実施し、それを児童の予防接種費用として役立てようとACE（Assisting Children Everywhere）パートナーシップを開始する。同時に南米フットボール連盟（CONCACAF）との間にもパートナーシップを確立し、南米とカリブ海諸国の児童の暮らしにおけるスポーツやプレイの重要性を喚起しようと、2005年のCONCACAFゴールドカップの準決勝において、両者のパートナーシップを記念する式典が執り行われた[3]。UNDPにおいては、「貧困撲滅へ向けたチーム（Teams to End Poverty）」として、ジダンやロナウド（サッカー）、ヒンギス（テニス）やブブカ（陸上競技）といった世界中の有名選手を巻き込んだ貧困撲滅とMDGsの達

成へ向けた一大キャンペーンが展開され[4]、2005年5月16日には、より一層のSDPIWGへの支援や情報共有などを目的に、UNDPとRight to Playとの間にパートナーシップ協定が締結される。

　こうした各国連機関によるSDP領域へ参入した事例は枚挙にいとまがないが、そうした傾向は各IFにおいても同様であり、その筆頭といえるIFがFIFAと言えるだろう。FIFAは開発援助の拡充に力を入れ、収益の少なくとも0.7％を、サッカーを通じた社会開発活動に割り当てることを決定し、2005年3月にCSR（組織の社会的責務：Corporate Social Responsibility）部局を創設する[5]。同年9月にはモロッコ・マラケシュで開催されたFIFA総会で、サッカーを社会開発に活用するとした「フットボール・フォー・ホープ・ムーブメント（Football for Hope Movement）」を正式に承認し、そうした活動を拡大するため、「ストリートフットボールワールド（streetfootballworld）」との連携体制を強化する。もともとFIFAは、1995年から子どもの権利を守るために世界100か国以上で活動する社会開発NGO「SOS子どもの村（SOS Children's Villages）」との連携を既に開始していたが、2003年になると、ブラジル、メキシコ、ナイジェリア、南アフリカ、ヴェトナム、ウクライナの子どもの村の運営資金となる1800万ユーロを目標に、「6 villages for 2006」と呼ばれる新たなチャリティ・キャンペーンを開始する。ワールドカップ・ドイツ大会に連動させたこのチャリティ・キャンペーンは、結果的に2100万ユーロ以上の資金獲得に成功するなど、社会開発に寄与する「スポーツの力」を広く世界に顕現することとなった［United Nations, 2006: 315］。

　こうした開発援助機関と協調体制を取り始めたIFはFIFAのみならず、国際陸上連盟（IAAF）や国際バスケットボール連盟（FIBA）、国際クリケット・カウンシル（ICC）や国際ハンドボール連盟（IHF）、国際ラグビー評議会（IRB）や国際スキー連盟（FIS）、国際ソフトボール連盟（ISF）や国際卓球連盟（ITTF）など短い間に多極化するが、複数のIFによるSDPへの積極的な参入が促されたことで「development of sport」に終始することの多かった従来のスポーツ振興のあり方が大きく変容する。すなわち、それまでの「development of sport」というスポーツ振興のあり方がスポーツ界内部へ向けた視点に留まっていたのに対し、「開発」というグローバルな課題にスポーツを通じて向き合おうとする「development through sport」という方向性全体の底上げが図られたことは、スポーツ界の外側へはるかに大きな影響を与えることとなった。このよ

第Ⅱ部　SDP が隆盛する現代世界

うな動向は各国政府のスポーツ振興政策とは別の筋目によるものとはいえ、結果的にはスポーツ振興のベクトルが複数に並立する事態へと推移させ、開発援助機関はスポーツ界に対して、以前にも増して熱い眼差しを送るようになった。この点でスポーツ政策の方向性は、まさに今 SDP の時代に差しかかっていると言えるだろう。

　では、IF によって担われる「development of sport」の方向性とは異なる「development through sport」を前面に押し出してきた機関にはどのような組織があるのだろうか。ここではそうしたアクターたちの具体的な活動を紹介しながら、SDP の取り組みとして著名な実践事例について概説する。

## 1．マジック・バス（Magic bus）

　マジック・バスは、有用な生活スキルの習得や意識啓発、より多くの体験を子どもたちに提供することで、青少年のより良い暮らしの構築を目的に、インドで SDP の活動に取り組む組織である。50 名を越えるスタッフと約 240 名のボランティアのもと、年に 3500 名の子どもがこの活動に参加している。2001 年 2 月に慈善団体として登録されて以降、「幼年時代（Childhood）」から「生計手段（Livelihood）」への変容を目指すカリキュラムを展開しながら、身体的・社会的・パーソナルなスキルを習得するのにゲームは打ってつけとの思想を前提に、危機に直面する子どもたちに楽しい体験をしてもらうことで、一時の現実逃避的な空間を提供してきている。その基本的な戦略は、「学習すること（Learning）―リードすること（Leading）―収入を得ること（Earning）」の 3 つの局面に分類される。第一の局面の「学習すること（Learning）」では、「アクティビティを基本にしたカリキュラム（Activity Based Curriculum）」を中心に、教育やジェンダー、健康など彼らの暮らしに直結するカリキュラムが提供される。第二の局面である「リードすること（Leading）」においては、「メンターシップ・プログラム（Mentorship Program）」と呼ばれるプログラムが導入され、地域内でロールモデルもしくはメンターと成りうるようなユース・ボランティアの育成が目指される。ユース・ボランティアたちは自分たちが受講してきた「アクティビティを基本にしたカリキュラム（Activity Based Curriculum）」を、今度は自らが指導する立場から運営し、自身がコミュニティの変容を促す中心的存在となることが期待される。その過程で形成される自信や人を尊重する姿勢、責任

ある行動の重要性などがもとになり、第三の局面となる「つなぐ（"Connect" - Bridging the Final Mile）」が展開される。この段階では、それまで習得したトレーニングや研修の成果を、実際の彼らの生活改善にいかに結びつけられるかが焦点となり、この段階にくると大多数の者たちが高等教育や雇用可能性向上プログラムへの参加を継続するようになる。こうした基本戦略をもとに、インド各地でこれまで様々なカリキュラムを実施してきており、その戦略は図表6-1の通りとなる。

　例えば、このような戦略に沿ったマジック・バスでの活動成果は次のようなものである[6]。マジック・バスの参加者の退学率は相対的に低く、出席率80%以上となる優良な生徒は全体の95.7%に上り、98%の女子が中等教育に進学するなど教育参加の割合が高くなる。プログラムの参加者の42%が女子であるという事実もさることながら、その成果はジェンダーに関わる意識にも影響し、82%の子どもたちが、「スポーツは男子同様、女子にも重要である」と捉え、82.7%の子どもたちが、「男子の将来と同様、女子の将来にも等しく投資することが重要である」と認識している。また公衆衛生に対する意識も高く、マジック・バスに参加した最初の年が終了する頃には、77.52%の子どもたちに手洗いや歯磨き、入浴や爪を切るなどの習慣化がみられ、サンプリング回答者の100%が、薬物乱用（喫煙を含む）を問題だと感じている。インドでは60%の人々が未だ野外排泄をする情況であるが、それとは対照的に、サンプリング回答者の100%が、野外排泄を公衆衛生的に問題があると認識している。さらには、性と生殖に関する健康（Sexual and Reproductive Health）に関する知識も多く、マジック・バスの活動に参加する82.66%の女子が生理用ナプキンの衛生的管理について知っており、77.78%の子どもたちが身体接触の善し悪しの程度を区別することができる。

　スポーツ活動を通じたインドの生活改善の兆しを開発の文脈上で理解するこうした手法は、インド国内各地で展開され、2012年から2013年にかけて実施さ

図表6-1：Magic busにおける基本的戦略

Childhood ⇒ Learing: Activity Based Curriculum ⇒ Leading: Mentorship program ⇒ Earning: "Connect" ⇒ Livelihood

出典：Magic bus公式サイト①をもとに筆者作成。

第Ⅱ部　SDP が隆盛する現代世界

れたカリキュラムだけでも、ムンバイ（Mumbai）での雇用可能性の向上を目指した取り組みやサマスティプル（Samastipur）での退学者抑止を目指す取り組み、ビハール（Bihar）での生殖に関する健康及びエンパワメントを目的としたカリキュラムの展開など多岐にわたる。マジック・バスによる 2012-13 年の年次決算報告書によると、この期間に実施された研修機会は延べ 110 日間、総計 1430 名（うち男性 1023 名、女性 407 名）の参加者があったことが報告されている［Magic Bus India Foundation, 2013: 5］[7]。

　ところで、これほどまでに活動を拡大できるマジック・バスの運営資金はいかにして調達されているのだろうか。その運営を支援する仕組みを調べてみると、こうした実践活動を可能にしているのは、オーストラリア政府や UK Sport などのスポーツ組織及び多国籍企業などの外部機関との数多くのパートナーシップであるということがわかる。資料 6-1 はマジック・バスとそうした戦略的パートナーシップを構築する支援機関の一例である。

**資料 6-1：マジック・バスとの間で戦略的パートナーシップ結ぶ支援機関**

▶オーストラリア政府による「オーストラリア・スポーツ・アウトリーチ・プログラム」（Australian Sports Outreach Programme, Australian Government）
　2010 年以降、マハーラーシュトラ（Maharashtra）、アーンドラ・プラデーシュ（Andhra Pradesh）、デリー（Delhi）におけるコミュニティ・ボランティアたちのキャパシティ・ビルディングを支援。

▶バークレイズ・スペース・フォー・スポーツ（Barclays Spaces for Sports）
　都市環境下でも楽しめる「Street 20 Cricket」と呼ばれる簡易型クリケットをレギュラー・プログラムに組み込むため、2011 年より連携を開始。そのパートナーシップは、女子のエンパワメントとチーム内における共同作業の習得を焦点化し、デリーとムンバイ近郊のターネー（Thane）で展開。

▶ベルナルド・ルイス公益信託（Bernard Lewis Charitable Trust）
　バンガロール（Bangalore）とマイソール（Mysore）でのマジック・バスの活動を支援するため、2011 年より連携を開始。

▶ブルームバーグ（Bloomberg）
　マジック・バスの基本戦略の第三局面となる「コネクト・プログラム（Connect programme）」を支援するため、チャンドラプル（Chandrapur）、プネー（Pune）、ターネー（Thane）において 2012 年より連携を開始。

▶ BMW 基金ヘルベルト・クヴァント（BMW Foundation Herbert Quandt）
　デリーやチェンナイ（Chennai）において、教育を受ける権利やジェンダー格差の是正など、児童やコミュニティのエンパワメントを目的とした SDP の活動支援のため、2011 年よりパートナーシップを開始。

▶コミック・リリーフ（Comic Relief）
　ピエロのような赤い鼻をつけた人々が企業や学校を訪問し、寄付を募るという慈善活動を展開するイギリスの団体「コミック・リリーフ」との連携を 2011 年より開始。ムンバイでの「アクティブ・

第 6 章　SDP の中心的なアクター

ユース・プログラム（Active Youth Program）を支援。
- ▶フットボール・フォー・ホープ（Football for Hope）
  マジック・バスのフットボール・チームを支援するため、2009 年より連携を開始。アーンドラ・プラデーシュ（Andhra Pradesh）、デリー、ムンバイにおける特定のチームも同時に支援。
- ▶ HSBC（香港上海銀行）
  ジェンダー格差の是正、教育、児童のプレイの権利等を焦点化しながら、プネー、マハーラーシュトラにおいて 2011 年より連携を開始。
- ▶ローレウス・スポーツ・フォー・グッド基金（Laureus Sport for Good Foundation）
  2012 年より連携を開始。
- ▶ラクシュミーバーイー国立体育大学（Lakshmibai National University of Physical Education）
  SDP に関するコミュニティでの啓発活動を進展させることを目指し、2010 年に協定を締結。
- ▶ナイキ（Nike）
  マジック・バスのトレーニング・プログラムを支援するため、2010 年より連携を開始。
- ▶リライアンス基金（Reliance Foundation）
  シャジャプール（Shajapur）やマディーヤ・パラディーシュ州（Madhya Pradesh）において、疾病予防、教育機会の増加等を目指し、2013 年より連携を開始。
- ▶ストゥディオースス基金（Studiosus Foundation）
  ジャイプール（Jaipur）貧困地区での SDP 活動を支援するため、2011 年より提携を開始。教育の普及、健康増進、ジェンダー格差の是正を目指して展開。
- ▶ UK Sport
  オンライン上でのモニタリング評価を向上させるため、2011 年より連携を開始。

出典：Magic bus 公式サイト②（アドレスは巻末の参考文献一覧に記載）をもとに筆者作成[8]。

　このほかマジック・バスは、UNICEF や米国国際開発庁（USAID）などの国際機関をはじめ、インドの中央政府機関や州政府機関、教育機関などともパートナーシップを結んでいる。レバーモアによれば、NGO がそうしたスポーツ連盟や政府、開発援助機関から資金援助や技術援助を受け、プログラムを実施するという仕組みがあるゆえ、対立する組織でさえも融和的な関係に置換しながら非政治的な手段（non-political vehicle）として受容されているという [Levermore, 2008:58]。レバーモアは、こうした開発におけるスポーツの事例を①「スポーツ・プラス、スポーツ・ファスト NGOs（Sport Plus and Sport First NGOs）」、②「スポーツ連盟（Sports Association）」、③「企業などの私益（Private interest）」、④「伝統的開発機関（Traditional Development Institutions）」の 4 つに分類し、その分類方法は本書の第 2 章で既に紹介した分類法に比べると若干の差異があるものの（図表 2-4 参照）、SDP 活動の性質を複数機関とのパートナーシップに見出している点で特徴的なものであった。彼の分類においてマジック・バスのような活動は、①「スポーツ・プラス及びス

*123*

ポーツ・ファスト NGOs（Sport Plus and Sport First NGOs）」に含まれるのだろうが[9]、ほかにもドイツに本部を置く「ストリートフットボールワールド（Streetfootballworld）」やケニアの「マザレ青少年スポーツ連盟（Mathare Youth Sports Association）」、スポーツ・プラスの最大組織である「Right to Play」などを該当する組織として挙げている。ここでは、SDPのアクターの中でも代表的な存在である「マザレ青少年スポーツ連盟（Mathare Youth Sports Association）」と「Right to Play」について取り上げ、その概要を整理しながら、SDPを牽引する中心的なアクターについてみていこう。

## 2．マザレ青少年スポーツ連盟
### （Mathare Youth Sports Association）

　アフリカにおけるSDPについては、南アフリカやザンビア、ナミビアでスポーツやレクリエーションを通じてコミュニティ開発を目指す国際NPO団体である「SCORE」、女性を対象にサッカーチームという新たなネットワークを組織化することでジェンダー格差の是正に取り組む「Moving the Goal Posts Kilifi」の活動などが代表的な事例としてよく知られている。なかでも世界的に知名度が高く、SDPの活動としてよく取り上げられるのが「マザレ青少年スポーツ連盟（Mathare Youth and Sports Association：以下MYSAと表記）」と言えるだろう。
「スポーツをきっかけにマザレ地区の青少年の生活を変える！」というミッションのもと、彼らのポテンシャルを十分に発揮させるため、「フィールドの内外でのスポーツ機会の提供」をモットーに、2010年以降、年4％のアクティブ・メンバーシップの増加を目標にしている［Mathare Youth Sports Association, 2010: 7］。具体的には、2009年に20,790名、2011年に22,487名であったアクティブ・メンバーシップを、2013年には24,321名、2015年には26,306名、2017年には28,452名、2019年には30,774名というように、3万名の大台に乗せることを目標としている。活動の基本に位置づけられるのは、自他の尊重、フィア・プレイ、模範的存在への前進、ルールの尊重、誰でも参加可能といった方針であり、「君が何かをすればMYSAは何かをするし、君が何もしないのであればMYSAも何もしない（If you do something, MYSA will do something; if you do nothing, MYSA will do nothing.）」といったスローガ

第 6 章　SDP の中心的なアクター

ンに象徴される互酬性の原理を前提に、それを様々なスポーツ活動に結びつけた地域貢献活動を展開している。MYSA のガバナンス構造は図表 6-2 の通りである。

図表 6-2 からもわかるように、MYSA のガバナンス構造には、「アカデミー諮問委員会（MYSA Academy Advisory Board）」と「エグゼクティブ・カウンシル（Executive Council）」があり、住民を相手に実際の運営を担う「エグゼクティブ・カウンシル」は、スポーツを統括する「スポーツ・カウンシル」とコミュニティ・サービスを統括する「コミュニティ・サービス・カウンシル」から成っている。さらにそれらの部局は地域ごとにいくつかのグループに分類され、中央の組織と各地域に置かれる「エグゼクティブ委員会（Executive Committee）」との役割分担も決められ、中央の組織が大枠で活動の方向性を決定し、各地域に置かれる「エグゼクティブ委員会（Executive Committee）」がそれを実施する体制となる。では、各地域にどのくらいのチームが組織化されているのだろうか。それを示したのが図表 6-3 となる。

図表6-2：MYSAのガバナンス構造

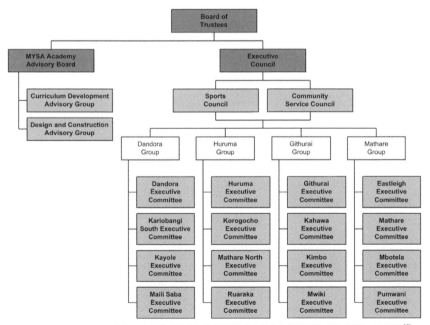

出典：MYSA公式サイト①（アドレスは巻末の参考文献一覧に記載）より抜粋[10]。

125

第Ⅱ部　SDPが隆盛する現代世界

図表6-3：MYSAにおける地域ごとのチーム数（2010年）

| MYSA TEAM | U10 Mixes | U12 Boys | U12 Girls | U14 Boys | U14 Girls | U16 Boys | U16 Girls | O16 Boys | O16 Girls | Total Boys | Total Girls | Grand All |
|---|---|---|---|---|---|---|---|---|---|---|---|---|
| Mathare | 18 | 57 | 17 | 12 | 3 | 8 | 3 | 22 | 4 | 99 | 27 | 144 |
| Eastleigh | 10 | 42 | 10 | 10 | 2 | 8 | 0 | 11 | 2 | 71 | 14 | 95 |
| Mbotela | 9 | 38 | 10 | 11 | 5 | 10 | 3 | 15 | 5 | 74 | 23 | 106 |
| Pumwani | 13 | 24 | 0 | 18 | 5 | 5 | 0 | 24 | 1 | 71 | 6 | 90 |
| Sub-total | 50 | 161 | 37 | 51 | 15 | 31 | 6 | 72 | 12 | 315 | 70 | 435 |
| Dandora | 11 | 28 | 3 | 12 | 12 | 7 | 2 | 8 | 2 | 55 | 19 | 85 |
| K/South | 12 | 47 | 4 | 22 | 9 | 8 | 0 | 18 | 2 | 95 | 15 | 122 |
| Kayole | 0 | 64 | 18 | 18 | 13 | 5 | 6 | 17 | 5 | 104 | 42 | 146 |
| Maili Saba | 18 | 47 | 16 | 7 | 4 | 7 | 2 | 4 | 0 | 65 | 22 | 105 |
| Sub-total | 41 | 186 | 41 | 59 | 38 | 27 | 10 | 47 | 9 | 319 | 98 | 458 |
| Huruma | 4 | 54 | 10 | 2 | 5 | 1 | 17 | 3 | 86 | 15 | 105 |  |
| Korogocho | 7 | 43 | 10 | 7 | 3 | 7 | 0 | 10 | 0 | 67 | 13 | 87 |
| M/North | 11 | 42 | 19 | 15 | 6 | 6 | 1 | 20 | 2 | 83 | 28 | 122 |
| Ruaraka | 16 | 32 | 11 | 10 | 2 | 11 | 2 | 20 | 1 | 73 | 16 | 105 |
| Sub-total | 38 | 171 | 49 | 42 | 13 | 29 | 4 | 67 | 6 | 309 | 72 | 419 |
| Githurai | 4 | 39 | 14 | 12 | 1 | 8 | 1 | 9 | 1 | 68 | 17 | 89 |
| Kahawa | 23 | 43 | 6 | 13 | 10 | 7 | 2 | 9 | 1 | 72 | 19 | 114 |
| G/Kimbo | 30 | 45 | 12 | 14 | 3 | 6 | 3 | 10 | 2 | 75 | 20 | 125 |
| K/Mwiki | 18 | 46 | 11 | 8 | 5 | 5 | 4 | 12 | 1 | 71 | 21 | 110 |
| Sub-total | 75 | 173 | 43 | 47 | 19 | 26 | 10 | 40 | 5 | 286 | 77 | 438 |
| Total | 204 | 691 | 170 | 199 | 85 | 113 | 30 | 226 | 32 | 1,229 | 317 | 1,750 |

出典：Mathare Youth Sports Association［2011: 3-4］より抜粋。

　図表6-3は年齢別、性別、地域別にチーム数を記載しているが、この表からもわかるように、10歳以下の男女混合チームは全体で204チーム、男子チームは1229、女子は317チームとなり、MYSA全体で合計1750のチームが組織化され、その活動はかなり大規模である。そして、そうした巨大な機構のマネジメントは、図表6-4のような体制のもとで行われている。

　MYSAのマネジメント体制を見ると、実践されるプロジェクトは「スポーツと環境」「コミュニティ・ヘルスと教育」「パブリック・インフォメーションと文化」という3つの領域から構成され、それぞれの領域の中でも障がい者教育やHIV/AIDSの啓発活動といった多彩な活動が行われていることがわかるだろう。特にプログラムの中核となる「スポーツと環境」の領域では、活動内でのフェアプレイに関して資料6-2のような11項目のコードが決められている。

第 6 章　SDP の中心的なアクター

図表6-4：MYSAのマネジメント体制

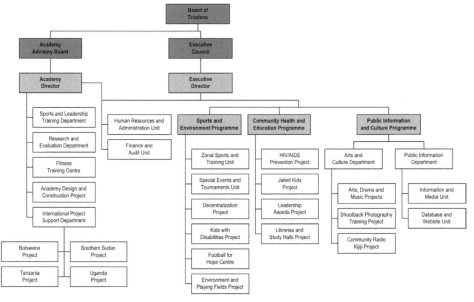

出典：MYSA公式サイト②（アドレスは巻末の参考文献一覧に記載）より抜粋[11]。

資料 6-2：MYSA フェアプレイ・コード （MYSA FAIRPLAY CODE）

1. ディシプリン（Discipline）
   私は、他のプレーヤーを危険にさらしたりファウルをすることなく、いつもフィールドの内外で善行とディシプリンについて心がけるようにします。
2. アンフェアなプレイはしません（No unfair play）
   私は、決してファウルや怪我を装ったりせず、アンフェアな戦術や口汚い言葉を使ったり、悪態をついたりしません。
3. 報復行為はしません（No retaliation）
   ファウルや嫌がらせを受けたとしても、決して報復行為はしません。
4. ファウルはしません（No fouls）
   他の人にファウルや嫌がらせをした場合は、即時に交代させられたとしても異議を申し立てません。
5. アピールはしません（No appeals）
   オフィシャルと話すことが許されるのは、キャプテンとコーチだけであり、議論が生じた場合にも、私は口をはさむことなく少なくとも 10 ヤードは離れるようにします。
6. コーチをリスペクトします（Respect the coach）
   私はいつもコーチの指示に従います。不適切な振る舞いで交代や出場停止になったとしてもそれに従います。
7. キャプテンをリスペクトします（Respect the captain）
   試合中、私はいつもキャプテンの指示に従います。
8. チームメイトをリスペクトします（Respect team mates）
   フィールドの内外で、私はいつもチームメイトをサポートしたり元気づけたりするようにします。

ミスをしたチームメイトに対しても悪態をつくようなことはしません。
9. 相手チームをリスペクトします（Respect opponents）
  私はいつも相手チームをリスペクトします。怪我をした選手がいれば手を差し伸べ、試合の前後には握手をするようにします。
10. オフィシャルをリスペクトします（Respect the officials）
  私はいつもオフィシャルの決定に従います。求めに応じ、即時にプレイを中断したり、また競技再開の指示にも迅速に対応するようにします。
11. 自分自身と環境をリスペクトします（Respect myself and the environment）
  私は、喫煙や飲酒、違法薬物の使用に決して関わりません。私は環境へ意識を向け、アスリートのより良い環境構築に努めます。

出典：MYSA 公式サイト③（アドレスは巻末の参考文献一覧に記載）をもとに筆者作成[12]。

　MYSA の活動は、1987 年、ケニアの首都ナイロビ近郊のスラム街に、UNEP で活動していたカナダ人のボブ・ムンロ（Bob Munro）が、現地で人気が高かったサッカーに目を付け青年たちを組織化したことに端を発する。不安定な生活環境の中、よれよれのボールでプレイするのが日常的であった若者たちにとって、異国の人が持ち込むサッカーのやり方はとても新鮮だった。リーグ戦では、試合結果での勝ち点のほかに、清掃活動を通じて地域貢献をしたチームにも勝ち点が与えられ、それがリーグ戦の順位にも反映された。「レッドカード」となった選手は、年下世代の試合の審判を 6 試合以上担当しなければ試合に復帰できず、スポーツマンとして卓越した振る舞いが認められた者には、レッドカードとは反対に「グリーンカード」が授与された。グリーンカードにはポイントがあり、そのポイントは奨学金を獲得する際の査定ポイントとして換算された。そしてそれは高等教育機関への進学を志す者にとって、進学資金獲得のまたとない機会を提供した。資料 6-2 のフェアプレイ・コードに特徴的に捉えられるように、スポーツを通じてルールを遵守するような規範を植えつけながら、貧困に苛まれる若者たちを社会に参画させるというかたちで現地の人々との関係を新たに構築していったこの活動は、のちにノーベル平和賞の候補にも名前が挙がるようになる［Coalter, 2008: 48-52］。
　居住地域の清掃活動（クリーンアップ・プロジェクト）や HIV/AIDS 啓発セッションへの積極的な参加、審判としての協力などに対してもスポーツ活動と同等の価値を置こうとする MYSA の方法は、地域貢献に対する関心を高め、他者への思いやりの涵養にも結びついてくる画期的な育成方法として世界的に注目されると同時に、その成果はローカルな境界を越え、国際交流の次元にまで大きく拡大されてきた。例えば、2010 年 7 月から 8 月にかけて開催されたノルウェ

図表6-5：MYSAの国際試合の推移

| MYSA Matches | 1996 | 2006 | 2010 | 1996-10 |
|---|---|---|---|---|
| MYSA matches played | 4,824 | 10,245 | 16,052 | 27,956 |
| International matches played | 17 | 44 | 73 | 497 |
| International matches won | 10 | 41 | 50 | 402 |
| International matches tied | 4 | 1 | 12 | 35 |
| International matches lost | 3 | 2 | 6 | 52 |
| International goals scored | 78 | 165 | 272 | 1,551 |
| International goals conceded | 13 | 21 | 28 | 231 |
| International competition medals won | 0 | 5 | 3 | 33 |
| International competitions played | 3 | 4 | 4 | 48 |

出典：Mathare Youth Sports Association［2011:6］より抜粋。

ー・カップへの参加や、タンザニアで開催された東アフリカ・カップへの参加など（2010年6月から7月にかけて214名が参加）、その活動領域は拡張し、図表6-5にみられるようにMYSAの国際試合の推移は着実に進展してきている。

Willis（2000）が、マザレ地区の若者たちにとってMYSAの活動が大きな希望となっていることを示唆するように、いずれの活動もスラム街に暮らす社会的マイノリティをいかに社会的に包摂していくのか（social inclusion）といった問題にスポーツという新しい対応策を見出そうとしている点に大きな特徴がある。すなわち、MYSAを世界的に有名にしたのは、表層的にはスポーツや身体活動の実践としながら、深層の部分で地域内のsocial inclusionを進展させるという、それまでの貧困撲滅事業のジレンマを解消する有効な方法論を示したからに他ならない。続いてRight to Playについてみてみよう。

## 3．Right to Play

第2章で説明したように、1994年、ノルウェーの組織を中心に「オリンピック・エイド（Olympic Aid）」が新設され、SDPの活動へ組織的に取り組んだ最初の一歩を踏み出したのが、リレハンメル・オリンピックのスピードスケートで金メダリストを獲ったコス（Johann Olav Koss）を中心とするアスリートたちであった。「スポーツを通じての人道的支援」という理念のもと、途上国の開発問題に積極的に関わる事業を行ってきたオリンピック・エイドは、2003年にRight to Playへと組織名を変更し、アフリカやアジア、中東などの地域においてコミュニティ開発にスポーツを絡めた積極的な取り組みを開始する。貧困や紛

第Ⅱ部　SDP が隆盛する現代世界

争及び災害などに直面する子どもたちに対し、スポーツやプレイを活用しながら教育活動やエンパワメント活動を展開することを目的に、世界 20 か国以上での活動を繰り広げる等、いわば SDP の草分け的存在ともいえる組織である。余暇を謳歌する「贅沢な行為」としてスポーツやプレイを捉えるのではなく、教育や健康へ向けたツールとして捉えながら、それらを通じて様々な人生の教訓やリーダーシップ、チームワークなどのライフ・スキルを伝えようとする取り組みは、次のような考えに基づき実施されてきた（資料 6-3、図表 6-6 参照）。

**資料 6-3：Right to Play の行動指針（Right To Play Values）**

■ WE CARE（我々はケアする）
・We care for children and communities（我々は子どもたちとコミュニティをケアする）
・We look after ourselves and one another（我々は自分たち自身とお互いに気を配る）

■ WE COMMIT（我々はコミットする）
・We stay true to ourselves（我々は自分自身に忠実であり続ける）
・We act with honesty and integrity（我々は正直かつ誠実にふるまう）
・We keep our promises（我々は約束を守る）

■ WE DO（我々は行動する）
・We share a can-do attitude（我々はやればできるという気持ちを共有する）
・We create opportunities where none exist（我々は何もないところにも機会を創出する）
・We work hard to make an impact（我々はインパクトをもたらすために一生懸命頑張る）

■ WE PLAY（我々はプレイする）
・We have fun and are playful in everything we do（我々は何をするにも陽気に楽しむ）
・We take a moment to smile and laugh（スマイルと笑いのために時間を割く）

■ WE ARE A TEAM（我々はチームである）
・Diverse, yet supportive; aligned, not divisive（多様であるが支援的であり、同じ立場に身を置くのであって敵対するものではない）

出典：Right to Play［2013: 4］をもとに筆者作成。

**図表6-6：スポーツとプレイを反復することによる位相変化**

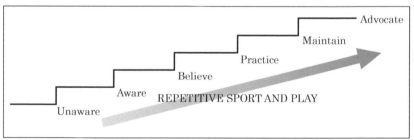

出典：Right to Play［2012: 7］より抜粋。

第 6 章　SDP の中心的なアクター

　行政機構の機能が乏しく、自立へ向けた若者の成長の芽をどう育んだら良いのか、見当がつかないというのが実情の中で、社会的包摂の恩恵に浴していない青少年たちと向き合おうとする Right to Play の行動指針は、社会参画の手段としてスポーツを位置づけようとする点で、先のマジック・バスや MYSA と共通する。社会的に不安定な境遇をスポーツで打破しようとする Right to Play の足跡を、2000 年から 2010 年までの活動実績をまとめた報告書から辿ってみると図表 6-7 から図表 6-15 のようになる。

　これらのグラフからわかることは、Right to Play の活動地域は 20 か国を超え、活動規模もかなり大規模であるということである。とりわけ、プロジェクトに参加する近年の子どもの数は急激に増加し、2009 年末までの累計で 100 万人を突破している（図表 6-7 参照）。そして、そうした社会的実践を支えるのが、Right to Play のプログラムで活動する地域リーダーやアスリート・アンバサダ

図表 6-7：Right to Play の活動に参加した子どもの数

| | |
|---|---|
| By the end of 2001 | 37,000 |
| 2003 | 404,000 |
| 2005 | 531,000 |
| 2007 | 724,000 |
| 2009 | 1,177,000 |

＊参加した子どもの数は、種々のフェスティバル、サマーキャンプ及びスポーツ・イベントへの参加者数に、定期的活動の参加者数に加えたもの［単位：人］。　　出典：Right to Play［2010:4］をもとに筆者作成。

図表6-8：世界中でのRight to Playのプロジェクト数

| | |
|---|---|
| By the end of 2001 | 15 |
| 2003 | 40 |
| 2005 | 44 |
| 2007 | 58 |
| 2009 | 49 |
| By mid-2010 | 49 |

出典：Right to Play［2010:4］をもとに筆者作成。

図表6-9：Right to Playをサポートする政府と国連機関の増加数

| | |
|---|---|
| By the end of 2001 | 3 |
| 2003 | 7 |
| 2005 | 9 |
| 2007 | 12 |
| 2009 | 15 |

出典：Right to Play［2010:4］をもとに筆者作成。

図表6-10：Right to Playのプログラムで活動する地域リーダーの増加数

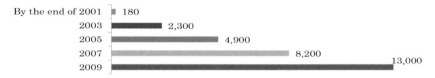

*2008年、Right To Playは活動参加者数の中に子供を先導してくれる教師らの数を計上してカウント。
出典：Right to Play［2010:4］をもとに筆者作成。

図表6-11：Right to Playにかかわったアスリート・アンバサダーの数

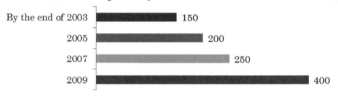

*Right To Playアスリート・アンバサダーとは、Right to Playの価値を共有する国際的アスリートたちであり、無報酬で活動に参加し、世界中の子どもたちのロールモデルとなるようなアスリートたちのこと。
出典：Right to Play［2010:5］をもとに筆者作成。

図表6-12：総収入の増加 ［単位：ドル］

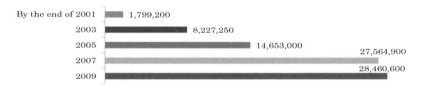

出典：Right to Play［2010:5］をもとに筆者作成。

図表6-13：2009年度の資金リソース：組織・財団・企業・個人等による基金の割合

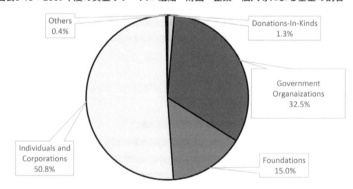

出典：Right to Play［2010:5］をもとに筆者作成。

第6章　SDPの中心的なアクター

#### 図表6-14：Right to Playのプログラムを運営する国の数

| | |
|---|---|
| By the end of 2001 | 7 |
| 2003 | 21 |
| 2005 | 20 |
| 2007 | 23 |
| 2009 | 23 |
| By mid-2010 | 21 |

*2008年、Right To Playはこれまで取り組んできた活動を深化させていく方向に戦略を採ることを決定。多くの国々にさらなる拡大を目指して活動を展開するのではなく、これまでの活動に持続性を持たせ、より多くの子どもたちを取り込みながら、そのクオリティを高めていく方向性を採択。

出典：Right to Play［2010:5］をもとに筆者作成。

#### 図表6-15：これまで政府機関から支援された資金の割合

| | |
|---|---|
| By the end of 2001 | 43.3% |
| 2003 | 64.7% |
| 2005 | 48.0% |
| 2007 | 22.0% |
| 2009 | 32.5% |

*2010年時点でRight To Playが展開する国は以下の通り。ベナン、ボツワナ、ブルンジ、中国、エチオピア、ガーナ、ヨルダン、ケニア、レバノン、リベリア、マリ、モザンビーク、パキスタン、パレスチナ自治区、ペルー、ルワンダ、スーダン、タンザニア、タイ、ウガンダ、アラブ首長国連邦の21か国となる。

出典：Right to Play［2010:5］をもとに筆者作成。

ーたちであり、Right to Playをサポートする政府や国連機関の存在である。いずれもその数を大幅に拡大し、Right to Playの運営を人材面や財政面の両面からサポートしている。こうしたプログラムが、およそ10年にわたり実施されてきた結果、学校での態度や暴力に対する意識等に大きな変容が見られるようになってきた。その成果を示したのが図表6-16である。

このように、現地社会に大きなインパクトをもたしてきたRight to Playによる活動であるが、その実践の軌跡には、各国の政府機関や各国連機関などに積極的な参入を促すことで、断片的なプロジェクトに終始していた従来のSDPの活動のあり方を変え、SDPの活動全体の底上げをはかろうとする方向性がうかがえる。そして、そのせいもあってか、SDPの担い手が一気に膨れ上がっていくわけだが、その潮流が象られる上でマジック・バスやMYSA、Right to Playの組織が果たしてきた役割は極めて大きいといえる。なぜなら、Right to PlayにしてもマジックバスやMYSAにしても、現地社会を改善する運動の先頭に立ち、スポーツによる地域貢献活動を模索していく中で、その功績はスポーツがもたらす社会的意義の枠組みを見直し、スポーツ活動を捉える新たな分析枠組み

第Ⅱ部　SDPが隆盛する現代世界

**図表6-16：Right to Playの過去10年間の成果**

| | |
|---|---|
| 学校における参加度合いの上昇 | ●ベナンやマリ、ガーナやアゼルバイジャンやタイランドでは、Right to Playのトレーニングを受講した教員達が、ディスカッションやゲーム、グループ・ワークのようなアクティブ・ティーチング・テクニックを数多く用いるようになった。その結果、子ども達は通学意欲を高めたばかりでなく、クラスの中でより集中力を高めるようになった。<br>●2008年のタイのプロジェクト評価において、Right to Playの活動に参加していなかった教員のクラスは、4.0スケールで平均1.94であったのに対し、Right to Playが関わったクラスの生徒は平均3.11のスコアを示した。<br>●2007年のアゼルバイジャン、2008年のタイ、2009年のベナンやマリ、ガーナのプロジェクト評価において、Right to Playのプロジェクトの参加者たちが、より高い学業成績を示したと同時に、活動にかかわらなかった生徒たちより、自信やコラボレーション、共感やコミュニケーションのようなライフ・スキルの習得がみられた。 |
| 暴力に対する意識変容 | ●2010年のリベリアのプロジェクト評価において、参加した子どもの84％が仲間同士の揉め事を平和的解決出来るという数値を示した。<br>●揉め事の際に平和的な解決方法を志向する子どもたちの比率は、リベリアの子どもでは95％、ベナンやマリ、ガーナの子どもでは85％となった。 |
| HIV/AIDSに対する意識の高まり | ●HIV/AIDSの啓発活動に参加した子どもたちの85％がHIV/AIDSから身を守る方法を知っていると回答。<br>●HIV/AIDS感染者であっても非感染者と同等に扱われるべきだと感じる子どもたちが81％に上昇。<br>●HIV/AIDSに感染しているクラスメイトと同じクラスでも構わないとする子どもは70％に上昇。 |
| 周縁化されたグループへの包摂 | ●2008年のインドネシアのプロジェクト評価において、Right to Playの活動に参加した子どもたちにポジティブな態度変容が見られ、異なる障がいを持つ子ども同士であっても、双方の間でコラボレーションが見られるようになった。 |
| 女性のエンパワメント | ●プログラム参加者の50％を女性が占めるようになった。 |
| コミュニティにおけるリーダーシップの強化などの領域 | ●2009年のベナンやマリ、ガーナのプロジェクト評価において、Right to Playのプロジェクトの参加者たちの85％が互いに信頼しあえると回答し、必要とあらば相互に助け合えると回答。<br>●「誰かが助けを求めている際、その助けに応じる」と回答した割合が、プログラムに参加していない場合53％にとどまったのに対し、Right to Playのプログラム参加者の場合は64％に上った。 |

出典：Right to Play［2010: 8-9］をもとに筆者作成。

を呈示したことにあったからである。

　では、こうしたアクターが展開するプログラムは、実際の現地でいかなるかたちで実施されているのだろうか。次章では、Right to Playが展開するタンザニアのHIV/AIDSに関する活動をもとに、プログラム運営に携わるファシリテーターのマニュアルから、その具体的な実践コンテンツについて見ていこう。

第 6 章　SDP の中心的なアクター

【注】
1) 「テレフード・プログラム（TeleFood Programme）」自体は、1997 年より開始された。
2) その他、現地の労働省とエルサルバドル・オリンピック委員会との間で新たなユース・デベロップメント政策の一つにスポーツを組み入れるという協定を締結し、それまで各スポーツ連盟の練習場所や大会会場としてしか機能していなかったレクリエーショナル・センターを労働者たちへ開放し、雇用機会やサービスを創出するようなスポーツ・サービス志向の施設に組み替えることが決定されるなど、「労働」というコンテクストからも SDP への関心が高まってくる。
3) その他、ホンジュラスでは、児童を性的搾取や不適切な労働から守り、HIV/AIDS 予防を目的とした「フットボール・フォー・ライフ（Football for Life）」プログラムが実施され、またコロンビアでは、少年兵を対象にした「フットボール・フォー・ピース（Football for Peace）」が展開された。
4) FIFA や IOC、アディダス社やナイキ社など多くのスポーツ組織や企業によって支援された。
5) サッカーそのものの振興はもとより、HIV/AIDS 予防や平和構築などの開発目標を後押しする手段としてサッカーを活用し、UNICEF や ILO、WHO などの各国連機関や種々の NGO との調整窓口となるのがこの部局である。
6) ここでの数値はすべて Magic bus の公式サイトより引用した。詳細は以下のアドレスを参照のこと（http://www.magicbus.org/impact：2013 年 10 月 25 日アクセス）。2016 年 6 月現在、当該サイトの情報が更新され、別の数値等が掲載されているが、本書では 2013 年時点において既に多岐にわたる活動成果を挙げていた事実を重視し、その情報を敢えて記載した。
7) 本決算報告書にはページ数が記載されていないため、表紙を 1 ページ目としてカウントした際のページ数を記載してある。
8) 2016 年 6 月現在、当該サイトの情報が更新され、別の機関等が掲載されているが、本書では 2013 年時点における支援機関を記載してある。
9) Levermore（2008）によれば、スポーツ・ファストとは、開発分野へ貢献する領域があるものの、それはあくまで副次的なものであって、一義的にはスポーツへの参加拡大を目的とするものとされる。
10) 2016 年 6 月現在、当該サイトの情報が更新され、ガバナンス構造に関する情報は公開されていない。しかしながら本書では 2014 年時点において公開されていた当該情報の有用性を重視し、その情報を敢えて記載した。
11) 2016 年 6 月現在、当該サイトの情報が更新され、マネジメント構造に関する情報は公開されていない。しかしながら本書では 2014 年時点において公開されていた当該情報の有用性を重視し、その情報を敢えて記載した。
12) 2016 年 6 月現在、当該サイトの情報が更新され、フェアプレイ・コードに関する情報は公開されていない。しかしながら本書では 2014 年時点において公開されていた当該情報の有用性を重視し、その情報を敢えて記載した。

第Ⅱ部　SDPが隆盛する現代世界

# 第7章

# 現場で展開されるSDPの具体的な実践コンテンツ
：Right to PlayによるLive Safe, Play Safeの事例から

　SDPの活動は途上国の現場において、いかに展開されているのか。本章では、Right to Playがタンザニアで展開するHIV/AIDS撲滅に向けてのプロジェクト「Live Safe, Play Safe：以下LSPSと表記」を焦点化しながら、そのファシリテーター・マニュアルに詳細があるので、それにしたがって具体的な実践コンテンツを解説していく。急増するHIV/AIDS感染者を食い止めようと、これまでアフリカ大陸で様々な活動が多様な機関により実施されてきたが、援助機関が想定したようには機能せず、依然として新たな感染者の半数以上が15歳から24歳の若者に集中するという現実がある［Right to Play, 2003: 3］。そうした現実を前に、SDPはHIV/AIDS対策にいかにかかわり、その対策に貢献しようとしているのか。HIV/AIDS問題が深刻化するタンザニアにおいて、SDPの実践派の旗頭として身体活動や参加型手法を用いながらHIV/AIDS予防に資する知識やライフ・スキルを習得させようとするプロジェクトのひとつがLSPSである。本章ではまず、HIV/AIDS問題に対する開発援助の動向を概観し、そうした開発援助戦略の枠組みでSDPが働きかけようとする領域を明確にしながら、その後、HIV/AIDS予防に関わるSDPの具体的な活動内容について検討する。

## 1．HIV/AIDS問題と開発援助

　HIV/AIDSは、1981年に最初の症例が確認されて以降、2005年時点での感染者の数は4,000万人を超え［UNAIDS & WHO, 2005: 2］、特にアフリカのサブサハラ地域は、感染者総数の70％が集中し、世界で最も感染者が多い地域となる。HIV/AIDS問題の深刻さは、免疫不全状態に起因する様々な身体的苦

第7章　現場で展開されるSDPの具体的な実践コンテンツ

痛のほか、罹患に対する周囲の偏見やそのことで生じてくる雇用機会獲得の困難性など、社会的な問題が数多く伴う点にある。母子感染を通じて子どもが感染の危険に晒されるという事態もさることながら、性交渉による感染ルートの増加が著しく、生殖年齢にあたる若年層の感染をいかに防ぐかが国家レベルでの大きな課題となっている。1996年に、国際的なHIV/AIDSに対する合同支援プログラムとしての国連エイズ合同計画（The Joint United Nations Programme on HIV/AIDS: UNAIDS）が設立されたのを皮切りに、「エイズ撲滅に向けてのパートナーシップ（International Partnership against AIDS in Africa）」や「HIV/AIDS予防に関するバルト海宣言（The Baltic Sea Declaration on HIV/AIDS Prevention）」等、これまでに地域レベルでのHIV/AIDS対策のイニシアティブも数多く発足し、またMDGsの目標のひとつとしても設定されるなど、地球規模での取り組みが求められてきた。

では、経済的、社会的、文化的にも大きな打撃を与えるHIV/AIDSに対し、これまでどのような開発援助が実施されてきたのだろうか。日本の援助アプローチを一例に見ていくと、HIV/AIDSを予防・コントロールするには講じられるべき複数の課題を体系的に捉えなければならないことがわかる（図表7-1参照）。それらの対策とは性感染リスクを減少させる対策であったり、母子感染リスクを減少させたりする対策である。また、輸血や麻薬注射による感染リスクを減少させる対策もそのひとつだ。すなわち性感染リスクを減少させるには、安全な性行動を促進し、自己のHIV感染への認識を高め、同時に他の性感染症の罹患率を低減させる必要があり、そのためには、危険な性行動（不特定多数との性交渉や同性間性行為）を自制するように啓発する活動が重要となる。また性交渉時におけるコンドームの使用率を高め、現地の人々が容易にコンドームを入手できるような環境を整備することが必要となる。さらには、「HIV/AIDS予防とコントロール」という開発戦略目標のみならず、「HIV感染者、AIDS患者や家族等へのケアとサポート」や「有効な国家レベルの対策の実施」という開発戦略目標の設定も重要な対応策となる。こうした多岐にわたるHIV/AIDSの課題を体系図として捉えていくと、図表7-1のようになる。

さらに、HIV/AIDS問題をいかなる問題として捉えるべきかについて、多様な側面から中間目標が設定される。そうしたそれぞれのアプローチの概要や実際のプロジェクト活動については、図表7-2、図表7-3のように整理される。

図表7-1にLSPSの活動を当てはめてみると、「HIV/AIDS予防とコントロ

第Ⅱ部　SDP が隆盛する現代世界

図表 7-1：HIV/AIDS の課題体系図

| 開発戦略目標 | 中　間　目　標 | |
|---|---|---|
| 1.　HIV/AIDS 予防とコントロール<br>① HIV 感染者数・新規罹患者数<br>② AIDS 発症者数<br>③ AIDS による死亡者数<br>(性別、年代別の数値及び文化・宗教・貧困等の背景にも留意する) | 1－1 性感染リスクの減少<br>①一般人口における HIV 感染率・罹患率<br>② CSW (Commercial Sex Worker) における HIV 感染率<br>③性感染による HIV 感染者割合 | |
| | 1－2 母子感染リスクの減少<br>①母子感染による HIV 感染者割合<br>②妊婦の HIV 陽性率 | |
| | 1－3 輸血による感染リスクの減少<br>①輸血による HIV 感染者割合<br>②輸血用血液の HIV 陽性率と輸血用血液のスクリーニング率 | |
| | 1－4 麻薬注射による感染リスクの減少<br>①麻薬注射行為者における HIV 感染率 | |
| | 1－5 有効なワクチンの開発と実用化<br>①開発されたワクチンの接種率<br>②ワクチンの有効性 | |
| | 1－6 有効な治療薬の開発と実用化<br>①開発された治療薬の使用率<br>②治療薬の有効性 | |
| 2.　HIV 感染者、AIDS 患者や家族等へのケアとサポート | 2－1 日和見感染症を含む身体症状による苦痛の軽減<br>① HIV 感染者、AIDS 患者のうち保健・医療サポートを受けている割合 | |
| | 2－2 HIV 感染者、AIDS 患者、家族などの人権擁護<br>①社会一般の HIV 感染者の受容度 | |
| 3.　有効な国家レベルの対策の実施<br>①実行されている HIV/AIDS 関連プログラム、各プログラムの適切さと人口のカバー率 | 3－1 適切な国家レベルの対策の策定<br>①国家対策戦略の実施可能性の検証結果<br>②アクション・プランの実施可能性の検証結果 | |
| | 3－2 HIV/AIDS 対策運営管理能力の向上<br>①アクション・プランの進捗状況<br>②行政監査担当省庁等による (内部・外部) 評価結果 | |
| | 3－3 保健財政の適正化<br>①国家予算に占める保健・医療分野の割合<br>②保健・医療分野に占める HIV/AIDS 分野予算の割合<br>③他セクター予算に占める HIV/AIDS 対策部門の割合 | |

出典：国際協力事業団国際協力総合研修所［2002：78］より抜粋。

ール」という開発戦略目標と、「HIV 感染者、AIDS 患者や家族等へのケアとサポート」に対して SDP を応用して働きかける活動と位置づけることができる[1]。それらの開発戦略目標は、さらに図表 7-2 のように中間目標 1-1、中間目標 1-2 といったように分けられ、そうした中間目標にはそれぞれ中間目標のサブ目標が設定される（図表 7-4 参照）。オーソドックスな開発プロジェクトは、こうしたプロジェクト・デザイン・マトリックスに基づき、いかに管理運営されるかが関心事となるが、SDP の場合、少なくとも 21 世紀の初め時点では活動の主眼はあくまで現場に置かれ、プロジェクト・デザイン・マトリックスのもとに中間目

# 第7章　現場で展開されるSDPの具体的な実践コンテンツ

**図表7-2：開発戦略目標1「HIV/AIDS予防とコントロール」体系図**

## 中間目標1-1　性感染リスクの減少

指標：①一般人口におけるHIV感染率・罹患率、②CSW（Commercial Sex Worker）におけるHIV感染率、③性感染によるHIV感染者割合

| 中間目標のサブ目標 | プロジェクト活動の例 | 事例番号* | JICAの主たる事業 |
|---|---|---|---|
| **安全な性行動の促進**<br>①危険な性行動の実施率（不特定多数、男性同性間性行為）<br>②コンドームの使用率<br>③売春（買春）回数・率<br>④CSWにおけるコンドーム使用率<br>⑤コンドームの入手容易性（コスト、利便性、心理的容易性）<br>⑥コンドームの質 | ◎正しいHIV/AIDSの知識の普及<br>・知識普及のための啓蒙活動（一般大衆教育、特定集団へのキャンペーン）<br>・啓蒙活動のための教材／マニュアルの開発と普及<br>・保健ボランティアや保健推進員等が啓蒙活動をするためのシステム構築<br>◎コンドームの使用促進<br>・（ハイリスクグループに対する）コンドームの配布<br>・コンドームの輸送・配布システムの構築<br>・コンドームの質の改善を目的とした、製造業者への研修／トレーニング<br>・コンドーム需要の喚起<br>・コンドーム使用促進のための政策策定プロセス支援 | 1, 2, 4, 17, 20～26, 30<br><br><br><br><br>19, 21, 22, 26 | ・青少年等のグループを対象とした健康教育（開発福祉）<br>・ハイリスクグループに対する健康教育（開発福祉）<br>☆コンドームの配布（無償）<br>・コミュニティを対象とする啓蒙活動（プロ技） |
| **他の性感染症の減少**<br>①他の性感染症罹患率 | ◯性感染症診断・治療技術の確立<br>△早期診断・治療<br>◯知識の普及<br>◯検査体制（施設／人材／機材）の整備<br>◯診断キットの研究開発<br>◯コンドームの使用促進（上記活動参照） | 2, 4, 7<br>4, 18<br>2, 21, 22, 26<br>2, 4, 16, 20 | ・健康教育と検査体制の強化（開発福祉・プロ技） |
| **自己のHIV感染認識の促進**<br>①HIV検査の結果通知率<br>②HIV感染者のHIV/AIDSに対する危険意識<br>③HIV検査実施率<br>④HIV/AIDSに関する知識・認識 | ◎VCT促進<br>・正しいHIV/AIDSの知識普及を目的とした啓蒙活動<br>・自発的な血液検査を促すキャンペーンの実施<br>・血液検査体制（施設／人材）の整備<br>・検査技術の確立<br>・検査技術の教育<br>・結果通知の徹底<br>・カウンセリング手法教育<br>→血液検査で陽性となった人に対しては、社会的ケアを行う。<br>（開発戦略目標2「HIV感染者、AIDS患者や家族等へのケアとサポート」参照） | 2, 15, 16, 20, 30 | ・VCTのなかでの検査機能の向上（プロ技・機材供与）<br>・VCT活動の促進（在外研修） |

## 中間目標1-2　母子感染リスクの減少

指標：①母子感染によるHIV感染者割合、②妊婦のHIV陽性率

| 中間目標のサブ目標 | プロジェクト活動の例 | 事例番号* | JICAの主たる事業 |
|---|---|---|---|
| **母子感染の重要性の認識の向上**<br>①保健医療従事者の母子感染理解度<br>②AIDSに関するカウンセリング及び検査をした割合 | ×保健医療従事者を対象とした、母子感染の理解促進のための研修<br>×保健医療施設でのカウンセリングの実施<br>×保健医療施設での血液検査の実施<br>◯母子感染に対する知識の普及<br>△VCT促進（活動詳細は中間目標1-1の「VCT促進」参照） | 1, 20, 21<br>30 | ・健康教育の実施（プロ技・開発福祉） |
| **母子感染予防医療技術の徹底**<br>①HIV感染産婦の人工乳保育対策実施率<br>②水質の良くない環境におけるHIV感染産婦の母乳による保育率<br>③HIV/AIDS対策に取り組む施設数<br>④HIV感染妊産婦の必要な医療やカウンセリングを受けている数<br>⑤HIV感染妊婦への抗HIV薬短期投与実施率 | △妊娠・出産・母乳栄養による感染の防止<br>・安全な水にアクセスできる地域における人工乳（粉ミルク）保育の推進<br>・安全な水にアクセスできない地域におけるHIV感染産婦の母乳保育の推進<br>・母子感染対策に取り組む施設の整備<br>・住民を対象とした正しいHIV/AIDSの知識の普及<br>・抗HIV薬短期投与<br>◯母子感染予防に関する研究・支援 | 20, 23<br><br><br><br><br><br>1, 10, 20 | ☆抗HIV薬短期投与（開発福祉）<br><br><br><br><br><br>・予防方法の探求と取り組みへの協力（プロ技） |

## 第Ⅱ部　SDPが隆盛する現代世界

### 中間目標1－3　輸血による感染リスクの減少

指標：①輸血によるHIV感染者割合、①輸血用血液のHIV陽性率と輸血用血液のスクリーニング率

| 中間目標のサブ目標 | プロジェクト活動の例 | 事例番号* | JICAの主たる事業 |
|---|---|---|---|
| HIV汚染血液の減少<br>①Blood Bankが存在する地域の割合 | ×売血・枕元輸血の減少のためのBlood Bank設立<br>△売血禁止のための法・組織体制整備<br>×安全な輸血のための啓蒙普及<br>△清潔な医療機器の供与 | 14<br><br><br>18 | ・輸血の現状調査（在外開発調査）<br>・安全な献血のための器具の供与（機材供与） |
| 血液スクリーニングの徹底<br>①輸血用血液のスクリーニング率<br>②HIV検査偽陰性率等検査精度 | ○検査手法の確立<br>○検査手法の教育<br>△血液スクリーニングのための検査システム構築<br>○スクリーニングキット・機材・施設の整備<br>○現地レベルに応じた血液スクリーニングキットの開発<br>×血液スクリーニングのための検査試薬自家供給体制の構築<br>○血液スクリーニング精度向上のための研修 | 10, 11, 20<br>11, 29<br>11, 14<br>16, 19<br>10, 11<br><br>11, 29 | ・血液スクリーニングの効果的実施の支援（プロ技・機材供与）<br>・血液スクリーニング技術の移転（在外研修）<br>・血液スクリーニング現状調査（在外開発調査） |

### 中間目標1－4　麻薬注射による感染リスクの減少

指標：①麻薬注射行為におけるHIV感染率

| 中間目標のサブ目標 | プロジェクト活動の例 | 事例番号* | JICAの主たる事業 |
|---|---|---|---|
| 麻薬注射行為の減少<br>①麻薬注射行為者数<br>②麻薬注射行為数 | ×麻薬依存治療<br>・カウンセリング<br>・代替薬物使用<br>・不正薬物使用削減のための啓蒙活動 | | |
| 注射筒・針再利用の減少<br>①麻薬針再利用割合 | ×使用済注射筒・針交換事業<br>×注射筒・針滅菌法の教育 | | |

### 中間目標1－5　有効なワクチンの開発と実用化

指標：①開発されたワクチン接種率、②ワクチンの有効性

| 中間目標のサブ目標 | プロジェクト活動の例 | 事例番号* | JICAの主たる事業 |
|---|---|---|---|
| ワクチン開発<br>①臨床試験の各相におけるワクチン数<br>②開発されたワクチン数<br>③ワクチンの有効性 | △ワクチン及び関連基礎医学分野の共同研究・開発支援 | 4 | ☆ワクチンの評価体制の構築（プロ技） |
| ワクチン購入・輸送体制構築<br>①ワクチンの価格<br>②ワクチン供給体制 | ×ワクチンの供給<br>×配布計画策定・実行 | | |

### 中間目標1－6　有効な治療薬の開発と実用化

指標：①開発された治療薬の使用率、②治療薬の有効性

| 中間目標のサブ目標 | プロジェクト活動の例 | 事例番号* | JICAの主たる事業 |
|---|---|---|---|
| 治療薬開発<br>①臨床試験の各相における治療薬数<br>②開発された治療薬数 | ×治療薬及び関連基礎医学分野の共同研究・開発支援<br>×薬剤耐性に関する研究協力 | 4 | |
| 治療薬購入・輸送体制構築<br>①治療薬の値段<br>②治療薬供給体制 | ×治療薬の供給<br>×配布計画策定・実行 | | |

*「事例番号」は付録1.の別表の案件リストの番号に対応

プロジェクト活動の例：◎→JICAのHIV/AIDS対策協力事業において比較的事業実績の多い活動
　　　　　　　　　　○→JICAのHIV/AIDS対策協力事業において事業実績のある活動
　　　　　　　　　　△→JICAのHIV/AIDS対策協力事業においてプロジェクトの1要素として入っていることもある活動
　　　　　　　　　　×→JICAのHIV/AIDS対策協力事業において事業実績がほとんどない活動
JICAの主たる事業　：☆→実施例は数件であるものの、今後の先行例となりうる事業

出典：国際協力事業団国際協力総合研修所［2002：80-81］より抜粋。

## 第7章　現場で展開されるSDPの具体的な実践コンテンツ

**図表7-3：開発戦略目標2「HIV感染者、患者や家族等へのケアとサポート」体系図**

### 中間目標2-1　日和見感染症を含む身体症状による苦痛の軽減
指標：①HIV感染者、AIDS患者のうち保健・医療サポートを受けている割合

| 中間目標のサブ目標 | プロジェクト活動の例 | 事例番号* | JICAの主たる事業 |
|---|---|---|---|
| **医薬品の入手の容易化**<br>①医薬品の入手割合 | △抗HIV薬の供与<br>◎日和見感染症、性感染症にかかる薬剤の供給体制の構築（入手ルート確保、国内製造）<br>×安価な医薬品の研究開発支援<br>○伝統薬の研究開発<br>◎抗HIV薬／基礎的薬剤の輸送システムの構築 | 23<br>12<br><br>10、11<br>12 | ・性感染症・結核等に対する治療、薬剤の供与（プロ技） |
| **保健・医療機関へのアクセス向上**<br>①医療へのアクセス状況（HIV/AIDSを扱う施設数、受診者数）<br>②VCT実施率 | ◎関係機関・地域との連携強化（VCTの実施）<br>×保健・医療施設の整備<br>○巡回家庭訪問の実施<br>△保健ボランティアの育成<br>×保健医療費減免制度の拡充 | 12、24<br><br><br>20 | ・HIV感染者の発見とレファラル（プロ技・開発福祉） |
| **保健・医療の質の向上**<br>①医療機関におけるHIV/AIDSの知識をもつ保健医療従事者の勤務率 | ◎保健・医療サービス提供者の質の向上<br>・ガイドライン策定<br>・保健・医療従事者への研修<br>・消耗品の充実と調達体制確立<br>・医療機器の充実と保守管理体制の確立<br>・保健・医療施設の経営に関するマネジメントの向上<br>◎治療法・ケアに関する研究 | 1、2、8、9、12、13<br>20、23、27、28<br><br><br><br><br>1、8、9、11、20 | ・ケアに従事する関係者への技術の指導（プロ技・開発福祉・在外研修）<br>・日和見感染症治療やケアの基礎研究（プロ技） |

### 中間目標2-2　HIV感染者、AIDS患者、家族などの人権擁護
指標：①社会一般のHIV感染者の受容度

| 中間目標のサブ目標 | プロジェクト活動の例 | 事例番号* | JICAの主たる事業 |
|---|---|---|---|
| **精神的ケア・社会サービスの確保・拡大**<br>①VCT実施率<br>②保護団体数 | ×VCTの実施（活動詳細は中間目標1-1の「VCT促進」参照）<br>◎サポート団体の充実及びネットワーク化<br>×差別・補償に関する法的保護の整備 | 20、23、25 | ・サポート体制の強化と組織の運営（プロ技・開発福祉） |
| **（経済的）生活手段の確保**<br>①収入、就職状況<br>②エイズ遺児の就学状況<br>③保護団体数 | ×企業に対するHIV/AIDSの理解促進<br>×HIV感染者、AIDS患者の家族に対する就業支援・職業訓練<br>×エイズ遺児に対する経済的支援の確立<br>×サポート団体の充実及びネットワーク化 | | |
| **HIV/AIDSに対する正しい知識と理解の促進**<br>①地域住民のAIDS理解度 | ◎地域住民へのHIV/AIDSに関する健康教育<br>・啓蒙活動<br>・啓蒙活動のための教材／マニュアルの開発と普及<br>・保健ボランティア、保健推進員等が啓蒙活動をするためのシステム構築 | 4、16、17、<br>20〜23<br>30 | ・健康教育とAIDSへの偏見の除去（プロ技・開発福祉・在外研修） |

*「事例番号」は付録1.の別表の案件リストの番号に対応

プロジェクト活動の例：◎→JICAのHIV/AIDS対策協力事業において比較的事業実績の多い活動
　　　　　　　　　　○→JICAのHIV/AIDS対策協力事業において事業実績のある活動
　　　　　　　　　　△→JICAのHIV/AIDS対策協力事業においてプロジェクトの1要素として入っていることもある活動
　　　　　　　　　　×→JICAのHIV/AIDS対策協力事業において事業実績がほとんどない活動

JICAの主たる事業：☆→実施例は数件であるものの、今後の先行例となりうる事業

出典：国際協力事業団国際協力総合研究所［2002：86］より抜粋。

標が何であり、そのサブ目標に何を設定するかという発想には立ち難かった。援助担当者の直接的な関心は、日々の暮らしで直面するリスクをより強く意識した事業内容であるか否か、あるいはスポーツを通じて何とかHIV/AIDSに関する基礎的情報を伝達できないかといった範囲にとどまり、課題体系図を構想し、体系的に事業を展開するよりも、とにかくスポーツの特性を何とか途上国の現場で活用しようというのがプロジェクトの性質であった[2)]。

第Ⅱ部　SDPが隆盛する現代世界

図表7-4：開発課題体系図の論理構成

体系図の論理構成

| 開発戦略目標 | 中間目標 | 中間目標のサブ目標 | プロジェクト活動の例 |
|---|---|---|---|
| 1.○○○○ | 1-1 △△△ | □□□□ | ○・・・・・・ |
|  |  | □□□□ | △・・・・・・ |
|  | ブレークダウン | ブレークダウン | ◎・・・・・・ |
| ブレークダウン |  | □□□□ | ×・・・・・・ |
|  |  | ブレークダウン | △・・・・・・ |
|  | 1-2 △△△ | □□□□ | ○・・・・・・ |
|  |  | □□□□ | ◎・・・・・・ |
| 2.○○○○ | 2-1 △△△ | □□□□ | △・・・・・・ |
|  |  |  | ○・・・・・・ |

出典：国際協力事業団国際協力総合研修所［2002：7］より抜粋。

　では、そうした開発戦略目標に対し、LSPSは具体的にどのような働きかけを実践してきているのだろうか。次節ではLSPSを運営するファシリテーター向けのマニュアルの内容について踏み込みながら、HIV/AIDS問題に、SDPの領域から働きかけようとするプロジェクトの実際を紹介する。

## 2．LSPSの構成要素：ファシリテーターに求められる基本的姿勢から

　LSPSに、先のような課題体系図を浮かび上がらせるのは難しいが、ファシリテーター向けのマニュアルから実際の運営の一端を描き出すことができる。ここではそのマニュアルを解読し、LSPSのファシリテーターに求められる基本姿勢について浮かび上がらせながら、その活動の実際について焦点化していくことにしよう。

　LSPSのマニュアルにはひとつの大きな特徴がある。それはHIV/AIDSに関する情報を一方的に伝えていく方法よりも、様々な身体活動を交えた参加型学習を通した手法がはるかに効果的であると捉えている点にある。なぜLSPSのようなプロジェクトが必要となるのか、それがどのように機能するのかについての問いが、まずファシリテーターに投げかけられ、そこでは従来の啓発活動とは異なる視角からの活動が求められているとする[3]。これまでのティーチング・モデルでは、教師側の働きかけが優先され、生徒側はそれをとかく受容するのに専心するという構図が想定されてきたが、LSPSでは教師側が論点を提示し、参加者たちが協力し合いながらその論点を検討することが重視される。プロジェクトにおける参加者の変化を牽引し、その理念を具現化したアプローチの基本は、「I hear and I forget」「I see and I remember」「I do and I understand」といっ

第 7 章　現場で展開される SDP の具体的な実践コンテンツ

たフレーズに集約され、その具体的な問いかけについては資料 7-1 の通りとなる。

**資料 7-1：効果的な問いかけの方法**

- 参加者から何らかのコメントがあった場合は、その本意を確認するため「あなたが言おうとしているのは～（Are you saying---?）」というような形でパラフレーズしたり要約したりする。
- より深く思案してもらえるように、自由回答方式の問いかけ（open-ended questions）を活用する。例えば「HIV/AIDS についてこれまで聞いてきたことはどんなことですか？」
- 参加者の回答をもとに、それを深めていけるよう、徹底的な質問（probing questions）を活用する。例えば「あなたは今、コンドームはダメだと言いました。ではなぜあなたはそのように感じるのでしょうか？」
- 質問に対する端的な回答が欲しいときは選択回答方式の問いかけ（closed-ended questions）を活用する。例えば「蚊は HIV を拡散しますか？」
- 代替の回答が用意されたような問いかけは避ける。例えば「今日、ここにあなたを連れてきた理由は何ですか？：あなたの友達が誘ったから？それともあなたのご両親が行けと行ったから？」
- 一度に質問するのはひとつにする。例えば「性的禁断についてどう思う？それはなぜ？」と問いかけるよりも「性的禁断についてこれまで表明されてきた認識について、あなたはどう思う？」と問いかけた方が良い。そうでないと混乱してしまう参加者が出てしまうときがある。
- 前向きで建設的なフィードバックを与えるようにしよう。例えば「それは素晴らしいポイントですね～」というような形で。トピックから逸れてしまうのをなくすようにしよう。そうしたことが起きた場合、次のような声かけをしてみよう。例えば「ちょっと待って。それは今議論していることとどう繋がるのでしょうか？」もしくは「おもしろいポイントですね。でもここでは、私たちが今議論してきたことに話を戻しましょう」
- アイデアをリンクさせることとパターンを見いだすことを試みてみよう。「多くの方の話からこれは重要だということがわかります。ではそれについてもう少し話してみてください」という問いかけをすることで、そうしたパターンを確認すること。

出典：Right to Play［2003: 10］をもとに筆者作成。

また、良きファシリテーターとして、資料 7-2 のような基本的姿勢を求める。

**資料 7-2：良きファシリテーターに求められる基本的姿勢**

- 熱心に取り組もう（Be eager）：不安と期待が入り交じるのは自然であり、若者は時折あなたに支援を求めたりすることもある。あなたはそうした彼らから信頼を勝ち取る必要があるものの、同時に自分の限界や期待について十分に自覚すべきである。そうした姿勢があなた自身の成長にも繋がる。
- 信頼される人材になろう（Be authentic）：若者は本能的にあなたが誠実かどうかを嗅ぎ取る。もしあなたが信用できる人だと判断されれば、彼らから多くの信頼を寄せられることになる。誠実であるということは、たとえあなたがミスをしてもすべての答えを知らなくてもそれが大きな問題でなくなるということなのだ。
- 積極的に耳を傾けよう（Listen actively）：ファシリテーターは参加者たちの声に注意を払い、それらに真摯に対応する必要がある。人の話に積極的に耳を傾けることは、参加者たちが物事を理解する間はじっと待たなければならないなど、時に忍耐を要する。
- 個人的な事柄を避けよう（Avoid personal agendas）：もし、あなたが胸中に何か大きな意図を持っているとグループが感じたとしたら、それはあなたが自分の役割を混同していることになる。あ

第Ⅱ部　SDP が隆盛する現代世界

なたの役割は「〜を支援する」であって「〜をする」ということではない。
- 一貫性をもて（Be consistent）：あなたの着実なコミットメントがグループの長期的な成功を後押しする。権力から程遠く、他者によってルールを決められてきた世界に生きてきた若い参加者たちは、フェアで信頼できる大人の存在を必要とする。グループのすべてのメンバーに対し肯定的かつ支援的、フェアであり続けるということは、結局はあなたが信頼され、参加者との間に互酬的な関係性を構築することになる。
- あなたがすることと同様、あなたが言うことがどれほど重要なのかを思い出そう（Remember that what you are doing is as important as what you are saying）：適切なボディ・ランゲージは参加者たちからの信頼やレスペクトを獲得するのに役立つだろう。彼らと向き合い、オープンな姿勢（腕組みなどをせず、胸を張って）をとりながら、はっきりとした声でアイコンタクトを続けてみよう。また、リラックスの雰囲気も忘れずに。
- 小さな成功でも満足しよう（Be satisfied with small successes）：人の行動変化はとてもゆっくりにしか進展しない。十分な安心を感じ、失敗のリスクや馬鹿げた装いから新たな行動を起こすのに十分な支援があると感じるのには得てして多くの時間を要するものである。自分の経験からそのことを認識している LSPS のファシリテーターは、共感することや忍耐強く待つ必要性を理解できるだろう。

出典：Right to Play［2003: 11］をもとに筆者作成。

　ファシリテーターに求められるこうした姿勢が分かりやすく提示されることで、ファシリテーターを担おうとする者たちは LSPS の全体像とプログラム運営の留意点について理解を深め、プログラム運営への積極的対応能力を高めていく。ここで特筆すべき点は、参加者に対する視点の設定の仕方である。一般的な教育プログラムが想定するほど「参加の度合い」が高くない参加者たちに対して、出席者の側の発言を引き出しつつ、できるかぎりそうした発言を大切にしようという取り組みは、画一のカリキュラムを一方向的に普及する旧来の活動とは異なり、形骸的な参加や動員を抑制するきっかけのひとつとなる。各々の異なる経験や意見を尊重し、相互の対話を生み出すいわゆる「参加型学習」を前面に押し出した手法は、HIV/AIDS コントロールに向け大きな予防効果を期待させるには十分なものであった。こうした参加型学習の手法については次節「7-3. LSPS で用いられる様々なアクティビティ」で詳しく紹介するが、ここではまず LSPS がいかなる内容から構成されているのかについて説明することにしよう。LSPS では、大きく 4 つのパートからプログラムが構成される。

　①ベースライン調査（Baseline survey）
　②アイスブレークと元気づけ（Icebreakers and Energizers）
　③中心内容（Core components）
　④評価とアセスメント（Evaluation and Assessment）

## 第 7 章　現場で展開される SDP の具体的な実践コンテンツ

はじめに「①ベースライン調査（baseline survey）」についてであるが、LSPS のプログラムに参加する前と参加した後の知識や態度の変容を記録するために実施するのが「ベースライン調査（baseline survey）」と呼ばれるもので、参加者たちが LSPS から何を習得したのかを容易に比較できるような情報を記録するため、例えば、「ヘッズ・オア・テイル（Heads or Tails）」のようなゲームが用いられる。「ヘッズ・オア・テイル」の内容については資料 7-3 の通りである。

資料 7-3：「ヘッズ・オア・テイル（Heads or Tails）」とは？

【目的】
　HIV/AIDS に対する知識や態度を評価するのに活用。

【用意するもの】
　特になし。

【所要時間】
　10 － 20 分。

【備考】
　評価に用いる質問の大半はヘッズ・オア・テイルで活用可能。

【手順】
　HIV/AIDS に対する態度について、いくつかの問いかけをし、それに同意する者は自分の頭の上に手をのせ、同意しない者は自分のお尻の上に手を置いてもらう。例えば、以下のような問いかけに対する反応を確認し、記録する。
・AIDS に感染している友達と同じクラスになっても全然構わない。
・友達の誰かが AIDS になったとしたら友達をやめる。
・AIDS になった人は、これから数多くのネガティブな出来事が降りかかっても仕方がないと思う。
・いつの日か AIDS になったとしたら残念だ。
・HIV/AIDS 感染から逃れることは可能だと思う。

　また、真偽を問う問いかけに対して、参加者の反応をみるという方法もある。例えば、以下のような問いかけに対し、正しいと思えば自分の頭の上に手をのせ、誤りだと思えばお尻に手を置いてもらう。
・性交渉を持たないことは、HIV に感染しないための効果的な方法のひとつである。（正）
・注射針を誰とも共有しないことは、HIV に感染しないための効果的な方法のひとつである。（正）
・公衆トイレを使わないことは、HIV に感染しないための効果的な方法のひとつである。（誤）
・キスをしないことは、HIV に感染しないための効果的な方法のひとつである。（誤）
・性交渉の際にいつもコンドームを適切に使用することは、HIV に感染しないための効果的な方法のひとつである。（正）

出典：Right to Play[2003: 52-53]をもとに筆者作成。

「ヘッズ・オア・テイル」における参加者の反応を確認しつつ、例えば参加者は「P」（Participant の略）、それぞれの性別を「B」（Boy の略）、「G」（Girl の略）

第Ⅱ部　SDP が隆盛する現代世界

図表7-5：Recoding Format: Heads or Tails Baseline Survey

| Question | P1 (B) | P2 (B) | P3 (G) | P4 (B) | P5 (B) | P6 (G) | P7 (G) | P8 (G) | P9 (G) |
|---|---|---|---|---|---|---|---|---|---|
| 1 | T | T | T | F | F | T | T | T | F |
| 2 | F | T | T | T | T | T | T | T | T |
| 3 | T | F | T | T | F | T | F | T | T |
| 4 | T | T | T | F | T | T | T | T | T |
| 5 | T | F | T | T | F | T | F | T | T |

出典：Right to Play[2003: 13-14]をもとに筆者作成。
※「T」は「True（正）」、「F」は「False（誤）」を表す。

などのような形でファシリテーターは記録し、図表 7-5 のような形式でベースラインの情報とする。

　続いて、「②アイスブレークと元気づけ（Icebreakers and Energizers）」についてみてみよう。プログラムを実施する前段としての雰囲気づくりは、決して小さく見積もられるべきではなく、そこでの雰囲気づくりが LSPS のワークショップにおけるその後の雰囲気に大きく影響すると言っても過言ではない。ファシリテーターは、諸種のアイスブレークを用いながら参加者全体の良好な雰囲気づくりに努め、プログラムの途中で参加者が退屈そうにしていた場合などは、適宜その場を活気づけるようなゲームを活用し、積極的に参加者たちの気分転換をはかることが求められる。その際、「Concentric Circles」（資料 7-4 参照）などは有効なアイスブレークであり、気分転換を促すためには「Condomania!」（資料 7-5 参照）などのゲームがある。

資料 7-4：「同心円（Concentric Circles）」とは？

【目的】
　アイスブレーク。
【用意するもの】
　特になし。
【所要時間】
　10 − 20 分。
【手順】
①同じ大きさの円状に 2 つに分かれ、各円の内側と外側にそれぞれ同じ人数になるように並ぶ。
②ファシリテーターがある数字を言い、外側にいる人は円に沿いながら右側に向かってステップし、内側の人は左側にステップする。
③ステップで移動した時、向かい合った人同士で質問し合えるように、ファシリテーターは特定のお題を全員に提示する。例えば、「好きな音楽は何ですか？」でも良いし、誕生日や生誕地、ワークショップに期待することや不安なことなど、互いが打ち解けられるような情報を交換する。
④相互の質問と回答が終わったら、ファシリテーターは別の数字を言い、順次相手を変えながら、同

第 7 章　現場で展開される SDP の具体的な実践コンテンツ

様のことを繰り返していく。

出典：Right to Play［2003: 47］をもとに筆者作成。

資料 7-5：「コンドマニア！（Condomania!）」とは？

【目的】
　ワークショップ途中の気分転換、もしくはコンドームそのものに慣れてもらう。

【用意するもの】
　コンドーム、木製のペニスモデル、スティックやバナナ、時計。

【所要時間】
　任意。

【手順】
①コンドームの使用が、AIDS 及び梅毒や淋病などの性感染症の感染を防ぐことを説明する。
②多くの参加者が適切なコンドームの使用方法について知らないだろうし、コンドームの使用にも消極的であろうことから、まずコンドームの適切な使用方法について理解してもらい、コンドームそのものに対する心理的な距離を縮めてもらう。
③各自でコンドームの封を切り、ともかく実物を見て触ってもらい、その感触を知ってもらう。そして、ペニスモデルを用いて実際の使用方法について紹介し、正しい装着方法について実践させてみる。ファシリテーターは必要に応じて補助に入る。
④参加者たちがいかなる反応を示すのかを観察し、そうした反応について議論を重ねる。
⑤コンドームの実際の使い方を説明したり、ゲームをやったりする中でそれを再使用することがあるかもしれないが、コンドームを再使用するのはそうしたデモンストレーションに限ったことであることをしっかりと説明し、実際の性交渉の際には決して再利用しないことを参加者たちに十分理解させる。
⑥参加者たちの反応次第では、男女をグループに分けて説明しても良い。
⑦コンドームに対する心的距離を縮小させるために、以下のような方法もある。
　⇒コンドーム・レース：誰が一番早く適切にコンドームをペニスモデルに装着できるのかを競う。これにより参加者たちはいかに容易くコンドームを使うことができるのかを確認できる。
　⇒コンドーム風船：誰が一番大きくコンドームを膨らませることができるのかを競う。これにより参加者たちはコンドームがいかに強靭なものなのかを確認できる。
　⇒コンドーム果物つめ放題：オレンジやバナナ、現地の果物などをコンドームの中に出来るだけ詰め込み、誰が一番詰め込められるのかを競う。これにより参加者たちはコンドームがいかに強靭なものなのかを確認できる。
　⇒コンドーム・ストレッチ：コンドームを少しずつ拡げながら、腕や足、頭などに被せてみる。一番大きな部位に被せられた人が勝者。これにより参加者たちは、いかに大きなペニスであったとしてもコンドームは装着可能であると確認できる。

出典：Right to Play［2003: 48］をもとに筆者作成。

　LSPS では、若者たちを HIV/AIDS の恐怖から守るために、HIV/AIDS に関して重要な 12 の啓発すべき領域を設定し、それが「③ LSPS の中心内容（Core components）」を構成する。ここで学ぶべき点は、実施事業に対する視点の設定の仕方である。図表 7-6 は、各々の領域で設定される「鍵となるメッセージ」

*147*

図表7-6:LSPSの中心内容（Core components）

| 啓発する領域<br>A:「鍵となるメッセージ」と<br>B:「鍵となるスキル」 | 啓発すべき情報 | 具体的な手法 |
|---|---|---|
| （1）意思決定<br>（DECISION-MAKING）<br>A:「あなたは健康的な生活を送るための選択権を持っている。」<br>B:意思決定をするための効果的アプローチを習得すること。 | 性急な意思決定が、その後、長期に渡り自分自身の生活に影響を及ぼすということを認識させる。 | ・意思決定シナリオ<br>（Decision-Making Scenarios）<br>⇨資料7-7 参照 |
| （2）コミュニケーション<br>（COMMUNICATION）<br>A:「自分の感情を表現し、自分が必要なことを直接的に表現しなさい。」<br>B:きっぱりと断るコミュニケーションのやり方を習得すること。 | 自分の望まない結果を避け、自分の望む結果を生むステップとして、キッパリと明言できるようになることの重要性を認識させる。 | ・アニマル・キングダム（Animal Kingdom）<br>⇨資料7-8 参照<br>・アサーティブ・コミュニケーション（Assertive Communication）<br>⇨資料7-9 参照<br>・アサーティブ・ロールプレイ（Assertive Role-Plays）<br>⇨資料7-10 参照 |
| （3）ジェンダー役割<br>（GENDER ROLES）<br>A:「少女は HIV 感染に対して極めて脆弱で、自分自身を守ってくれるようなサポートや望まない性交渉や危険な性交渉の危険から守ってもらえるようなサポートを必要としている。」<br>B:少年少女の中にあるジェンダーへの思いやりの心を育成する。 | タンザニアでは、10代の少年よりも少女の方がHIV感染の割合が高く、そのひとつの理由がジェンダー格差の問題に起因することを認識させる。 | ・エイリアンとの遭遇（Alien Encounter）<br>⇨資料7-11 参照<br>・ジェンダー役割と関係（Gender Roles and Relationships）など<br>⇨資料7-12 参照 |
| （4）安全へと通じる道程<br>（SAFE PASSAGE）<br>A:「自分の身体を知り、自分自身を知りなさい。」<br>B:思春期における身体的・情緒的な変化に対する自己認識を持つようにしよう。 | 思春期に関する情報をしっかりと認識させる。 | ・エイリアンとの遭遇（Alien Encounter）<br>⇨資料7-11 参照<br>・ボディ・マッピング（Body Mapping）など<br>⇨資料7-13 参照 |
| （5）自己尊重（SELF-ESTEEM）<br>A:「自分をポジティブに捉え、尊重することは、健康的な生活をおくる上で決定的に重要である。」<br>B:自己尊重を大切にし、ポジティブな個性を持てるようにしよう。 | ポジティブに自己尊重ができるようになることは、自信を持つこと、自分を大切にすること、自覚を持つこと、自分で決定することを意味する。そうした変化をもたらしうる自己尊重の重要性について認識させる。 | ・プラウド・サークル（Proud Circle）など<br>⇨資料7-14 参照 |
| （6）価値観の検討<br>（EXPLORING VALUES）<br>A:「あなたの価値観が、あなたが何を選択するのかを決定し、それは健康的な生活を送る上で重要な要素となる。」 | 価値観を明確化にすることにより、なぜそうした判断をしたのかを理解できるようになる。 | ・ファミリー・メッセージ（Family Messages）など<br>⇨資料7-15 参照 |

第 7 章　現場で展開される SDP の具体的な実践コンテンツ

| | | |
|---|---|---|
| (7) HIV/AIDS とは何なのか？<br>(WHAT IS HIV/AIDS?)<br>A：「HIV とは AIDS を引き起こすウィルスであり、人の免疫システムを攻撃する不治の病である。すべての人が HIV や AIDS に罹患する危険性がある。」 | AIDS は HIV の後に来るステージであり、サブサハラ地域の約 3000 万人が感染している治療法が未だに確立していない疾病である等、HIV/AIDS に関する基本的情報について認識させる。 | ・AIDS クイズショー（AIDS QUIZ Show）<br>⇨資料 7-16 参照<br>・セルブロック（Cell Block）<br>⇨資料 7-17 参照<br>・免疫遊び（Immunity Play）など<br>⇨資料 7-18 参照 |
| (8) HIV 感染<br>(HIV TRANSMISSION)<br>A：「HIV とは無防備な性交渉や検査を受けていない輸血血液、消毒されていない注射針などを通じて拡散し、母体から胎児にも感染する。」 | HIV の主要な感染ルートについて認識させる。 | ・AIDS クイズショー（AIDS QUIZ Show）<br>⇨資料 7-16 参照<br>・HIV 鬼ごっこ（HIV Tag）<br>⇨資料 7-19 参照 |
| (9) HIV 予防<br>(HIV PREVENTION)<br>A：「性交渉による HIV 感染の危険性は、性交渉を持たないことや性交渉の相手を少なくし、コンドームを適切に使用する方法等により、そのリスクを低減することができる。」 | 安全な性交渉の方法を採ることで HIV 感染のリスクを低減でき、自分が感染しているかどうかを確認することは極めて重要であることを認識させる。 | ・ABC カウントダウン（ABC Countdown）<br>⇨資料 7-20 参照<br>・コンドマニア（Condomania!）<br>⇨資料 7-5 参照<br>・関連するリスク（Relative Risks）<br>⇨資料 7-21 参照<br>・リスキーラッシュ（Risky Rush）<br>⇨資料 7-22 参照 |
| (10) スティグマと差別<br>(STIGMA AND DISCRIMINATION)<br>A：「HIV/AIDS は誰にとっても脅威となる。そして感染者はケアと支援を受けるのに値する。」 | HIV/AIDS 感染者はしばしば誤解のもとで差別化される。感染者が様々な支援を受けられるよう、社会的・文化的・政治的な障壁は取り除かれるべきであり、感染者がそのことによって差別されるべきではなく、差別や偏見がもたらす HIV/AIDS との闘いにおけるマイナス効果について認識させる。 | ・相手の目を信じるな<br>(Don't Trust Your Eyes)<br>⇨資料 7-23 参照<br>・円の外側（Outside the Circle）<br>⇨資料 7-24 参照 |
| (11) 性感染症と HIV<br>(STIS AND HIV)<br>A：「性感染症をもつ人々は、そうでない人と比べた場合、HIV 感染とそれを拡散させる危険性が高い。」 | 性感染症の人は早急な治療を受けるべきであり、性交渉を避け、性交渉の際にも安全な性交渉を実践する必要があることについて認識させる。 | ・STI ハンドシェイク<br>(STI Handshake) など<br>⇨資料 7-25 参照 |
| (12) JALI HALI YAKO, JALI HALI YA WENGINE<br>A：「協力とオープンに話すことだけが HIV/AIDS 拡大から人々を防ぐ。」 | 地域と仲間が一体となって取り組むことが若者たちのエンパワメントの鍵となる。タンザニア全土での入念な計画と連携活動なしには HIV/AIDS の脅威から逃れることはできない。 | ・ヒューマンノット（Human Knot）など<br>⇨資料 7-26 参照 |

出典：Right to Play［2003: 19-36］をもとに筆者作成。

第Ⅱ部　SDP が隆盛する現代世界

と「鍵となるスキル」及び「啓発すべき情報」についての一覧である。

　これらの啓発活動は、HIV/AIDS の基礎的情報に光を当てており、そのことは翻って、現地の人々に予防に関する情報の下地が決定的に欠落していることを明白にする。彼らの暮らしの存立基盤に関わる脅威である HIV/AIDS とその予防対策に関する基本的知識を提供し、それを「机の上」のみで学ばせるのではなく、様々なアクティビティと組み合わせながら住民の側からの意欲を引き出しつつ支援する。この点が、まさに SDP の本領といえるだろう。

　そしてこうしたプログラムは、常に「④評価とアセスメント（Evaluation and Assessment）」の対象としてモニタリングされ、LSPS のさらなる効果的なプログラム運営にフィードバックされていく。より良いプログラム運営という目的の達成を試みるためには、いかなる方法でどのように多くの生徒たちを参加させることができたのか、特定の方法を用いたときに生じた問題は何だったのか、リソース・マテリアルに変更が必要だったのは何だったのか等を検討することが重要となる。もっと具体的に言うと、ワークショップの終わりに、（1）ワークショップで一番良かったもの何ですか？　（2）ワークショップで一番悪かったものは何ですか？　（3）ワークショップの目的は満足するものでしたか？　（4）このワークショップは価値あるものだったと思いますか？など、参加者が気軽に回答できる問いかけを行い、それらに対する回答とプログラム実施前に行ったベースライン調査とを比較するだけでも、参加者たちにどのような態度変容や知識の変化が生じたのかを把握することができる。LSPS では、参加者たちからのフィードバックをもとにしたこうした評価作業が不可欠とされ、より良いファシリテーターへの一歩となり、そうした作業はより良いプログラム・マネジメントに結びついてくると考えられている。場合によってはエバリュエーション・ゲームなどを活用することもある（資料 7-6 参照）。

**資料 7-6：エバリュエーション・ゲーム（EVALUATION GAMES）**

【目的】
　セッションの内容や伝え方を迅速に評価する。
【用意する物】
　状況によって異なる。
【時間】
　各 10 分。
【手順】
1.　人間連続体（Human Continuum）：

第 7 章　現場で展開される SDP の具体的な実践コンテンツ

部屋の一方の壁側、またはエリアの一方側を「賛成」、その反対側を「反対」とする。ファシリテーターが文章を読み（例えば、「このセッションは私にとって役立った」「今日のセッションは楽しかった」等）、参加者はその意見に対して、賛成か反対か場所を移動する。エリアの中央は「中立」を表す。場合によっては参加者に意見を求める。

2.　ボディチャート（Body Chart）：
各参加者には紙とペンが手渡され、自分自身の身体を描く。頭には、アイデアやコンセプト、事実、情報や分析を書く。心臓には、気持ち、発見、価値や信条の変化を書く。そして手には、スキル、これまでとは異なる自分がしようとすること。足には、将来のプランや決定について書く。参加者は、セッション前に描いたボディチャートとセッション後の変化を比較したりするのもバリエーションのひとつとして考えられる。

3.　顔（Faces）：
紙を数枚使い、5 つの顔を描く（1 枚につきひとつの表情の顔）。楽しい顔、悲しい顔、困惑した顔、つまらない顔、満足顔、またはいくつかの表情の顔を描く。顔を描いた紙を部屋の至る所に貼り、参加者に質問の答えに沿うような顔を選び、その顔の場所へ移動するよう指示する（例えば、「AIDS クイズショーについてどう感じましたか？」「望んでいた事を学ぶ事ができましたか？」等）。各質問の後に、参加者になぜその顔を選んだか理由を話し合い、全体で共有する。

4.　バロメーター（Barometer）：
ファシリテーターと対峙するかたちで参加者は一直線に立つ。そしてセッションに関する問いを発する（例えば、「HIV が免疫機能にどのように働くか理解しました」「休憩時間は十分だった」等）。賛成の参加者は一歩前に移動し、反対の参加者は一歩下がる。答えなかった、またはニュートラルの意見の参加者はその場に立ったままとなる。

出典：Right to Play ［2003: 50］をもとに筆者作成。

では LSPS で実践されるアクティビティには、どのようなものがあるのだろうか。LSPS で活用される様々なアクティビティについて、次に詳しく紹介する。

## 3．LSPS で用いられる様々なアクティビティ

LSPS のアクティビティには様々な取り組みがあるが、以下が、その代表的アプローチのいくつかとなる。そこには、女性のエンパワメントを積極的に促すことで、実施体制の確立に時間を要し、HIV/AIDS に関する実効性のある保健活動の実施にはなかなか結びついていなかった従来のあり方を変え、現地社会で社会的弱者になりがちな女性全体の意識の底上げを図ろうという方向性がうかがえる。本節では、図表 7-6 に示した LSPS の 12 の啓発する領域に引き合わせるかたちで、その具体的な手法について紹介する（資料 7-7 から 7-26 参照）。

▼啓発する領域（1）「意思決定」で用いられる具体的な手法
資料 7-7：意思決定シナリオ（DECISION-MAKING SCENARIOS）

*151*

第Ⅱ部　SDPが隆盛する現代世界

【目的】
　パワーツールを使った意思決定の練習をする。

【用具】
　フリップチャート、紙、マーカー。

【時間】
　40 － 60 分。

【プラニングノート】
　対象年齢は 14 － 18 歳。

【手順】
　意思決定とは何か？　若者が何かを決断する時に影響するものは何か？：参加者を少人数のグループに分け、思いつく限り回答するよう指示する。
　各グループで思いついた答えを共有する。
　意思決定のパワーモデル（the POWER model of decision-making）を以下に紹介する。これは、5つのステップを踏んで効果的な意思決定をするためのものである。

①問題を定義する―原因は何か、なぜか。
②他の選択肢について考えてみる―問題解決のために他に方法はないかを探す。
③選択肢を比較・検討する―各選択肢の結末を考えてみる。
④一番良い選択肢を選択する。
⑤それが最善の選択かどうかを考える。後から何か意見が出たら反映させる。

　5 ～ 10 名のグループに参加者を分ける。各グループにフリップチャート、紙、マーカーを配布する。シナリオは以下の通り。

⇒フレデリックは、彼女であるハリマと同じ中学校に通っている。彼は性行為をしたいが、ハリマ自身はそうしたいのかどうか迷っている。ハリマが決断できるよう助けよう。
⇒ピーターの親友ラシドは彼の従兄弟の小遣い稼ぎのために盗品を売っている。ラシドはピーターにいくつかの商品を売る代わりに利益の半分を交換すると提案してきた。ピーターが意思決定できるよう助けよう。

　各グループは上記のパワーモデルを使って、主人公が直面した問題について検討し、考えられる選択肢の賛否について考える。そして最善と考えられるものを選択し、グループでどうすべきかを決断し、どのようにしてそのような考えに至ったかのプロセスを発表する。

【論点】
⇒この方法は、意思決定をするときに役立つか？
⇒なぜ時々、論理的に考えて答えを出すことが難しいのだろうか？
⇒若者が HIV/AIDS から自分の身を守るために、意思決定をするようなシチュエーションはどのような時だろうか？

出典：Right to Play ［2003: 48-49］ をもとに筆者作成。

## ▼啓発する領域（2）「コミュニケーション」で用いられる具体的な手法

資料 7-8：アニマル・キングダム（ANIMAL KINGDOM）

【目的】
　アサーティブ・コミュニケーションを学ぶため。

【用具】

## 第7章　現場で展開されるSDPの具体的な実践コンテンツ

なし。

【時間】
　10－20分。

【プランニングノート】
　対象年齢は10－14歳。

【手順】
　アグレッシブ（攻撃型）、パッシブ（いいなり型）、アサーティブ（主張型）の違いを説明する。参加者は以下のように演技をする：

　　⇒アグレッシブ：猿のように胸を叩き、激しく走り回り、大きな音を出す
　　⇒パッシブ：ボールのように身体を丸めて小さく見せ、ネズミのように身体を低くして、かすかに誰かに聞こえるような小さい音をたてる。アイコンタクトは避ける。
　　⇒アサーティブ：ライオンのように顔を高く上げる。アイコンタクトをして、聞き取りやすい声で周りの人に自己紹介し、しっかりと握手をする。

　次に参加者を3つのグループに分け、それぞれのグループに「猿」や「ネズミ」、「ライオン」のようなアグレッシブ・パッシブ・アサーティブを表す動物の名前をつけ、グループ同士を交流させる。参加者が飽きたら、動物を他のチームのものと交代させる。

【論点】
⇒アグレッシブ、パッシブ、アサーティブの行為の違いは何か？
⇒パッシブは、「弱い」コミュニケーションである。パッシブ・コミュニケーションは、問題の所在が不明確になることがある。パッシブ・コミュニケーションとは、普段の生活においてどのようなジェスチャーや行動を言うのだろうか？
⇒アグレッシブは、他の人を怖がらせ、他の人の気持ちや意見を強制するコミュニケーションである。アグレッシブ・コミュニケーションとは、普段の生活においてどのようなジェスチャーや行動を言うのだろうか？
⇒アサーティブとは、相手に失礼がなく、怖がらせないコミュニケーションである。アサーティブ・コミュニケーションとは、普段の生活においてどのようなジェスチャーや行動を言うのだろうか？
⇒誰かがアグレッシブなコミュニケーションをしてきたとしたら、あなたはどう感じるか？アサーティブなコミュニケーションの場合は？パッシブなコミュニケーションの場合は？
⇒若者がこのようなコミュニケーションの方法を知ることが、HIV/AIDSから身を守るためにどう関係があると思いますか？
⇒アサーティブ・コミュニケーションをとる必要のあるシチュエーションの例を挙げてみよう。
⇒そのシチュエーションでは、アグレッシブとパッシブのどちらのコミュニケーションをとるべきか？

出典：Right to Play［2003: 43］をもとに筆者作成。

### 資料7-9：アサーティブ・コミュニケーション（ASSERTIVE COMMUNICATION）

【目的】
　アグレッシブ、パッシブ、アサーティブなコミュニケーションの違いを説明する。

【用具】
　新聞紙、マーカー、スクラップペーパー、ペン、鉛筆。

【時間】
　45分。

第Ⅱ部　SDPが隆盛する現代世界

【プランニングノート】
　対象年齢は 14 － 18 歳。
　新聞紙に 3 つ質問を書いておく：
1. Hadija はどう感じるだろうか？
2. 2 人の若い女性はどう感じるだろうか？
3. 最悪の結果として考えられるものは何か？

【手順】
　参加者に、難しいシチュエーションでの効果的なコミュニケーションの方法を考えてもらう。以下のシナリオを声に出して読む：Hadija は「Lucky Dube（南アフリカの人気レゲエ歌手）」を観るために 2 時間並んで、チケットを購入しようとしていた。一人チケット 1 枚のルールがある。ただ彼女は足を痛めていたし、早く帰宅するはずだったために彼女の母親に心配をかけていることも分かっていた。しかし並んでいるのはあと 5 人で、このまま並んでいれば必ずチケットを手に入れられることを確信していた。すると突然若い女性の 2 人組が現れ、前に並んでいた人の友達の列のところに割り込んだ。Hadija はどうすればよいか？
　参加者にひとつ文章を書いてもらい、この状況で Hadija はどうすべきかを考える。そして 3 分後、以下の基準の通り、3 つのグループにわかれてもらう。
　グループ 1：Hadija はこの女性 2 人に対して何も言わずに立っているべきだ、と答えた人
　グループ 2：Hadija はこの女性 2 人に対して怒りを露わにして直接声をあげて怒るべきだ、と答えた人
　グループ 3：Hadija はこの女性 2 人に対して、列の最後に並ぶよう落ち着いて伝えるべきだ、と答えた人
　3 つのグループにわかれたら、以下の 3 つの質問を提示し、各グループで話し合ってもらう。
　あなたが選んだ方法で、Hadija はどのような気持ちになるだろうか？
　列に割り込みをした女性 2 人は、あなたの選んだ方法を Hadija がした場合にどのような気持ちになるだろうか？
　最悪の結果として、女性 2 人はどのような返答をしてくるだろうか？一番良い結果として、女性 2 人はどのような返答をしてくるだろうか？
　5 分間話し合った後、大きなひとつのグループに戻る。各グループの参加者 1 人に、この 3 つの質問の答えを発表してもらう。その答えのポイントをボードか新聞紙に書き、記録しておく。次に、Hadija がする行動の選択について、以下のポイントを考慮して再び話し合う。
　受け身（A passive response）でいることが、いつも最善の選択であるとは限らない。受け身でいるという事は、周りの人に自分の意見や感情を伝えないこと、または、周りの人に気付いてもらえないほど伝え方が弱いという事だ。もしも Hadija が何も言わずに立ったままでいるという受け身の行動をとった時、何も言わずに心の中ではその女性 2 人に対して怒っている状態になるだろう。
　攻撃的（An aggressive response）でいることが、いつも最善の選択であるとは限らない。攻撃的でいるということは、脅迫や皮肉のような言い方になるのかもしれない。もし Hadija がその女性 2 人に脅すような言い方をした場合、Hadija は自分が強いように感じるかもしれないが、女性 2 人が必ずしもその場を立ち去るとは限らない。その女性 2 人や 2 人の友達が同じように言い返す、または手をあげてくる場合もある。
　自己主張（An assertive response）をすることは、いつも最善な方法である。アサーティブなコミュニケーションとは、正直に自分が何を求めているのかを平和的に、相手を尊重して伝えることである。もしも Hadija が女性 2 人に、他の人たちは列に並んでずっと待っていたと話したうえで列の後ろに行くよう伝えるなら、女性 2 人を落ち込ませることもなくそれまでの状況を理解させることができる。列に並んでいる他の人たちも協力してくれるかもしれないだろう。

【論点】
⇒あなたが必要とする物が手に入らない可能性があっても、受け身のコミュニケーションをすること

第 7 章　現場で展開される SDP の具体的な実践コンテンツ

が最善の方法だと思うか？
⇒あなたは今までに攻撃的な行動をとったことはあるか？　それでどうなったか？　その時、自己主張（An assertive response）をしていたら、どのように事が変わっただろうか？
⇒あなたは今までに自己主張（An assertive response）をしたことがあるか？　それでどうなったか？　その時、攻撃的な態度をしていたら、どのように事が変わっただろうか？　どのようなとき自己主張しやすいか？　またはしにくいだろうか？　例を挙げよ。
⇒自己主張をすることで、いつもあなたが必要とするもの・欲するものが手に入る保障はあるだろうか？
⇒自己主張をすることで、相手がネガティブな反応をしたと聞いたことはあるか？　説明せよ。
　あなたの文化・コミュニティで若い人は自己主張するか？　男女によってその違いはあるか？

出典：Right to Play［2003: 44-45］をもとに筆者作成。

**資料 7-10：アサーティブネス・ロールプレイ（ASSERTIVENESS ROLE-PLAYS）**

【目的】
　アサーティブ・コミュニケーションの練習をする。
【用具】
　なし。
【時間】
　40 － 60 分。
【プランニングノート】
　対象年齢は 14 － 18 歳。
【手順】
　少人数のグループ（5 名から 10 名程度）を作り、各グループは以下のシナリオを声に出して読み上げる。
　1. オプラはトムと付き合って 1 か月である。トムは親が不在のとき自宅にオプラを呼びたい。トムは、オプラが性行為を拒むことは変だし、バカバカしいと思っている。オプラがトムに自分の気持ちを話す時、どのように伝えればよいか？
　2. タツは思春期で、身体が女性へと変化している。学校の友人であるデイビットは、タツのことを大声でからかい、タツは恥ずかしい思いをしている。これに対してタツはどう反応すればよいか？
　3. アジズとニーマは性行為をした経験がない。アジズはニーマのことが好きだが、性行為をする心の準備ができていない。対照的にニーマは性行為がしたいと思っている。アジズがニーマに、心の準備ができていないことを伝えたが、ニーマは少し説得さえすれば、彼女が考えを変えるのではないかと思っている。アジズはこれに対してどう答えればいいか？

　各グループで上記のシナリオについてディスカッションをする。ロールプレイをするとき、オプラ、タツ、アジズの主人公は受け身な答え方・自己主張する（アサーティブな）答え方の 2 種類を考え、発表する。観客はこれらの発表を聞いて、どうすればよいかの改善点を議論する。
【論点】
⇒アサーティブ・コミュニケーションの論点と同様。

出典：Right to Play［2003: 45-46］をもとに筆者作成。

*155*

第Ⅱ部　SDPが隆盛する現代世界

## ▼啓発する領域（3）「ジェンダー役割」で用いられる具体的な手法

### 資料7-11：エイリアンとの遭遇（ALIEN ENCOUNTER）

【目的】
　男女の違いをセックスとジェンダーの両面で説明する。

【用具】
　フリップチャート、マーカー、マスキングテープ。

【時間】
　30－45分。

【手順】
　まず参加者に、これからセックスとジェンダーについての概念を拡大していくと説明する。参加者は、今日ここへ来る時に地球を訪問しているエイリアンに会ったということにする。そのエイリアンは地球上に男性と女性がいることを知っていたが、その違いを見分けることができず混乱していたと、参加者に伝える。
　参加者を女子チームと男子チームにわけ、各グループは男女の違いを思いつく限り回答しなければならない。フリップチャートの中央に直線を引き、右側には「男」、そして左側には「女」と書いたら、エイリアンが男女の違いを理解できるようなアイデアを書き込んでいく。リストを書き終わったら、列挙された男女の相違点を発表し、エイリアンに説明する。
　次に参加者へ向け、エイリアンは、示されたリストの中で時代や場所を問わず普遍的なものはどれか知りたがっていると伝える。もしそれが上手くいかない場合は、時代や場所を問わない「性別（sex）」の定義（すなわち物理的および生物学的な違い）を考えさせ、それから社会的、心理的な事を表す「性別（gender）」の定義について検討させるようにする。先ほどのリストを見直して、「セックス」を表すものには下線をひき、「ジェンダー」を表すものには○をする。

【論点】
⇒セックスとセクシャリティの意味を知らない人に、あなたが習った事を説明するとしたら、どう説明するか？
⇒ジェンダーのリストに挙がっているもので他の文化では異なると思うものはどれか？
⇒生物学的な問題ではなく、文化的な問題であなたが驚いた問題は何か？
⇒どのジェンダーの違いが、女性または男性を傷つけるか？
⇒どのジェンダーの違いが、女性または男性を傷つけないか？
⇒どの年代の子どもから、このような性別による違いが出始めるか？　どのような方法で違いが出始めるか？
⇒もしひとつだけジェンダーの違いを変えることができたなら、何を変えたいか？　そう思うのは何故か？

出典：Right to Play［2003: 42-43］をもとに筆者作成。

### 資料7-12：ジェンダー役割と関係（GENDER ROLES AND RELATIONSHIPS）

【目的】
　ジェンダー役割が人とのかかわりにいかに影響するのかを知る。

【用意する物】
　なし。

【時間】
　40－50分。

## 第7章 現場で展開される SDP の具体的な実践コンテンツ

【手順】
　ジェンダー役割と人との関係に関する固定概念について説明する。この活動は、ジェンダー役割と固定概念が若者のゴール・決定・関係に影響を与えるシチュエーションについて考えるものだと理解させる。少人数のグループにわけ、以下のようなアクティビティを行う：各グループはジェンダー役割の問題を含んでいる事例に関して、どのように解決するかを考える。導き出した解決方法を一人一人が発表するが、その時聞いている人は発言しても構わない。なぜその解決方法を考えたかの理由についても考えておく。

【事例】
1. アヤブは初めてメアリーをデートに誘おうと思っていた。すると、メアリーが「アヤブ、週末にダンスパーティがあるのだけど、もしよかったら私と一緒に行かない？　土曜日の夜は忙しい？」と聞いてきた。アヤブは何も予定がなく、メアリーとダンスパーティに行きたかったが、彼は自分から誘いたかった。アヤブは、土曜日は忙しいと答えようかと思っている。アヤブはどうするだろうか？
2. ルスは卒業後、奨学金をもらい配管工として働けることになった。ルスは嬉しくて、ハッサンに早く教えようと急いだ。彼らは結婚しようと考えていて、彼女であるルスは高給を稼ぐことができるようになる。ルスの知らせを聞いて、ハッサンはしばらく考え込んだ。そして「配管工と結婚できると思えない。配管工になるか、僕と結婚するか選んでくれ。」と言った。ルスはどうするだろうか？
3. サムは甥の誕生日に人形をプレゼントしたいが、彼の友達アリーは「ありえない！」と言う。サムは、人形によって、小さい男の子は誰かを大切に思うことを学ぶことができると説明するが、アリーは、ホモセクシャルに育ってしまうという。サムはアリーが正しいと思うが、アリーが他の友達にこのことを言うかもしれないと懸念している。サムはどうするだろうか？
4. セリーナとジェームズは数か月付き合っていて、上手くいっている。セリーナの両親はジェームズとセリーナの仲を知っていて、彼らが付き合っている事は周知している。しかし、ジェームズはこのところセリーナにプレッシャーをかけてきている。セリーナが拒否すると、ジェームズは男性を喜ばせることが女性の役目だという。セリーナはジェームズにどのように返答すればよいか？
5. エリザベスとポールは姉妹であるアンとその夫ロバートについて口論している。エリザベスは、アンの腕にアザがあることに気付いていて、今週は目のまわりにアザができていた。ロバートは、アンに文句を言いすぎるとの理由で、誰がボスかわからせるためにしている事だという。エリザベスは、暴力だけが解決方法ではないと思い、ポールに意見を言いたい。エリザベスはどう意見し、何ができるだろうか？
6. ジェディダは彼氏であるムスフィリと性行為をすることを決心した。ジェディダは、ムスフィリとは愛し合っているという。ジェディダは薬局でコンドームを購入しようとしたが、ムスフィリは「女の子はコンドームを買うことはできない！それは男のやることだ」と言う。ジェディダはどうするだろうか？

　時間になったらボランティアを募り、各グループの話し合いから出た解決方法を発表してもらう。その際に議論してもよい。次の話題に移る前に、その解決方法が正しいか2～3分ディベートをする。以下の論点を使い、このアクティビティを結論づける。

【論点】
1. 男女のルールを新しい方法で見ることは簡単か？　難しいか？
2. 男女は、どのように伝統的なジェンダー役割の変化を受け入れるだろうか？　その理由は？
3. 男女のかかわりに変化をもたらすジェンダー役割は何だろう？
　　ア）社会的環境、イ）家族、ウ）職場
4. あなたの両親も、同じ解決方法を考えるだろうか？　それとも違う解決方法だろうか？
5. どの事例が一番難しかったか？　その理由は？

*157*

6. もし男女の違いを変えられるなら、何を変えるか？ 女性の役割なら、それは何か？

出典：Right to Play［2003: 51-52］をもとに筆者作成。

## ▼啓発する領域（4）「安全へと通じる道程」で用いられる具体的な手法

### 資料 7-13：ボディ・マッピング（BODY MAPPING）

【目的】
　思春期に身体がどのように変わるかについての自己認識を高める。

【用具】
　なし。

【時間】
　30 − 45 分。

【プランニングノート】
　このアクティビティはボディマップのハンドアウトを使う。ファシリテーターはハンドアウトを大きくコピーするか、小さく印刷したものを参加者に配布する。

【手順】
　参加者を 2 つのグループに分ける。ひとつのグループに、思春期に男子の身体にどのような変化があるかを思いつく限りリスト化してもらう。もうひとつのグループには思春期の女子の身体がどのような変化があるかリスト化してもらう。その後 10 分間で、各グループに思春期の男女の心境がどのように変化するかについて思いつく限り書き出してもらう。最後の 10 分でリスト・アップしたものを発表する。
　ボディマップの冊子を使い、各グループで参加者は身体の部位と思春期の間に身体がどのように変化するかを理解する。

【論点】
⇒思春期で一番辛いことは何だろう？　身体が変化することで大変良い事は何だろうか？
⇒自己認識とは何か？自分の体について認識することはなぜ大事なのだろう
⇒思春期の間、身体はどのようなシグナルを出すだろう？　そのシグナルはなぜ大事なのだろうか？

出典：Right to Play［2003: 46］をもとに筆者作成。

## ▼啓発する領域（5）「自己尊重」で用いられる具体的な手法

### 資料 7-14：プラウド・サークル（PROUD CIRCLE）

【目的】
　ポジティブな資質（positive personal qualities）を理解する。

【用意する物】
　なし。

【時間】
　10 − 20 分。

【プランニングノート】
　対象年齢は 10 − 14 歳。

## 第 7 章　現場で展開される SDP の具体的な実践コンテンツ

【手順】
　参加者の中から 1 人選んでゲームを開始する。選ばれた 1 人は「今から私の動作をマネしてください」と言い、跳ねたり、走ったり、動物の歩き方を真似たりと動き、参加者はその動作を真似る。参加者全員に 1～2 回番が回ったら、「楽しい」などの感情と共に腕をあげる等の動作を加えて行う。参加者は必ずポジティブな事を言わなければならない。
【論点】
⇒自尊心について、なぜポジティブな自尊心が HIV/AIDS 予防に大事かのディスカッションへの紹介または補足として活用する。

出典：Right to Play［2003: 60］をもとに筆者作成。

### ▼啓発する領域（6）「価値観の検討」で用いられる具体的な手法

資料 7-15：ファミリー・メッセージ（FAMILY MESSAGES）

【目的】
　家族から学んだことを確認し、それ特有の価値について検討する。
【用意する物】
　プリント「あなたの家族はどう感じる？（How does your family feel about it?）」を印刷したもの。
【時間】
　40 － 50 分。
【プランニングノート】
　対象年齢は 14 － 18 歳。
【手順】
　価値観とは何が正しくて、何に意味があり、何が望ましいことか、という概念である点を参加者に確認する。そして人の価値観は重要かつ意味あるもので、人によって価値観はそれぞれ異なることをきちんと理解させる。家族は、価値観を形成するのに最も重要で大きな源のひとつであることを説明する。子どもは、家族の価値観を学び、大人になった時にその子どもに、それらを引き継いでいくということを理解させる。
　ハンドアウトを配布し、参加者は 5 － 10 分の間にそれぞれの家族の価値観についてトピックごとに書き出す。そして、少人数のグループに分かれ、参加者たちは、家族の価値観や自分が信じている事についてトピックごとに 15 分間話す。時間になったら、各チームごとに発表する。その後、他の参加者のコメントを聞き、以下の論点をもとに、この活動の結論を導き出す。
【論点】
1. すべてのトピックにおける家族の価値観について気づいていたか？
2. 誰もオープンに話さないまでも、家族で共有する明確な価値観はあるか？どれか？どのようにその価値観をあなたは知ったのか？
3. 口伝え以外で、家族が価値観を教える方法はどのような方法か？
4. あなたの家族の男性は、女性とは違う事を教えられているか？それはどのトピックでなのか？
5. グループ内で共通したメッセージはある？
6. もしあなたに子どもがいるなら、あなたが自分の家族に伝えたい家族のメッセージは何か？　その理由は？
7. 将来、自分の子どもには教えない価値観はあるか？その理由は？

出典：Right to Play［2003: 50-51］をもとに筆者作成。

第Ⅱ部　SDPが隆盛する現代世界

## ▼啓発する領域（7）「HIV/AIDS とは何なのか？」で用いられる具体的な手法

資料 7-16：AIDS クイズショー（AIDS QUIZ SHOW）

【目的】
　参加者の知識を聞き出し、間違いを訂正し、確かな知識を広げる。

【用具】
　ホイッスル、ベルまたは音の鳴るもの。

【時間】
　10 − 20 分。

【プランニングノート】
　ゲーム中に使用する HIV/AIDS に関する質問のリストを準備する。質問の回答は、○か×または複数選択。
　例題と解答は以下の通り。

1. HIV とは何か？（AIDS を引き起こすウィルス）
2. ダルエスサラームのおおよそ何パーセントの人が HIV に感染しているか？（30％）
3. HIV/AIDS に感染する方法を 3 つ挙げよ。（無防備な性交による感染、感染している母親の胎内での感染、不潔な注射針の使用による感染）
4. HIV 感染後、血中にウィルスがあると認識されるのはどのくらいの月日が経ってからか？（3 か月）
5. 健康そうに見える人も HIV/AIDS に感染しているか？（はい）
6. 母親から HIV が胎内にいる子供に感染するか？（はい）
7. HIV/AIDS 感染者数が一番多い大陸はどこか？（アフリカ）
8. 人の咳から HIV は感染するか？（いいえ）
9. 蚊、犬、ネズミなどその他の動物から HIV は感染するか？（いいえ）
10. 禁欲は、HIV 感染予防にどのような役割を果たしているか？（もし、あなたが禁欲している場合は性交渉によって HIV に感染することはない。）

【手順】
　まず参加者に、このゲームはテレビのクイズ番組と同じだと説明する。参加者を同じ人数で 2 チームに分け、その後ボランティアを各チームから募り、回答者として前に出て座ってもらう。回答者にはホイッスルまたはベルなどの音が出る物が渡される。
　ファシリテーターが問題を読み上げ、回答者は渡されたホイッスルなどで音を鳴らし、最初に音を鳴らした回答者に回答権が与えられることを説明する。もし答えが不正解の場合は、他の回答者が答える権利を獲得する。回答者は正解するまで回答することができるが、回答者として 2 度目の出場は、チームのメンバー全員にまわるまでできない。
　このゲームは競争ではなく、参加者が HIV/AIDS の知識を共有する機会となることが重要であり、誤った情報を訂正し、誰もが正しい情報を得ることを確実にすることがポイントとなる。参加者はゲームを中断し、質問することもできる。

【論点】
⇒ HIV/AIDS に関するディスカッションは、参加者及びファシリテーターによる質問と回答によって行う。

出典：Right to Play［2003: 41-42］をもとに筆者作成。

第 7 章　現場で展開される SDP の具体的な実践コンテンツ

**資料 7-17：セルブロック（CELL BLOCK）**

【目的】
　HIV/AIDS の仕組みについて理解を深める。

【用具】
　なし。

【時間】
　10 − 20 分。

【手順】
　参加者に、まずリンパ球を知っているかどうかを尋ねる。リンパ球は、病原菌と戦うために私たちの身体の免疫機能を整えることを説明する。
　円になるよう参加者に指示し、全員がリンパ球だと説明する。できるだけ、頑丈な細胞のようにしっかりと立つよう指導する。それから参加者（リンパ球）は病気であると説明し、片足で立ち、片手で互いを押し合うよう指示する。強く押し合うことはせず、もしも参加者が小さい場合は軽く押すようにする。細胞は病原菌に攻撃されているという事を知らせる。
　HIV が体内に侵入すると、リンパ球が弱くなってしまう事を説明する。このことで病原菌が身体を攻撃しやすくなる。参加者は片足で立ち、再び肩を押し合うことでバランスを崩しやすくなり、HIV に感染すると細胞も同じようにバランスを崩した状況に陥る事を理解させる。

【論点】
⇒このゲームは、HIV/AIDS がどのように免疫機能に影響を及ぼすかを議論する導入・補足として活用する。

　　出典：Right to Play［2003: 47］をもとに筆者作成。

**資料 7-18：免疫遊び（IMMUNITY PLAY）**

【目的】
　体の免疫機能について理解する。

【用意する物】
　なし。

【時間】
　30 − 40 分。

【手順】
　参加者に対し、これから HIV が免疫機能にどう攻撃するのかをパフォーマンスすると説明する。ボランティアを募り、役決めをする：(1) イディ　(2) イディの免疫機能、(3) 何人かのタンザニア人、(4) HIV、(5) セツ（感染後の腫れ）、(6) 語り部。
　脚本を語り部にわたして、大きな声で読んでもらう。他のキャラクターは、順序に従わなければならない。演じる前にグループになって練習することもできる。

【脚本】
　このストーリーは、健康的な免疫機能がどのように働くか、どのように HIV によってダメージを受けるかについての話である。ここに、タンザニア出身のイディがいる。イディは、自身の免疫機能によって感染から身を守っている（免疫機能は、保護するためにイディの周りで手をつなぎ円になる）。セツが身体に入ってきたする時、彼の免疫機能は戦い、イディの体調はよくなる（セツが前に移動すると、イディは痛そうにする。セツは、免疫機能の円を通り抜けようとするが、免疫機能は押し返し、

*161*

第Ⅱ部　SDP が隆盛する現代世界

それを遠ざける)。イディとその彼女はこれまで何回か一緒に寝ている。イディは彼女が HIV に感染していることを知らなかった。コンドームを使用しなかったため、現在イディも HIV に感染している（HIV がイディの免疫機能を攻撃して、円の中に入ろうとする。HIV は円の中に入り、免疫機能を演じている人の 1 人を叩く）。HIV はイディの免疫機能の内側に入りこみ、一部分を殺してしまったために、彼の機能は弱くなり、戦えなくなってしまう（残りの免疫機能も倒れる）。イディは病気にかかり始める。彼は AIDS になってしまい、体がひじょうに弱まり、彼のコミュニティの人々は彼の世話をするようになる（タンザニアの人々がイディの周りに集まり、世話をする）。

【論点】
⇒このアクティビティは、免疫機能の働きに関するディスカッションへの導入・促進のためのものである。

出典：Right to Play［2003: 54］をもとに筆者作成。

## ▼啓発する領域（8）「HIV 感染」で用いられる具体的な手法

### 資料 7-19：HIV 鬼ごっこ（HIV TAG）

【目的】
　HIV 感染に関する知識を深める。

【用意する物】
　なし。

【時間】
　10 − 20 分。

【プランニングノート】
　対象年齢は 10 − 14 歳。

【手順】
　このゲームでは、どのようにして HIV は感染するか、予防できるかについてディスカッションする。ゲーム開始時、参加者 1 人は「それ（it）」になる。他のプレーヤーがタグ付けされる時、HIV に感染しない方法を叫ぶ。もし方法がひとつも思いつかなかった場合は、「それ（it）」になってしまう（このゲームはボールを 1 個または複数使い、楽しくプレイできる：ボールを持っている人は捕まらない）。

出典：Right to Play［2003: 53］をもとに筆者作成。

## ▼啓発する領域（9）「HIV 予防」で用いられる具体的な手法

### 資料 7-20：ABC カウントダウン（ABC COUNTDOWN）

【目的】
　HIV/AIDS を予防するのに繋がる情報を覚え易いメッセージとして普及させ、啓発活動に活用。

【用意するもの】
　ボール。

【所要時間】
　10 − 20 分。

【プランニングノート】
　適切な年齢層は 10 − 14 歳。

第 7 章　現場で展開される SDP の具体的な実践コンテンツ

【手順】
　ゲームを開始する前に、ファシリテーターが次のメッセージについて説明する。
　　A：Abstain from sex（性交渉を慎む）
　　B：Be faithful to one partner（自分のパートナーに対して貞節を持つ）
　　C：Use condoms（コンドームを使用する）
　A、B、C を 3 つのゾーンに割り当てる。
　〈A エリア〉腕を組み、頭を横に振りながら「いいえ！」と言う。
　〈B エリア〉互いに握手またはハグをする。
　〈C エリア〉巨大なコンドームに閉じ込められたフリをする。
　まずは練習で、参加者全員が各エリアでそれぞれの動作の練習をする。その途中でファシリテーターがアルファベットを叫び、ゲームがスタートする。
　参加者は、必ずエリアで指定された動作をしなければならない。難易度を上げるために、連続したアルファベットを読み上げる（例えば、BCA、CBA、等）。
　次に、ファシリテーターまたは参加者にはボールが渡され、その人が「キッカー」となる。その他の参加者は、プレイをするエリアに立ち、更に広がっておく。キッカーがボールを参加者の方へ蹴った後、キッカーは参加者の 1 人がボールをキャッチした時に「A！」と叫ぶ。ボールをキャッチした参加者は「A は禁欲！」と叫び、キッカーにボールを戻す。2 回目のキック後、キッカーは「B！」と叫ぶ。ボールをキャッチした人は「B は自分のパートナーに対して貞節を持つ！」と叫ぶ。三度目のキック後は、キッカーは「C！」と叫び、ボールをキャッチした参加者は「C はコンドーム！」と叫ぶ。その後キッカーは、好きなアルファベットを選んで叫び、ゲームの難易度を上げていく。3 回ボールをキャッチし正確に反応できた人が次のキッカーとなる。

【論点】
　⇒ ABC カウントダウンは、HIV/AIDS 蔓延防止方法についての議論の導入また補足として活用。

出典：Right to Play［2003: 41］をもとに筆者作成。

## 資料 7-21：関連するリスク（RELATIVE RISKS）

【目的】
　様々な活動や行動のリスクを知る。
【用意する物】
　テープ、異なるリスクの様々な活動や行為が事前に印刷されたカード、「リスクなし」「ローリスク」「リスクあり」「ハイリスク」「非常に高いリスク」と書いてある大きめのカード。
【時間】
　60 分。
【プランニングノート】
　このゲームには、かなりの準備が必要となる。
　ファシリテーターは、様々な活動や行動、カテゴリーが書かれた大き目のカードを作成する。例は以下の通り。
▶リスクなし
　・禁欲
　・着衣でのマッサージ
　・軽いキス
　・ディープキス

第Ⅱ部　SDP が隆盛する現代世界

- ・マスターベーション
- ・握手
- ・トイレの共有
- ・滅菌針で注射する
- ・輸血（識別した血液または滅菌装置）
- ・食べ物の共有
- ・浄水機で水を飲む

▶ローリスク
- ・パートナーの生殖器を触る（傷のない手で）
- ・コンドームを使用するオーラルセックス
- ・コンドームを使用する膣性交

▶リスクあり
- ・コンドームを使用しないオーラルセックス
- ・他人の膣または直腸に指を入れる

▶ハイリスク
- ・コンドームを使用しない膣性交
- ・あなたのパートナーが陽性であることをあなたに伝えてくれると想定すること
- ・妊娠中に母から子どもへ
- ・射精前に抜去する無防備な性行為
- ・月経中の女子との無防備な性行為
- ・生殖器を洗浄しない無防備な性行為

▶非常に高いリスク
- ・コンドームを使用しないアナルセックス
- ・滅菌をしていない針で注射をする

【手順】
　4、5人のグループにわけ、各グループはそれぞれ違う活動または行動が書かれているカードを受け取る。各チームは配布されたカードについて話し合い、どの活動また行動が、いずれかのカテゴリーに合うかを決める。各カードはカテゴリー名の書いてあるカードの下に貼る。各チームは 10 − 15 分でこれを行う。ゲーム終了時、全てのカテゴリーをおさらいし、それぞれの活動が、カテゴリー別に適切に分類されているかを議論する。もしカードが間違った所にあるとコンセンサスがとれた場合は、正しいカテゴリーに移動させる。

出典：Right to Play［2003: 63］をもとに筆者作成。

資料 7-22：リスキーラッシュ（RISKY RUSH）

【目的】
　HIV 感染についての知識を深める。
【用意する物】
　なし。
【時間】
　15 − 25 分。
【プランニングノート】
　対象年齢は 10 − 14 歳。
【手順】

## 第 7 章　現場で展開される SDP の具体的な実践コンテンツ

部屋の両側は「安全ゾーン」である。参加者全員はこの安全ゾーンに立つ。参加者 1 人は「HIV」となり、エリアの真ん中に立つ。安全ゾーンにいる他の参加者は以下の 3 つのうち、指定されたどれかになる。

1. 無防備な性行為
2. 多数のセクシャルパートナー
3. 感染した母親による授乳

ファシリテーターがこの 3 つのうちのどれかを言ったら、該当する参加者は今までいた安全ゾーンとは逆側の安全ゾーンに走って移動しなければならない。もし「HIV」のプレーヤーに捕まってしまったらその人は HIV に感染しまう。そして真ん中に立つ。もしファシリテーターが「リスキーラッシュ！」と叫んだら、すべての参加者がエリアをまたいで移動しなければならない。HIV 感染者が増えたら、おのずとゲームは難しくなる。

【論点】
⇒このゲームは、若者が HIV 感染から自分の身を守るための方法に関する話し合いの導入または促進するためのものとして活用。

出典：Right to Play［2003: 62］をもとに筆者作成。

## ▼啓発する領域（10）「スティグマと差別」で用いられる具体的な手法

### 資料 7-23：相手の目を信じるな（DON'T TRUST YOUR EYES）

【目的】
偏見と差別に関する議論を促進する。

【用意する物】
小さな物体（ボール、ボトル等）。

【時間】
10 分。

【手順】
参加者を同じ人数の 2 つのグループに分ける。A と B 各チームは肩と肩を寄せ合い、およそ 5 − 10 m の直線に並ぶ。A チームが B チームの背後で、用意したボールやボトルなどの小さな物体をパスし、その間に B チームは 30 までカウントする。30 に達したとき、A チームはパスを止める。B チームは A チームの誰が物体を持っているかについて数回答えることができ、A チームも気付かれないように数回パスをすることができる。

【論点】
⇒この活動が HIV/AIDS に基づく偏見と差別にどう関係していると思いますか？
⇒ボール・ボトルなどの物体は HIV を表す。誰でも持つことができるし、誰が持っているか分かりにくい。
⇒あなたのコミュニティで、HIV 陽性の人は偏見を持たれているか？　それはどのようなものか？
⇒あなたのコミュニティで HIV 陽性の人は差別を受けているか？　それはどのようなものか？
⇒どのようなことが原因で偏見と差別が起きるか？
⇒HIV 陽性の人とどうかかわればよいだろうか？
⇒私たちは偏見と差別とどう戦えばよいだろうか？

出典：Right to Play［2003: 49-50］をもとに筆者作成。

第Ⅱ部　SDP が隆盛する現代世界

資料 7-24：円の外側（OUTSIDE THE CIRCLE）

【目的】
　HIV/AIDS による偏見と差別を理解する。
【用意する物】
　なし。
【時間】
　10 − 20 分。
【手順】
　参加者同士が近づき、誰も円の中央に入ることのできないような狭い円を作る。グループのメンバーの 2、3 人に、円の外に出て再び円に戻るよう指示する。外に出されたプレーヤーが何をして、何を言うかに気を付けておく。
【論点】
⇒外に出て再び戻るよう指示された参加者はどう感じただろうか？
⇒円の中にいた参加者はどう感じただろうか？
⇒円の中に戻ることはどれだけ難しいのだろうか？
⇒円の中に入ろうとするプレーヤーに背中を向け、無視するなどしたら、外に出されたプレーヤーは、円の中に入りにくくなっただろうか？
⇒HIV と汚名をきせられることの関連について話し合う。HIV の差別にどのように関連しているだろうか？

出典：Right to Play［2003: 56-57］をもとに筆者作成。

## ▼啓発する領域（11）「性感染症と HIV」で用いられる具体的な手法

資料 7-25：STI ハンドシェイク（STI HANDSHAKE）

【目的】
　どれだけ早く性感染症（Sexually Transmitted Infections: STI）が蔓延するかをデモンストレーションし、どのような行為が感染のリスクがあるかを探る。
【用意する物】
　なし。
【時間】
　15 − 30 分。
【手順】
　「私には起こらない。」と思うことが、安全な性行為の妨げとなってしまう事を説明する。統計によると、人口の 50%が 24 歳までに性感染症にかかる。このレッスンでは、性感染症の急速な蔓延と、参加者がなぜ自分自身を守ろうとしないのかについて学ぶ。
　このゲームでは、握手は性行為を意味することを説明する。ファシリテーターによって背中を優しくたたかれた者は、他の参加者に気づかれぬよう、誰かの手のひらを優しくひっかく。手のひらを引っかかれた者は、声に出さず 10 秒を数えた後にゲームを終了し、静かに端に移動する。
　参加者全員は目隠しをしたまま向かい合い、円の中に立つ。ファシリテーターはその周りを歩き、1 人の肩を優しくたたく。ファシリテーターの合図で、参加者は互いに自己紹介をして握手をし、交流する。誰が手のひらをひっかかれているのかが分かったら、ゲームを一時中断する。正解ならゲームは終了。間違えた場合は端に移動し座る。

## 第 7 章　現場で展開される SDP の具体的な実践コンテンツ

【論点】
⇒この活動は、性感染症に関するディスカッションの導入または促進するためのものとして活用。

出典：Right to Play ［2003：67］をもとに筆者作成。

### ▼啓発する領域（12）「JALI HALI YAKO, JALI HALI YA WENGINE」で用いられる具体的な手法

資料 7-26：ヒューマンノット

【目的】
　楽しい雰囲気で問題解決をする。

【用意する物】
　なし。

【時間】
　10 － 20 分。

【手順】
　参加者は内側を向いて円になる。参加者は手を伸ばして、他の 2 人の手を両手でそれぞれ握らなければならない。入り組んで手が握られた状況から、参加者は手を離さないようにして、最終的に元の円の形に戻るよう動く。

出典：Right to Play ［2003：54］をもとに筆者作成。

　本章で描き出そうしたのは、教育水準、識字率が低い地域であるアフリカにさらに暗い影を投げかける HIV/AIDS に対して、スポーツを応用しながらその対策に乗り出そうとする Right to Play が実施する SDP の具体的な活動内容であった。活動内容を全部紹介するかわりに、ここではその一部の再読を行ってきたが、望まない性的関係や無防備な性交渉を拒絶し、自分の意思決定の重要性に目を向けさせ、従来とは別のエンパワメントされた主体となるべき世界へと若者を導くのに身体運動の活用を試みたという意義は大きい。HIV/AIDS に関する基礎的知識を習得する過程に、参加者が楽しく参加できるような仕組みを確保し、それによって、たとえ限定的であったとしても HIV/AIDS 予防に貢献する。HIV/AIDS コントロールに向けた意欲を、SDP という枠組みでもって、うまくすくいあげた活動が日本から遠く離れた場所で展開されているということに、我々はもう少し敏感になっておいても良いだろう。

　次では、SDP の沿革やその活動内容をまとめたこれまでの内容からは一転し、筆者が 1995 年よりフィールドとしてきた南太平洋島嶼国に焦点を当てながら、SDP がどのように展開されているのかについてみていく。世界でも最貧国のひ

第Ⅱ部　SDP が隆盛する現代世界

とつに分類される当該地域に対して、これまで先進諸国による様々な経済開発が行われてきたが、この地域特有の経済構造に起因して情況を好転できないままでいる。そうしたなか、スポーツが南太平洋地域の開発援助に幅広く貢献しうるという認識から、オーストラリア政府は南太平洋地域のスポーツを積極的に振興してきている。第 8 章では、こうした先進国からのスポーツ援助の動向を背景に、この 20 年のうちに途上国のスポーツ振興やスポーツ政策の現場でどのような変化が生じてきているのかについてみていくことにしよう。

【注】
1) 図表 7-1「HIV/AIDS の課題体系図」では、3 番目の開発目標として「有効な国家レベルの対策の実施」が掲げられているが、LSPS では、国家レベルでの対策までを射程に置いているわけではない。
2) LSPS に関する評価報告書などの存在は確認することができたものの、プロジェクト・デザイン・マトリックスのような課題体系図については、管見ながら探し出すことはできなかった。
3) LSPS では 10 歳から 18 歳の若年層を 10 名から 50 名のグループとし、それをひとまとまりに展開されるが、同時に LSPS を展開する Right to Play の組織自体の情報や、それまでのタンザニアでの活動実績についても説明が及ぶ。

# 第 8 章

# 変容する途上国のスポーツ振興体制
：南太平洋の事例から

　本章では、近年、SDP がオセアニア地域でどのように展開されてきたのか、とりわけ、これまで取り組まれてきた SDP が、途上国のスポーツ政策にどのような変化を与えてきているのかをオセアニア地域のオーストラリアによるスポーツ援助の事例から浮き彫りにする。はじめに社会開発の概念が登場してくるまでの系譜を整理したのち、そうした社会開発が南太平洋地域でなぜ求められているのかについて検討する。そして、オーストラリアによる南太平洋のスポーツ振興の動向を跡付けていくことで、南太平洋においてスポーツ振興が積極的に展開される理由を明らかにする。さらに、筆者が長らくフィールドとしてきたヴァヌアツ共和国を事例に当該地域におけるスポーツに関する歴史の古層を掘り返しながら、その振興体制の沿革について概観する。

## 1. 行き詰まる島嶼国の経済開発と期待される社会開発

　鈴木（2001）が指摘するように、世界の主要な開発援助機関の政策の基底に据えられている「近代化論」は、自由と民主主義を確立することで経済が成長し、それが世界に普及拡大することで、人間は豊かな未来を手にするという考え方を前提としている。1970 年代以降、BHN（Basic Human Needs）や人間開発（Human Development）の提起にともない、近代化論は一時ほどの占有的な拡がりをもたないものの、1980 年代に始まった構造調整政策（Structural Adjustment Policy）[1]が示す通り、現在においても開発を捉える上で大きな基盤のひとつとなっている。近代化論が、経済の成長を軸とする経済開発を中心にして理解されてきたのに対し、1960 年代から 1970 年代に、先進国と途上国のあいだ、さらには途上国内における貧富の格差が拡大するという事態が起こって

第Ⅱ部　SDPが隆盛する現代世界

くるなかで、途上国の低開発の情況を先進国の収奪の結果として捉える「従属論」が生まれてくる。従属論は、資本主義の分析をする際の議論の土台をアフリカやアジア、ラテンアメリカなどの旧植民地側に設定しながら、資本主義の発展と不可分に存在した植民地制度を徹底的に批判する[2]。途上国が低開発の情況に押しとどめられているのは、国際経済システムによる新しい植民地主義の結果であり、現在の資本主義経済は中枢である先進国に有利に作用するが、周辺である途上国には不利に働いているとされる。1970年代以降、従属論はI・ウォーラーステインを中心とする世界システム論へと展開していくわけだが、開発問題を途上国内における近代化という問題だけに収斂するのではなく、地球上の多様な国家群との関係という歴史的視点から捉えなおしていく必要性を提起した点で、のちの開発政策に大きな影響を与えることになった。

　このように、開発問題に対する様々なアプローチが考えられてくるなかで、「持続可能な開発（Sustainable Development）」というアプローチも登場してくる。これは将来の世代においても天然資源の恩恵が保障されるような開発を実践していこうとするもので、開発を地球規模で捉えながら、地球の環境対策を前面に押し出したところに特徴がある。また、Sustainableの対象を地球環境というよりも開発プロジェクトそのものの継続性や持続性という観点から捉えて、開発プロジェクトに地域住民を積極的に取り込みながら、プロジェクト自体のSustainabilityを重視する「参加型開発」というアプローチも提唱されてくる。こうした多様なアプローチの台頭を背景にして、人間や社会の側面を重視する社会開発という考え方が次第にクローズアップされてくる[3]。もとより、援助先進国側に「援助疲れ」がみえはじめ、従来の開発援助に対する大幅な見直しに迫られたという側面もあるが、社会開発への関心は、1995年3月の世界社会開発サミット（World Summit for Social Development）が開催されたこともあり、その後急速に高まってくる。このサミットは118カ国の首脳の参加のもと、デンマークのコペンハーゲンで開催され、日本からも、当時の首相であった村山首相が出席して大きな話題となった。このサミットにおいて社会開発は、経済開発、環境問題とならぶ持続可能な発展の三本柱のひとつに位置付けられ、またその「宣言と行動計画」では、人間を中心に据えながら、環境保全、人権・民主主義、女性のエンパワメントなどを重視した社会開発の推進が提唱された。このサミットを契機に世界的な潮流として、社会開発の重要性がいちだんと認識されてくることになる。

第8章　変容する途上国のスポーツ振興体制

　こうしたなか、社会開発の進展を大きく求められている地域のひとつが、現代世界の消費文化、情報化社会の波が容赦無く押し寄せている南太平洋島嶼国の国々といえるだろう。もともと自給経済を基本にしていた洋島の人々の暮らしは、経済のグローバル化にともない、現在、市場経済を基本にした生活へと転換してきている。缶詰やインスタント食品に代表される多国籍企業の製品を日常的に消費する光景や外国製の自動車や電化製品の普及は、島嶼国の人々が生産者としてよりも消費者としてより強く世界経済に組み込まれていることを強く印象づけるが、このような市場経済構造への変換は、有限性、変動性、他律性の大きい基幹産業しかもたない島嶼地域においては容易ではない。なぜなら、競争の論理の前では、洋島共通の必需生産物たる現物（自給）経済商品は交易商品として不利に作用してしまうからである。

　ここに、伸び悩む南太平洋島嶼国の経済事情と行き詰まる島嶼国の経済開発の姿が浮き彫りとなってくる。洋島に暮らす人々が先進国並の消費生活や現金生活を始めるとすれば、生産財の獲得に遠隔島嶼ゆえの輸送費が加わり、追加費用の負担という宿命がつきまとう。そうすると先進国国民以上の現金収入の道が必要となるが、現在の経済事情では困難なことから、いきおいそれは経済援助の方向へ向かうことになる。関根（2001）が、ソロモン諸島のイサベル島を舞台に、長年のフィールドワークから描きだした洋島民も、まさしく経済のグローバル化による大規模な開発と「メラネシアン・ウェイ」とのあいだで揺れる人々の姿であったし[4]、この地域の抱える問題群として指摘されるのも、貿易依存度が高く、市場規模が狭小ゆえに輸出代替工業化には限界があるという問題である[5]。いずれも、南太平洋島嶼国地域において、従来の経済成長を中心にした開発の限界を示しており、このような不均衡な発展の情況は、これまで支配的であった開発政策としての経済開発から人間や社会的側面をより重視した社会開発への転換を一方で大きく喚起する。ただし、このことは経済開発の進展を必ずしも否定するものではない。戦後1947年に設立された南太平洋における最大国際組織である「南太平洋委員会（South Pacific Committee）」[6]の運営予算の約8割を旧宗主国側が負担していたことや、どの国の援助政策にも政治的かつ戦略的重要性や商業的採算性が少なからず考慮されているとするブラウン（1993）の指摘を待つまでもなく、現在においても経済開発を必要とする局面は数多く存在する。

　しかし、そうした援助がときに所得配分の不平等化を促進し、地域の経済的な歪みを引き起こしながら、その歪みはしばしば人種間や部族間の関係に亀裂を生

*171*

じさせていることも事実である。南太平洋島嶼国圏域の独立はいずれも第二次世界大戦後であり、とくにメラネシア地域の島嶼国においては、国家形成の歴史の新しさからくる伝統的な権力という媒介項の欠如と伝統的な単位集団の規模が小さいということから、国家統合の契機の脆弱さをどのように超克していくかということが主要な課題のひとつとなっている。佐藤（1997）が、島嶼国の問題群を近代世界システムという幅広いパースペクティブから捉えて、この地域における「ネーション」の問題性を論じているように、人口の流動性、国土空間の狭小性、根強いまでの伝統的な社会慣習や社会構造、文化的な差異は、国家による国土空間の再編をきわめて偏在的に展開させた。長い歴史の中で培われた土着的な共同体を基盤とする空間と近代国民国家システムの中でいきなりあてがわれた政治領域としての空間が交錯しつつも、実質的には大きく乖離するなかで、それらをどのように整合させていくかということは海洋島嶼国家の開発問題を考えていくうえでの大きな課題なのである。

　パパア・ニュー・ギニアのブーゲンビル島の独立闘争、2000年以降のソロモン諸島・ガダルカナル島の紛争やヴァヌアツ共和国の度重なる政権交代などにみられる過剰なまでの政治闘争は、近代的な国民国家（nation-state）の形成過程で、国家（state）の創出が国民（nation）の形成に先立って行われてしまったことの問題性をいみじくも露呈することになった。こうした一連の問題は、1995年の社会開発サミットにおいて、貧困、雇用、社会的統合の3つが主要課題として扱われたことに符合して、これらの地域において社会開発の進展が火急を要する問題ということを明らかにしてくるのである。

## 2．オーストラリアが主導する南太平洋地域のスポーツ振興

　それでは、南太平地域で社会開発とスポーツがいかなるかたちで繋がろうとしているのか。その推移を検討する前に、南太平洋におけるスポーツがどのように振興されているのかを確認しておく必要があるだろう。まず、この地域のスポーツ振興の中心的な担い手は、主に各政府のスポーツ関係部局と各国に設立されるNOCである。ただ先に触れたように、いずれの政府も慢性的に財政が困窮している状況にあることから、実際には、外部からの援助で比較的潤沢な運営資金を有するオリンピック委員会がスポーツ振興の中核となる。例えば、スポーツ施設の整備など大規模な設備投資は、海外からの援助によって行われることが多く、

第 8 章　変容する途上国のスポーツ振興体制

指導者養成へ向けた講習会の開催や国際大会への参加を目指す選手の強化費なども、そうした援助に依存する部分が圧倒的に大きい。南太平洋のスポーツ振興を考えるとき、このように IOC や FIFA など各 IF からの支援といった外部からの援助が推進力になっていることが大きな特徴となる。

　また、こうした援助に加えて、オーストラリア政府による支援も急速に拡大してきている。オーストラリア政府は 1994 年から太平洋諸島フォーラムに加盟する 14 の太平洋諸国に対して、草の根からエリートレベルに至るまで総合的なスポーツ振興計画である「オーストラリア・南太平洋スポーツ・プログラム（Australia-South Pacific Sports Program、以下 ASPSP と表記）」を実施してきた[7]。このプログラムは、当時、シドニー・オリンピックの開催を控えて、島嶼国のアスリートたちの競技レベルを向上し、島嶼地域からより多くのアスリートを本大会に参加させ、「史上最多の参加国数によるオリンピックの開催」という開催側の意図もあって始められたが、同時にエリートレベルのスポーツに限らず、ジュニアや草の根レベルのスポーツも対象に新たなプログラムが導入されるなど、島嶼国の限定されたスポーツ環境に対する総合的な支援策として展開された。支援策は 6 つの支援プログラムから構成されており、その主な内容は次の通りとなる。

①パシフィック・ジュニア・スポーツ（Pacific Junior Sport）
　太平洋諸国のスポーツを振興するには、6 歳から 12 歳までの児童を対象に、より多くのスポーツの機会を提供することが重要であるとの認識から、できるだけ多くのスポーツ機会を子どもたちに提供することを目的とする。児童の関心を惹きつけられるような「楽しさ」を前面に押し出したゲーム中心のプログラムで構成されていることが大きな特徴である。

②パシフィック障がい者スポーツ（Pacific Sport Ability）
　太平洋諸国の障がい者スポーツの振興を目的としたプログラムである。スポーツを通じて障がい者たちをエンパワメントしていくために、教員やスポーツ関係部局の政府職員、コーチやコミュニティのリーダーたちを対象に、その指導方法や障がい者スポーツに対する考え方などを研修する機会を提供している。パラリンピックの種目となっているボッチャやゴールボール、シッティング・バレーなども、このプログラムの中で各国へ紹介されてきている。

### ③スポーツ・ガバナンス（Sport Governance）

スポーツを振興していくための戦略的な計画のあり方や政策の立案の仕方などについて、その研修機会を提供することを目的とする。自国のスポーツを発展させていくために、関係機関と調整しながら、自国のニーズに合ったスポーツ振興のあり方を実現するために、スポーツの経営管理に関する知識や技術を研修する機会を提供する。

### ④スポーツ奨学生制度（Sport Development Scholarship Program）

島嶼国の選手や指導者、アドミニストレーターを対象に、スポーツ先進国であるオーストラリアなどへの留学を可能とする奨学制度である。1994年以降、この奨学制度が活用されたケースは、すでに450件以上にのぼる。この制度を活用したアスリートたちの多くは、その後、世界選手権やオリンピックのような国際大会で活躍するなど、太平洋諸国のトップ・アスリートの育成に大きく貢献してきている。

### ⑤オセアニアのスポーツに関するデータのデータベース化（Oceania Sport Membership & Results Management Database）

オセアニア各国で展開される競技大会の結果をオンライン上で公開し、それらをデータベース化することを目的とする。各国での関係者のコンピュータ・リテラシーを高め、域内での情報の共有化をはかることで、情報という側面からスポーツ振興の活性化を支援する。

### ⑥スポーツ・ボランティア（Volunteers）

18歳から30歳までのオーストラリア人を太平洋諸島各国へ派遣し、現地の関係機関にボランティアとして貢献することを目的とする。

こうした支援プログラムにみられるように、多岐にわたるスポーツ援助が行われ、長期にわたって連携体制が構築されてきたことで、オーストラリアのスポーツ援助の動向と南太平洋地域のスポーツ振興の方向性は共振関係といえるほど密接な連関をもつ。さらに、オーストラリアの意向が各国のスポーツ振興にいっそう影響を及ぼすようになった大きな契機として、2003年8月、太平洋諸島フォ

第8章　変容する途上国のスポーツ振興体制

ーラムの席上にてオーストラリア首相のジョン・ハワード（John Howard）が発表した「南太平洋におけるスポーツのさらなる振興に向けて、オーストラリア政府は南太平洋地域に対する包括的なスポーツ動向調査を行う」との声明を挙げることができる。これにより、各国のニーズに見合った効果的なスポーツ振興のあり方を探るための基礎資料づくりが本格的に目指され始めた。この調査結果は、「太平洋地域におけるスポーツ・ニーズに関するアセスメント（Pacific Sporting Needs Assessment）」（2004）としてまとめられ、以後、ASPSP の展開もそこで浮き彫りになった問題をもとに計画されることになった。そしてその中で、いわゆる開発問題とスポーツが本格的に結びつけられて捉えられることとなる。開発の文脈のなかでスポーツに対して大きな期待が向けられたことは、この調査がオーストラリアのスポーツを統轄する「オーストラリア・スポーツ・コミッション（Australian Sports Commission:以下 ASC と表記）」を中心に、「オーストラリア外務省（Department of Foreign Affairs and Trade）」や「オーストラリア援助局（Australian Agency for International Development：以下 AusAID と表記）」、「国立オーストラリア大学・アジア太平洋経済研究所（The Asia Pacific School of Economics and Management at the Australian National University）」といった国際開発関係機関の協力を得て実施されたということでも理解できよう。

「太平洋地域におけるスポーツ・ニーズに関するアセスメント」では、まず各国の抱える健康問題とスポーツの関係について焦点が向けられ、南太平洋全体として中年男性の死亡率が急増傾向にあるという問題に対して、定期的に身体を動かすことの重要性が指摘される。都市化やデスクワーク中心のライフスタイルが進展する中で、脂肪や糖分、アルコールの過剰摂取などの問題が顕在化するのに伴い、糖尿病をはじめとする生活習慣病を予防する対策に体を動かすことが有効であるとの見解から、健康の文脈においてスポーツを重視しようというのである[8]。また初等教育の就学率の低さも、この地域が対峙する切実な問題のひとつとして指摘され、そうした問題に対して児童をスポーツに参加させることが、様々な点でよい波及効果をもたらすとされた。初等教育の就学率が高い数値を示すパラウ（83.4％）、クック諸島（84.8％）、トンガ（83.3％）といった地域とは対照的に、ヴァヌアツ（57.4％）やソロモン諸島（34.5％）、パプア・ニュー・ギニア（28.6％）のようなメラネシア圏域では低い数値を示しており、それらの地域にもたらされうるスポーツの教育的効果にも期待が寄せられている（図表 8-1 参照）[9]。

*175*

第Ⅱ部　SDP が隆盛する現代世界

図表8-1：パシフィック人間開発指標（教育領域）

| Pacific human development indicators — education, 1998 | | | |
|---|---|---|---|
| Country | Adult literacy (%) | School enrolments (%) | School enrolments 15-19years (%) |
| Palau | 91.4 | 83.4 | 67 |
| Cook Islands | 93.2 | 84.8 | 45 |
| Niue | 97.0 | 83.6 | 53 |
| Fiji | 92.9 | 81.3 | 36 |
| Nauru | 95.0 | 79.5 | 34 |
| Tonga | 99.0 | 83.3 | 67 |
| Samoa | 95.7 | 85.7 | 70 |
| Tuvalu | 95.0 | 74.0 | 34 |
| Federated States of Micronesia | 71.3 | 71.4 | 44 |
| Marshall Islands | 74.4 | 71.7 | 49 |
| Kiribati | 92.2 | 67.8 | 44 |
| Vanuatu | 33.5 | 57.4 | 22 |
| Solomon Islands | 30.3 | 34.7 | 24 |
| Papua New Guinea | 28.2 | 28.6 | 23 |

出典：Australia Sports Commission［2004: 15］より抜粋。

　「健康増進に向けてのスポーツ」といった見方や「教育的見地からのスポーツの効能」といった考え方は、スポーツが振興される際のいわば常套句となるが、同様の論法でスポーツ振興が推進されることについては南太平洋地域においても例外ではない。いずれにしても、スポーツだけでこの地域の開発問題を解決することはできないが、民族や宗教、政治的・歴史的相違を乗り越えて、スポーツは太平洋諸国の開発に幅広く貢献しうる立場から、南太平洋においてスポーツを振興する意義を唱道し、途上国の開発問題に資するスポーツという視点を強く押し出しているところに、「太平洋地域におけるスポーツ・ニーズに関するアセスメント」の基本的姿勢と、ひいてはオーストラリアによる南太平洋のスポーツ振興の特色を見て取ることができる。

　次では、オーストラリアからの SDP の働きかけに積極的に呼応してきたヴァヌアツ共和国の事例をもとに、まずはその社会情勢を描き出すとともに、現地のスポーツ現場が、実際いかなるスポーツ環境にあるのかを明らかにする。

## 3．ヴァヌアツ共和国の概況と現地のスポーツ振興体制

　旧宗主国からの援助によって国家機構が保持され、ときに「寄生国家」と称さ

第 8 章　変容する途上国のスポーツ振興体制

れてしまう南太平洋地域の国家の存立構造は、本書で事例とするヴァヌアツ共和国においても例外ではない。ヴァヌアツ共和国（Republic of Vanuatu）は、80あまりの島々が南北1300キロにわたり連なる南太平洋島嶼国の群島国家のひとつである。1980年の独立前は英仏両国統治領ニューヘブリデスとして知られ、その影響で現在でも学校教育のシステムは英語系とフランス語系に分かれており、Early（1999）が言うように、そうした制度は時折ヴァヌアツ社会を分断してしまうほどの深い溝を作ることもある。外交面では、1993年、パプア・ニュー・ギニア、ソロモン諸島及びヴァヌアツ間でメラネシア・スピアヘッド・グループ（Melanesian Spearhead Group）による地域貿易協定が結ばれたほか、2005年6月には太平洋島嶼国自由貿易協定（Pacific Island Countries Trade Agreement）に批准するなど、種々の経済協力を背景に周辺国との友好関係維持をはかっている。近年、外貨獲得手段のひとつとして、観光業の振興・促進に力を入れているものの、国内経済は農林水産業等の第一次産業に依存しており、多額の貿易赤字を観光収入や外国からの援助をはじめとする資本流入などによって補填するかたちを国際収支の基本構造としている。1997年半ばより構造改革の一環として開始された包括的改革計画（Comprehensive Reform Program）の下、投資誘致、輸出促進、小規模企業の育成、農村部の経済活動の奨励等を通じ、民間セクター活性化を図っているが、国際収支における外国援助の重要性は依然として変わらない。

　2009年の人口統計によると、国内人口はおよそ235,000人、そのうち首都ポートヴィラの人口は44,040人、国内第二の都市ルーガンビルに居住する人口は13,167人であり、その大半がメラネシア系で占められている（Vanuatu National Statistics Office, 2009）[10]。この数値が示すように、タロイモやヤムイモなどの根茎を食用とする栽培種を主食とした自給自足的な生活に基盤を置く地方部に人口の大半が住む一方、総人口のおよそ4分の1が首都のポートヴィラに雇用と刺激を求めて集中する傾向にあるなど、地方部における自給自足経済と都市部における貨幣経済の二重構造がヴァヌアツ経済の大きな特徴である。賃金労働に従事する就労者数を産業別に見てみると、就業者数の多い順から、政府部門（31.4％）、卸売・小売業（17.3％）、ホテル・レストラン関係（11.4％）、製造業（8.9％）、運輸業（7.2％）などとなっているが［Vanuatu National Statistics Office, 2000: 11］、このうち就業者数の最も多い政府部門の拡大で雇用機会が生まれる可能性は将来的にも低く、近年の多子化の傾向によ

*177*

第Ⅱ部　SDP が隆盛する現代世界

り若年層が肥大化するなかで、Strachan ら（2007）が跡付けているように、たとえ高等教育機関を卒業したとしても雇用機会をなかなか見つけられないといった深刻な事態が生じている。今後は民間部門の成長による雇用機会の拡大が期待されるが、肥大化する青少年層をどこまで受け止められるかといった、いわゆる Youth bulge といった社会問題が、とくに若者の雇用確保に大きな影を落としてきている（図表 8-2、図表 8-3 参照）。

図表8-2：肥大化するユース世代と雇用問題

出典：筆者作成。

図表8-3：ヴァヌアツにおけるユース問題

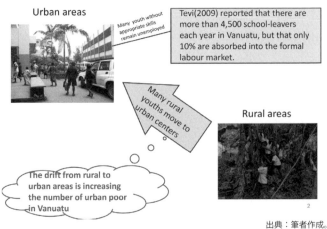

出典：筆者作成。

第 8 章　変容する途上国のスポーツ振興体制

　このような厳しい経済情勢の中で、人々の娯楽として機能する主要な余暇活動のひとつとしてスポーツがある。夕刻ともなると近隣地区の人々が次第に集まり始め、年齢を違えながらも一緒になってサッカーやバレーボールなどの球技に興ずる姿は、都市部や農村部を問わず、国内の至る所で目にする光景である。そして、こうした形況の本源には、旧宗主国の存在がある。例えば、サッカーの歴史を紐解いていくと、かつて宗主国であったフランスとの結びつきの強さがわかる。1964 年にはフランス系の市民を中心にニュー・ヘブリデス・サッカー・リーグが結成され、1974 年から 1979 年まで在地のクラブがフランスカップに参加するなど、ヴァヌアツのサッカーの礎は、フランス・サッカーの強い影響下で象られた。独立後、それらの組織は「ヴァヌアツ・サッカー協会（Vanuatu Football Federation：以下 VFF と表記）」として受け継がれ、FIFA には 1988 年に加盟している。ヴァヌアツ共和国として初めて参戦した国際大会は、1982 年にオーストラリア・ブリスベンで開催されたコモンウェルス・ゲームス（Commonwealth Games）という総合競技大会である。コモンウェルス・ゲームスはイギリス連邦に所属する国々が参加する総合スポーツ競技会である。2014 年のスコットランド・グラスゴー大会まで、この大会に参加したヴァヌアツ選手の数は、陸上競技、ウェイトリフティング、ボクシング、自転車競技、卓球、柔道の 6 種目、累計 48 名を数える。英連邦の国々が 4 年に一度集う大会に、欠かすことなく参加してきた経緯は、旧宗主国の影響力の強さを一面で物語る。しかしながら、ヴァヌアツの人々にとっては、コモンウェルス・ゲームスやオリンピックよりも、実際には南太平洋地域内で開催される太平洋ゲームス（Pacific Games）や太平洋ミニ・ゲームス（Pacific Mini Games）が、より身近な国際大会となる。南太平洋諸国の連帯とスポーツ振興を目的としたこれらの大会は、類似の国勢に暮らす同胞同士、選手の競技水準が類同的ということもあって、その白熱ぶりにおいては当該地域における国際スポーツ・イベントの筆頭として位置づけられる。これらの大会にヴァヌアツは、1987 年のニューカレドニア大会以降、選手団を派遣してきている。こうした国際大会と並行して、現在、国内には草の根レベルのスポーツ振興や才能ある選手の発掘などを目的とした国民総合スポーツ大会（Vanuatu National Games）がある。1982 年に行政区域対抗スポーツ大会（Inter District Games）の名称でポートヴィラから始まったこのスポーツ・イベントは、各州の持ち回りというかたちで 1988 年まで 2 年ごとに開催され、その後 9 年間の中断期間を経て、1997 年に州政府対抗スポーツ大会

第Ⅱ部　SDPが隆盛する現代世界

(Provincial Games) という名称で再開された。各州から選抜された選手団による州対抗の形式の大会は、会を重ねるごとに規模を拡大し、現在では1大会あたりの参加選手数が1000名を超えるまでになった。2009年の大会から正式名称をヴァヌアツ・ナショナル・ゲームズ (Vanuatu National Games) に変更し、ヴァヌアツ国内で最も大きな総合スポーツ大会として実施されてきている。

　一方、スポーツ政策における主要なアクターに目を向けると、ヴァヌアツのスポーツは、政府内機関である青年スポーツ省 (Ministry of Youth Development and Training) とスポーツ・カウンシル (Sport Council)、そしてヴァヌアツ・オリンピック委員会 (Vanuatu Association of Sports and National Olympic Committee：以下 VASANOC と表記) の3つの組織が主要なアクターとなって振興されている。ヴァヌアツ政府機関内でスポーツ振興を司るのは青年スポーツ省である。学校教育での体育・スポーツが未発達な国内事情において、スポーツ指導やスポーツ用具の提供を行うために学校を巡回したり、IOCやFIFAなど国際スポーツ機関からの支援の調整役、国内大会の企画・運営の支援、各種国際大会への選手団派遣への資金援助等、スポーツ振興に関する幅広い役割を担っている。もともとは、政府内機関におけるスポーツ振興と青少年育成を担当する部局として、1984年に総理大臣官房室 (Prime Minister's office) の中に設立された。当時はスポーツ担当、青少年担当、秘書官、事務員の4名で構成される手狭な体制でのスタートであった。1991年になると、内務省 (Ministry of Internal Affairs) の管轄する青年スポーツ局 (Department of Youth and Sports) に格上げされ、人員も7名に増員された。1998年からは内務省から教育省 (Ministry of Education under Assistant Ministry of Youth and Sports) に移管されるが、この時点においては国内の主要な州に職員を配置するようになるなど、19名の人員を抱えるまでに拡大した。行財政改革による省庁再編で教育省が改編されたのに伴い、青年スポーツ局から青年スポーツ部門 (Division of Youth and Sports) へ変更になり、担当職員も8名まで縮小することになった。2000年には再び教育省が改編され、それに伴い青年スポーツ局 (Department of Youth and Sports) という名称に戻り、2003年に雇用開発や人材育成といった若年層の問題をも包括的に管轄する青年スポーツ・職業訓練局 (Department of Youth, Sports and Training) となった。度重なる政府機関の再編により、スポーツ振興を司る部署はこれまで様々な省庁間での移管が繰り返されてきていることもあって、ヴァヌアツ政府における政策領

第 8 章　変容する途上国のスポーツ振興体制

域の中に、スポーツ政策に関する適切な所在を見つけ出そうとするのは容易なことではなく、当該省庁に在籍する公務員であっても、その変遷や正式名称を正確に辿れる者が少数にとどまってしまうという事実からも、ヴァヌアツのスポーツ振興体制の脆弱性の一面を垣間みることができる。

　また、1989 年にはスポーツ・カウンシル（Vanuatu National Sports Council）が設立された。カウンシルは青年スポーツ局長、法律家、建築もしくはエンジニアリングの専門家らを含む 5 名から構成され、その時のスポーツを管轄する省の大臣によって任命されることとなっている。スポーツ・カウンシル規約（Vanuatu National Sports Council Act）によると、その役割は、①ヴァヌアツのスポーツとレクリエーションを振興すること、②スポーツやレクリエーションに関する施設の整備拡充を進めること、③スポーツやレクリエーションに関する施設の積極的活用を図ること、④スポーツやレクリエーションの発展に資する調査をし、そうした振興に寄与する知識や情報を普及させること、⑤スポーツやレクリエーションに関するあらゆる事項に対して政府に助言すること、と規定されている［Government of the Republic of Vanuatu, 1989］。しかしながら、そうした任務に対して、これまで包括的に機能してきたとは言い難く、実際は政府が管理するスポーツ・レクリエーション施設の維持管理の役割にとどまってきているのが現状である。2014 年 6 月には、スポーツ・カウンシルは「ナショナル・スポーツ・コミッション（National Sports Commission）」へと名称が変更され、組織再編が行われたが、その実効性については現時点（2014 年 9 月現在）において不透明な部分が多い。

　こうした政府機関とは別に、ヴァヌアツには、国内の各スポーツ連盟（National Federations：以下 NF と表記）を束ねる組織として、1987 年に設立された VASANOC がある。VASANOC 憲章（Vanuatu Association of Sports and National Olympic Committee Constitution）によると、VASANOC の使命はオリンピック憲章に則り、ヴァヌアツ国内におけるオリンピック・ムーブメントを推進することとされている。そして規定の中では、ヴァヌアツの人々のスポーツやレクリエーション、健康な生活へ向けて、政府機関、非政府機関を問わず、国内のすべてのスポーツ関連機関の代表が VASANOC であるとしている［Vanuatu Sports Association and National Olympic Committee, 2010a］。現在、20 を越える NF が VASANOC に加盟しているが、大半の NF は独自の施設やオフィスを持っておらず、なかには一応の組織化はされているものの、

*181*

第Ⅱ部　SDP が隆盛する現代世界

NF として活動するには実質的な機能を持ちえていない組織も混在するなど、各 NF 間には大きな格差が存在する。2010 年に VASANOC が実施した「NF に関する全国調査（2010 NF'S SURVEY GENERAL REPORT）」では、アーチェリー、陸上競技、バスケットボール、バドミントン、ボクシング、クリケット、サッカー、ゴルフ、ホッケー、ハンドボール、柔道、ネットボール、ボート、ラグビー、ヨット、スカッシュ、卓球、テコンドー、テニス、バレーボール（ビーチバレーを含む）、ウェイトリフティング、障がい者スポーツ（Vandisport）の計 22 の NF が対象となった。このうち 8 つの NF では加盟クラブ数が 1 から 8 の範囲にとどまり、20 から 30 の間の加盟クラブ数となるのが 3NF、200 以上の加盟クラブを有する NF が 3 団体だったのに対し、加盟しているクラブが全くないという NF が 8 団体に上った（図表 8-4 参照）。

図表8-4：各NFに加盟しているクラブ数

| NF の数 | 各 NF に加盟するクラブ数 |
| --- | --- |
| 8 | 0 |
| 5 | 1 |
| 1 | 2 |
| 1 | 3 |
| 1 | 8 |
| 1 | 20 |
| 1 | 26 |
| 1 | 27 |
| 1 | 250 |
| 1 | 300 |

出典：Vanuau Sports Association and National Olympic Committee [2010b: 4] をもとに筆者作成。

IF に加盟している NF が 18 であったのに対し、4 つの NF では未だ IF に加盟さえもしていない。また、メンバーシップの比率が、外国籍の人々により大半を占める NF も珍しくない（図表 8-5 参照）。

図表8-5：各NFに占めるヴァヌアツ国籍のメンバーシップの割合

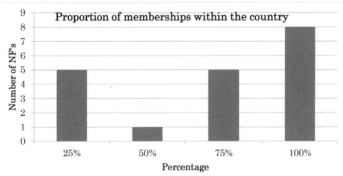

※各 NF に占めるヴァヌアツ国籍のメンバーシップの割合が 25%となる NF が 5 団体、50%となる NF が 1 団体、75%となる NF が 5 団体、そして 100%となる NF が 8 団体となる。
出典：Vanuatu Sports Association and National Olympic Committee [2010b: 7] より抜粋。

## 第8章　変容する途上国のスポーツ振興体制

　また、オリンピック・ムーブメントによるIOCからの援助を中心に、国内スポーツ組織の整備が図られているが、各NFが直面する現実は、集中的に支援が投下される首都においてさえも、「組織化されたスポーツ実践」が未だ困難な段階であることを露呈する。村落単位もしくは都市部においては特に故地を軸にスポーツ組織が形成されているが、その内情は先進諸国で想起されるコミュニティ・スポーツ・クラブのあり方とは大きく異なる。首都中心地区の一部の施設を除いて、スポーツの活動場所は未整備なままの空き地であることが多く、経済事情を反映して個人のスポーツに費やせる経常費用負担能力がかなり低いことから、輸入品となるスポーツ用品を用いたスポーツ機会へのアクセスは先進国のそれと比べて大幅に制限される。加えて、スポーツ活動の計画立案・実施能力も、教育歴や経済力の程度によってかなり異なっていることから、その発展段階に応じてスポーツ・ニーズを把握し、地域の伝統的価値観も勘案した上で、個々のニーズに即した支援を行っていくのには多くの困難が伴う。こうした途上国の現実は、各NFの普段の活動にも大きな影響を及ぼす。例えば、NFの主要機能となる各種大会の主催・運営についてみると、ヴァヌアツでは定期的な大会やリーグ戦を開催しているNFが11であるのに対し、10のNFでは運営されていない［Vanuatu Sports Association and National Olympic Committee, 2010b: 13］。またジュニアの大会を開催しているNFが17となるのに対し、4つのNFでは実施されておらず、生涯スポーツの実現に向けて重要な機会となる中高年の大会（Masters）の開催についても、8NFが実施しているにとどまる［Vanuatu Sports Association and National Olympic Committee, 2010b: 13］。さらに、競技の統括機関として中心的役割を果たさなければならないナショナル・チームのマネジメントについては、11のNFにおいてナショナル・チームのマネジメントが行われておらず、世界選手権に選手団を派遣した経験のないNFは14に上る［Vanuatu Sports Association and National Olympic Committee, 2010b: 13］。先進諸国のNFでは当然の如く担われる機能が、ヴァヌアツのNFでは十分に担いきれずにいる。ただ、こうしたスポーツ・マネジメントの実態も、ヴァヌアツの国家全体が抱える経済・社会資本やヒューマン・リソース不足の問題と大きく連関する部分がある。例えば、電話やインターネット、コンピュータや印刷機などの事務機器に、全くアクセスできない状態にあるNFは4団体あり、常勤スタッフを雇用できないNFは12に上る（図表8-6、資料8-1参照）。

*183*

第Ⅱ部　SDP が隆盛する現代世界

図表8-6：各NFがアクセスできるリソース

Do you have access to?

- Telephones: 18
- Photocopiers: 15
- Stationary: 15
- Computers/printers: 17
- Internet/Emails: 18
- Conference room/Meeting room: 18
- Others: 4

出典：Vanuatu Sports Association and National Olympic Committee［2010b: 11］をもとに筆者が作成。
※18のNFが協会内に電話、インターネット、電子メール、会議室といったリソースにアクセスでき、15のNFがコピー機や文具品などのリソースにアクセス可能である反面、4のNFがそうしたリソースにアクセスできないままでいる。

**資料 8-1：NF の運営に関わるスタッフ数**

どのくらいのスタッフ（full-time, part-time and volunteers）が協会内にいるか？

【Full-time staff】
　協会内に有給職員がいないと回答した NF が 12 団体。有給職員 1 名と回答した NF が 7 団体。有給職員 2 名と回答した NF が 1 団体。有給職員 8 名と回答した NF が 1 団体。有給職員 12 名と回答した NF が 1 団体。

【Part-time staff】
　パートタイムのスタッフがいないと回答した NF が 17 団体。パートタイムのスタッフが 1 名と回答した NF が 2 団体。パートタイムのスタッフが 3 名と回答した NF が 1 団体。パートタイムのスタッフが 14 名と回答した NF が 1 団体。パートタイムのスタッフが 6 名から 10 名と回答した NF が 1 団体。

【Volunteers】
　ボランティアが 1 名もいないと回答した NF が 1 団体。1 名と回答した NF が 1 団体。2 名と回答した NF が 2 団体。3 名と回答した NF が 2 団体。3 名と回答した NF が 2 団体。4 名から 5 名と回答した NF が 2 団体。6 名から 10 名と回答した NF が 4 団体。11 名以上と回答した NF が 7 団体。

| ボランティアの数 | NF の数 |
| --- | --- |
| 0 | 1 |
| 1 | 4 |
| 2 | 2 |
| 3 | 2 |
| 4-5 | 2 |
| 6-10 | 4 |
| 11plus | 7 |

出典：Vanuatu Sports Association and National Olympic Committee［2010b: 11］をもとに筆者作成。

　多くの課題が山積する中、VASANOC は国内のスポーツ関係者たちとの連携を深め、国内すべてのスポーツ団体の組織的な一元化を推し進めようとしているものの、各 NF の経営基盤の脆弱性も加勢して、なかなか計画通りに進展する

第 8 章　変容する途上国のスポーツ振興体制

図表8-7：NFとしてのメンバーシップが組織的な成功にどの程度重要か？

61. How important is NF membership to its organizational success?
Not important　　　　　　　　　　　　　　　　　　Very Important

| 2 NF's | | | 6 NF's | | 2 NF's | | 11 NF's |
|---|---|---|---|---|---|---|---|

For 2 NF's the link between the NF membership and its organizational success is not important, 6 NF's have a neutral position, 2 NF's think that the link is important and 11 NF's think that the link is very important.

出典：Vanuatu Sports Association and National Olympic Committee［2010b: 14］より抜粋。

ことができない。NF 執行部での決定事項を VASANOC に報告するという体制をとる NF はわずか 8 つに過ぎず、12 の NF ではそうした重要事項を加盟メンバーにしか知らせず、VASANOC に伝達されることがない。NF としてのメンバーシップが組織的な成功にどの程度重要と捉えられているのか、という認識については、「かなり重要」と回答した NF が 11、「重要」と回答した NF が 2 であったのに対し、「重要ではない」と回答した NF は 2 つ、「どちらともいえない」と回答した NF が 6 つであった（図表 8-7 参照）。

このように、ヴァヌアツの NF をめぐる現状は、活用できる人的資源及び経済的資源の幅は様々であり、ヴァヌアツで最も先進的な運営組織のひとつとされる VFF でさえも一部の有志者による運営が中心で、リーグに所属するほとんどのクラブが練習場所の確保や用具の調達など、チーム運営上の困難を抱えている。実践の現場では、スポーツに必要な用具不足の問題が慢性的に生じ、適切な指導やマネジメントを行える人材の不足はもとより、首都以外の地域においては、スポーツそのものの公式ルールが理解されていない場合も少なくない。IOC をはじめ各 IF から援助支援が展開されているが、先進諸国にみられるような NF の組織体制とは大きく異なる様相は、種々の格差を是正するまでには到底至らない。こうした現実は、首都と地方の間での不均衡なかたちで振興されるスポーツ実践の現実を映し出すとともに、ヴァヌアツのスポーツ振興が、現在も「発展途上の段階」にあることを浮き彫りにする。

## 4．活気づくスポーツ援助

ヴァヌアツにおけるスポーツ振興体制の沿革をみると、欧米のような先進諸国とは情勢が大きく異なるが、一方で国家開発計画（National Development Plan）という側面からスポーツ行政への取り組みを概観すると、その対応は意

*185*

外と早いことに気づく。ヴァヌアツ共和国は 1980 年の独立後、1982 年より第一次国家開発計画をスタートさせているが、その第 16 章「社会地域開発」の中に、スポーツに関する表記を確認することができる。第一次国家開発計画（First National Development Plan 1982-1986）では、その第 16 章第 1 項に「スポーツ参加の機会がすべての人に平等に与えられるようにすること」という目標が掲げられ、第 2 項に戦略として「ヴァヌアツ全体のスポーツ施設の拡充、そして国際大会への参加とそれに関連する競技団体の振興」が記されている［Government of the Republic of Vanuatu, 1982: 199］。同章 6 項には「全体的なスポーツ施設の不足」が問題点として挙げられ、44 項から 49 項まで「体育・スポーツ」に対するプログラムが述べられている。プログラムには政府の「体育・スポーツ」に関する役割——内外の大会参加への財政援助、国内大会の企画、用具施設、コーチングコースの企画といった問題が列記されている。ただしこのことが、ヴァヌアツにおいてスポーツ政策が高い比重で展開されてきたということにはならない。というのも、第一次国家開発計画で存在した項目としてのスポーツ振興に関する表記は第二次国家開発計画（Second National Development Plan 1987-1991）では削除され、第三次国家開発計画（Third National Development Plan 1992-1996）においても、それに関する具体的な表記を確認することができないのである［Government of the Republic of Vanuatu, 1987, 1992］。すなわち、第一次国家開発計画では、あらゆる人々にスポーツを解放することをその理念としたユネスコの「体育・スポーツ国際憲章」を明らかに意識したものとみることができる。1978 年の憲章採択、その憲章が各国のスポーツ政策に強い影響を及ぼしていた 1980 年代初頭に第一次国家開発計画が作成されたという時系列的な一致、さらには「スポーツ参加の機会がすべての人に平等に与えられるようにすること」「ヴァヌアツ全体のスポーツ施設の拡充、そして国際大会への参加とそれに関連する競技団体の振興」といった内容的な合致という点を鑑みると、その時代、スポーツ界を席巻していた Sport for All 運動の思潮が直接的に反映されて、第一次国家開発計画での記載に至ったものと捉えた方が妥当であろう[11]。図表 8-8 は、近年のヴァヌアツ政府全体の予算とスポーツ政策の主管省庁機関の予算、政府全体の予算に対する占める割合の推移を示すが、いずれの年においても、スポーツ政策関連の予算が国家予算全体の 1％を越えることはない。

　図表 8-9 は 2008 年の政府における主要省庁の予算の一覧である。財務省や教

図表 8-8：スポーツ政策の主管省庁の予算とヴァヌアツ政府全体の予算の変遷

|  | Budget total | Ministries responsible for sport policy Budget | Ministries responsible for sport policy Budget (%) |
|---|---|---|---|
| 2004 | 8,495,775,588 | 18,544,346 | 0.22% |
| 2005 | 8,977,647,516 | 75,325,663 | 0.84% |
| 2006 | 9,683 212 736 | 92,330,000 | 0.95% |
| 2007 | 11,732,023,007 | 89,968,886 | 0.77% |
| 2008 | 13,327,774,005 | 74,940,388 | 0.56% |
| 2009 | 14,095,192,457 | 103,796,698 | 0.73% |
| 2010 | 24,282,069,457 | 150,667,580 | 0.62% |
| 2011 | 15,081,225,124 | 146,667,580 | 0.97% |
| 2012 | 16,179,721,466 | 145,685,080 | 0.90% |
| 2013 | 16,325,995,509 | 75,922,918 | 0.46% |
| 2014 | 16,796,952,599 | 153,551,748 | 0.91% |

(単位は Vatu)

出典：Government of the Republic of Vanuatu. (2004, 2005,2006,2007,2008, 2009, 2010, 2011,2012, 2013, 2014) Parliamentary Appropriation をもとに筆者作成。

図表 8-9：主要省庁の予算一覧（2008 年）

| 省庁 | 予算額 | 全体予算に占める割合 |
|---|---|---|
| Constitutional Agencies | 1062,0 | 7.9% |
| Prime Minister's office | 142.4 | 1.1% |
| Ministry of Education | 3,185,5 | 23.9% |
| Ministry of Internal Affairs | 1,231,6 | 9.2% |
| Ministry of Commerce, Industry and Tourism | 220,6 | 1.7% |
| Ministry of Finance and Economic Management | 3,393,7 | 25.5% |
| Ministry of Health | 1,472,4 | 11.0% |
| Ministry of Agriculture, Quarantine, Forestry and Fisheries | 414,9 | 3.1% |
| Ministry of Foreign Affairs and Trade | 220,3 | 1.7% |
| Ministry of Infrastructure and Public Utilities | 1,371,9 | 10.3% |
| Ministry of Land, Geology and Mines | 332,3 | 2.5% |
| Ministry of Youth Development and Training | 74,9 | 0.6% |

単位は 100 万 Vatu

出典：Government of the Republic of Vanuatu. (2008) Parliamentary Appropriation をもとに筆者作成。

育省、国土省や保健省などに多くの予算が割り当てられるのに比べ、スポーツ行政を司る担当部局（Ministry of Youth Development and Training）への予算配分額はかなり少ない。

このように、政府内におけるスポーツ政策領域への関心は相対的に低く、それゆえスポーツの振興を政策レベルで実施する体制は、度重なる省庁再編とも相俟ってかなり不安定な状況にあったが、近年、そうした動向に大きな変化がもたら

第Ⅱ部　SDP が隆盛する現代世界

されつつある。オセアニア地域において、スポーツが社会開発に応用された例は、先述の「Pacific Sporting Needs Assessment」まで遡ることができるが、島嶼国の現地コミュニティへの影響となると、最初の大きなうねりは、2006年以降展開されているオーストラリア・スポーツ・アウトリーチ・プログラム（Australian Sports Outreach Program: 以下 ASOP と表記）となる。このプログラムは AusAID と ASC の連携のもと、スポーツによる社会開発の推進を目指し、2006年7月以降、南太平洋地域へ向けて行われたスポーツ援助である。ヴァヌアツにおいては、トルバ州（TORBA Province）の障がい者スポーツ支援、クリケット協会やネットボール協会を対象に援助が実施された[12]。

こうして ASOP の導入により活気付き始めたヴァヌアツのスポーツ振興は、この時期本格的な SDP を並行して開始することになる。その SDP とはいかなるものなのか。次ではヴァヌアツにおいてどのような SDP が構想されたのかについてみていこう。

## 5．どんな SDP が構想されたのか？

2008年3月以降、ヴァヌアツでは、青年スポーツ省、VASANOC、内務省（Internal Affairs）といった3つの機関のパートナーシップからなる「ナンバンガ・スポーツ（Nambanga Sports）」プログラムが開始される[13]。ナンバンガとは、現地語であるビスラマ語でバニヤン樹を指し、その根っ子が伝統的にコミュニティ・メンバーの集合場所となっていることから、住民が集うひとつの象徴的な空間としてナンバンガが持ち出され、その名称が SDP の名前に付されることになった[14]。ナンバンガ・スポーツでは、ヘルシー・ライフスタイルやフィットネス、リーダーシップ、ユース教育・スキル開発の各領域に介入し、それらの能力を向上させるため、参加型を基本としながら、「AI（Appreciative Inquiry）アプローチ」によりデザインされ[15]、ローカル・オーナーシップ、持続性、既存組織の活用などがプログラムの原則に置かれた。「Increased capacity to deliver inclusive sports based programs that contribute to social development」という目標を標榜するように、スポーツ・ベースのプログラムに参加しながら、ヴァヌアツ人の能力を向上させ、それを最終的にヴァヌアツの社会開発に繋げようとする SDP と言ってよい［Australian Agency for International Development et al., 2007: 4］。先にも説明したように、ヴァヌアツでは主要な

第 8 章　変容する途上国のスポーツ振興体制

余暇活動のひとつにスポーツが位置する一方で、組織化された大会や活動へ参加する機会は相対的に限定される。潤沢とは言えない資金状況や専門知識を有する実務家などの各種リソースは首都のポートヴィラに優先的に投下される傾向が強く、そのせいもあってか、地方の農村部では、10 代の青年男子によるスポーツ実践が中心になりがちで、たとえ他の世代で活動される場面があったとしても、年中行事的なコミュニティ・フェスティバルの際に限られるなど年齢層や実施頻度に大きな偏りがみられる。こうした問題に対し、2007 年から 4 年の間に、少なくとも 2 つの州政府でもっと身近なものとして若者たちが組織化された身体活動に継続的にアクセスできるよう、コミュニティ・スポーツの活動を運営できる若いリーダーたちを育成しようというのがナンバンガ・スポーツの目的であった。コミュニティ・スポーツ・リーダー（qualified instructor）が育成され、草の根レベルでの様々な企画を自主運営されるようになった結果、組織化された身体活動の優先度が上がり、スポーツ参加がもたらす種々の便益を住民たちが享受しつつ、コミュニティ・ライフや村の「文化」として日常的かつ継続的に執り行われようになることが、この SDP の成果として期待されたのである。種々の活動がもたらす具体的な成果は、①コミュニティ教育・意識に関するプログラムの展開、②スポーツ・リーダー研修プログラムの確立、③コミュニティ・スポーツ・リーダーとしての青少年の育成と支援、④各地域で効果的なプログラム運営やモニタリングが可能となるような支援、⑤個人や組織レベルで効果的なプログラム運営やモニタリングが可能となるような支援などが想定され、プログラム開始当初はタフェア州とペナマ州内の 8 つのコミュニティで実施し、翌年に各州の全域に拡大する計画が打ち出された。

　ナンバンガ・スポーツに関係するヴァヌアツ政府部門や各機構は、青年スポーツ省や内務省、州政府にとどまらず、「ヴァヌアツ農村開発・トレーニング・センター連盟（Vanuatu Rural Development and Training Centre Association）」や「技術・職業訓練校（Technical and Vocational Education and Training：以下 TVET と表記）」などの職業訓練機関、VASANOC や ASC などのスポーツ機関など幅広く各機関を横断するもので、こうした大規模なスポーツ・プログラムが導入されるのはヴァヌアツ史上初めてのことであった。これまでも、それぞれの機関が農村部へのスポーツ援助を単発的に実施してきたが、省庁をまたいで各機構が連携する取り組みはなく、プログラム戦略やモニタリングなどプログラム全体の舵を取る「ステアリング委員会（Steering Committee：以下 SC と

第Ⅱ部　SDP が隆盛する現代世界

図表 8-10：ナンバンガ・スポーツのプロジェクト・デザイン・マトリックス

| Hierarchy of objectives | Indicators | MoV | Assumptions |
|---|---|---|---|
| **Goal:**<br>Increased capacity to deliver inclusive sports based programs that contribute to social development. | • Perceived improvements in health status and physical fitness in communities<br>• Perceived improvements in community leadership<br>• Improved sports management skill and systems<br>• Perceived improvements in community unity and reduction in anti-social behaviour | External review, including collection and analysis of community perceptions, conducted in mid- 2008 (program mid-point) and May-June 2011 (completion). | |
| **Purpose:**<br>Trained young men and women run regular, organised physical activity for children and youth in communities in at least two provinces. | • Community Sport Leaders run regular (at least weekly), organised physical activities at village level by 2012<br>• Disaggregated information about participation in physical activity (age, gender, activity, location, frequency)<br>• Disaggregated information about sport leaders' delivery of physical activity sessions (frequency, activity type, activity quality, age, gender, location, proportion of graduates active). | Community data sheets provided to YSDO every 2 months as part of the community reports<br>YSDO evaluation every 6 months | Children show up for activities.<br>Trained youth retain and apply the skills/knowledge taught.<br>Trained youth continue to lead activities long-term.<br>Activity sessions are regular enough to contribute to social development. |
| **Output 1:**<br>Community education/awareness program delivered | • Each target area received printed materials & an information visit for each 6-month stage<br>• Community members can recall benefits of physical activity & program opportunities after 1 year of campaign activity | Community reports provided to YSDO every 2 months<br>6-monthly survey | Education gained leads to adoption and action (or change in behaviour) by community members. |
| **Output 2:**<br>Sport Leader Apprenticeship program established | • 5-8 training & practical modules developed and approved by the NMC and Vanuatu National Training Council (VNTC) by Dec 2007.<br>• A minimum of 10 certified Instructors are established in each of Tafea and Penama provinces (at least 2 on each of the 3 main islands of each province) by Dec 2009. For each province:<br>　○ at least 4 instructors established by Mar 2008,<br>　○ at least 6 Sport Apprenticeship graduates established as Instructors by March 2009 | Materials & 5-8 trainees' & instructors' manuals are complete with approval letter/certificate from SC and VNT.<br>Instructor Training assessment results & evaluation forms<br>Signed contract of service for each instructor | There are suitable people in the provinces to be trained as Sport Leader Apprenticeship Instructors. |
| **Output 3:**<br>Youth trained and supported as Community Sport Leaders | • At least 10 youth (5 male and 5 female) graduate from the Sport Leader Apprenticeship in at least 6 locations in at least 2 provinces each year (minimum = 60/province/year)<br>• Young men and women receive sufficient and relevant training | Sport Leader Apprenticeship assessment sheets.<br>Training evaluations | Communities will support their Sport Leaders to implement activities. |
| **Output 4:**<br>Support provided to community, ward & provincial councils to enable them to effectively monitor and manage the program | • Program monitoring and management training provided to each local council during the Apprenticeship training<br>• Monitoring and mentoring of community activity by YSDO 6-monthly<br>• Communities (council or youth leaders) are able to obtain the equipment /resources/ advice needed to run activities | Training reports & evaluations<br>Community reports every 2 months provided to provincial YSDO<br>YSDO monitoring visit reports | Community councils are functioning and have interest in monitoring sport activities.<br>Community councils are willing to support Youth Leaders |
| **Output 5:**<br>Support individuals and organisations to enable them to monitor and manage the program effectively. | • Targeted professional development & mentoring program run for SC organisations, selected NSFs and provincial authorities as per an agreed schedule.<br>• Provincial and national sport development personnel report improvements in their own policies by 2012<br>• Participation pathways are provided by Dec 2009<br>• At least 1 qualified Technical Trainer (i.e. Coach/Ref/Admin) established in each province for each selected sport by July 2008. | Professional development and mentoring schedule<br>Training & Mentoring activities<br>National & provincial policy docs & strategic plans<br>Letter from NSF confirming appointment & annual work plan. | Each national / provincial authority is functioning and has interest in the program.<br>There are individuals in each province with enough experience to be trained as a Technical Trainer. |

\* SC　Steering Committee NSF　National Sport Federations　YSDO　Youth & Sport Development Officer (based in province)

出典：Australian Agency for International Development et al., ［2007: 14］より抜粋。

表記）」のもと、VASANOC、青年スポーツ省、VDTCA の 3 つの機関が連携する点が、この SDP の大きな特徴である。図表 8-10 はナンバンガ・スポーツのプロジェクト・デザイン・マトリックスである。また、このデザイン・ドキュメントで用いられた用語の定義は資料 8-2 の通りである。

**資料 8-2：デザイン・ドキュメントで用いられた用語の定義**

▶目標の項目で用いられた「社会開発 (Social Development)」の定義
　Primary Benefits（一次的な便益）
　　1. ヘルシー・ライフスタイルと体の健康
　　2. ユース・リーダーシップ
　　3. 教育・スキル開発
　Secondary Benefits（二次的な便益）
　　4. 反社会的行動の減少
　　5. 結束力の向上

▶目的の項目で用いられた用語の定義
　Youth（ユース）
　　13 歳から 30 歳の間の男女
　Young men & Women（若い男女）

第 8 章　変容する途上国のスポーツ振興体制

　　Youth と同義
　Regular（定期的な）
　　少なくとも週に一度
　Physical Activity
　　体の健康、精神衛生、社会的相互作用に資する身体活動のすべての形態。例えば、プレイ、レクリエーション、組織化されたスポーツ、競争的スポーツ、もともと在地で展開されるスポーツやゲームなどを含む。
　Sport（スポーツ）
　　Physical Activity と同義
　Children（子ども）
　　5 歳から 12 歳の間の少年少女
　Organised（組織化された）
　　組み立てられたもの。有資格指導者（インストラクター、コーチ、リーダー）により導かれ、一定のルールやシステムに則り執り行われるもの。

出典：Australian Agency for International Development et al., [2007: 15] をもとに筆者作成。

　図表 8-10 に示したナンバンガ・スポーツの成果の内容は、それぞれどのようなものなのか。それをまとめたのが資料 8-3 である。

**資料 8-3：ナンバンガ・スポーツの成果とその内容**

【成果】Output 1　コミュニティ教育／コミュニティ意識の啓発に関するプログラムの展開
【内容】
　コミュニティ・ライフの中でスポーツや身体活動が身近になるには、それにいかに優先度を与えるかによるところが大きい。そのために、コミュニティ・メンバーはスポーツによる裨益効果について認識を深める必要がある。それゆえ、実際に各活動が実施されるのとともに、コミュニティ教育 / コミュニティ意識の啓発キャンペーンの展開が求められ、そのキャンペーンが、プログラム活動そのものやユース・トレーニングのような機会があるといった情報、及び身体活動がもたらす便益についてコミュニティに伝えるといった役割を担うことになる。それは単なる情報を提供するというだけではなく、人々が実際に参加し、彼らの態度変容が誘発されうるかどうかという点が焦点化されることになる（例えば、子どもへの便益が高まり、保護者たちは毎週のセッションに子どもたちを積極的に参加させるようになるという形で）。
　最初の局面では、コミュニティに対しプログラムとそれがもたらす効果について関心を向けてもらい、プログラムに参加するというコミュニティとしての合意形成をしてもらう。プログラムに中心的に関わる人物をコミュニティ・メンバーの中から選出してもらうことで、誰がそのプログラムを必要とし、そのために誰が準備をするなどの当事者意識の形成を図りつつ、プログラムに対する意識啓発を行う。

【成果】Output 2　スポーツ・リーダー研修プログラムの確立
【内容】
　5 つから 8 つのモジュールからなるコンピテンシー・ベースのトレーニング・カリキュラムを実施する。各モジュールでは、スポーツの情報だけでなくリーダーシップやマネジメント、課題解決法などについて扱い、ビスラマ語で書かれたものを用いるなど、現地の若者に適したより実践的なかたちで展開する。それまで実施されてきたオセアニア・スポーツ教育プログラム（OSEP）や Pikinini Plei Plei（ジュニア・スポーツ育成プログラム）など、既存のプログラムのリソースを活用しつつ、場合

*191*

第Ⅱ部　SDP が隆盛する現代世界

によってはそれらをヴァヌアツ・ナショナル・トレーニング・カウンシル（NTC）の資格と組み合わせることも視野に入れながら、将来的にはスポーツ研修モジュールが、TVET 公認のコミュニティ資格のレベル 1 やレベル 2 として認可されることを目指す。

　本研修制度は、本プログラムでトレーニングを受けたインストラクターにより運営される。当該プログラムにかかわるコミュニティ数と各州で運営に当たる専門家の数を拡大するため、多様なモジュールの中で有資格となったインストラクター組織を各州に設立する。ルーラル・トレーニング・センター（RTC）トレーナーや TVET トレーナーのような既存の有資格に関するネットワークは、スポーツ・インストラクター研修制度の確立へ向け活用する。プログラムを開始し、一年を経過した後、研修を修了した若者及び運営に関心を示した者たちに対して、インストラクターのレベルとして活躍できるようアドバンス・トレーニングを行う。そうすることは州ベースのインストラクターの数を増大させるだけでなく、有能な力量と示す若者たちに対して、よりアドバンスな進路を提供することが可能となる。

　ヴァヌアツでそれまで展開されてきた Wan Smol Bag や Save the Children のような種々のリソースは出来る限り活用する。ルーラル・トレーニング・センター（RTCs）の活動などは、より広域にコミュニティ教育を実施する上でかなり効果的であったことから、それらの組織と連携することは相互の活動の重複性をなくし、より持続的なトレーニングの展開へ向け重要になる。

【成果】Output 3　コミュニティ・スポーツ・リーダーとしての青少年の育成と支援
【内容】
　スポーツ・リーダー研修会の展開の中で、若い男女層が「コミュニティ・スポーツ・リーダー（Community Sport Leaders）」としてトレーニングされうる存在として認識され、ターゲットとなるコミュニティ内の教員の中には、トレーニングに参加するようになる者も出てくることになる。研修の中では、そうした参加者たちが各コミュニティで定期的なスポーツ実践へ向けての働きかけができるよう、そのスキルや企画運営に関する権限を供与することになる。訓練生たちは地域内の子どもたちに対して週単位の活動を運営し、各モジュールではとにかく「実践的」なものが求められる。その期間を終えると、彼らは新たなスキルとコミュニティのリーダーたちの信頼を獲得した「スポーツ・リーダー（Sport Leaders）」となり、今度は彼らが週単位の定期的な活動やフェスティバルなど、それぞれのコミュニティ活動を牽引していくことになる。「スポーツ・リーダー（Sport Leaders）」については各コミュニティから一人というわけではなく、場合によっては複数名が選出されることもある。その方が協力し合うことで一人にかかる負担が軽減され、中途で担当者がいなくなったとしても柔軟に対応できうる。こうした点からも日頃からアシスタントの育成を積極的に行っていた方が良い。

　1 年目は各州の 8 つのコミュニティで実施し、その後 2 年目、3 年目、4 年目で徐々に拡大する。はじめの 1、2 年は各コミュニティに対し手厚い支援を行うが、その後は次第に支援の度合いを低減していく。もしプログラムを展開する 2 つの州での拡大が困難であれば、3 つ目の州において拡大展開していくものとする。

【成果】Output 4　地域で効果的なプログラム運営やモニタリングが可能となるような支援
【内容】
　コミュニティにおけるリーダーシップ・グループは、大概、チーフ（ヴァヌアツ社会における伝統的首長）や教会関係のリーダー、女性グループやユース・グループのリーダーたちが入っており、多くの住民によって共通理解が得られている集団である。ここでそうした集団を「コミュニティ・カウンシル」と呼ぶことにするが、こうしたコミュニティ・カウンシルは「ユース・リーダー（Youth Leaders）」が行う様々な活動をモニタリングすることになるだろうし、コミュニティ・カウンシル自体をより強固な組織になるよう、当該プログラムもまた彼らから期待されることになる。それを具現化するには、コミュニティ・カウンシルをはじめとするすべての利害関係組織から好意的に評価されることが重要となる。

　このようなコミュニティ・カウンシルと連携することには 2 つの重要な目的がある。ひとつは、ユ

第 8 章　変容する途上国のスポーツ振興体制

ース・リーダーが自分たちの活動を実施する際、コミュニティ全体から権威付けされ、支援を受けることが可能になるということであり、2つ目は、コミュニティ・カウンシルが有する網脈状に張り巡らされたネットワークを活用することで、州レベルでのプログラム運営や支援が受け易くなるためである。

　近代的な政治体制よりもしばしば伝統的な社会構造が幅を利かせるヴァヌアツ社会において、チーフや教会関係者といった現地の伝統的な指導体制を包摂するコミュニティ・カウンシルと連携することの重要性は留意しておく必要がある。

　コミュニティ内で支援を得るためには、州政府の各組織もまた強化される必要がある。州政府機関とともに「チーフ・カウンシル (The Area and Provincial Chief's Councils)」や「教会リーダーズ (Church Leaders)」などの組織は、当該スポーツ・プログラムのマネジメントやモニタリングについて情報供与を受けることになるし、それは州レベルに存在する既存の各スポーツ組織（スポーツ団体、スポーツ・カウンシル、学校スポーツ・カウンシルなど）についても同様である。

　本プログラムでは、それぞれの州で振興するスポーツを3つ選択してもらい（少なくとも中心的に振興するスポーツをひとつ選択する）、施設や用具の有無、現地での人気度など、それぞれのスポーツ環境を勘案しながら優先的に振興しようとするスポーツを決定し、決定されたスポーツついては、ゲーム・ベースの活動であったり、現地で展開されてきた伝統的なゲームやスポーツによっても補完されたりしながら実施されていくことになる。

【成果】Output 5　個人や組織レベルで効果的なプログラム運営やモニタリングが可能となるような支援
【内容】
　いったん中心となるスポーツが決定されれば、そのスポーツのNFと正式にパートナーシップ協定を結び、州レベルでのスポーツ振興を後押しする。プログラムでは4年のプロフェッショナルな振興計画を通じスポーツ協会の組織強化を図り、州の振興計画を支援しつつ、国レベル及び州レベルの技術専門員を拡大させようとするものである。とりわけ、プログラムを展開する2つの州に、種目ごとのテクニカル・トレーナー（フットボール・コーチ・トレーナー、バレーボール審判トレーナー）の育成を目指す。各協会は州レベルの振興計画の策定・実施に携わる必要があり、大陸レベルの各スポーツ連からそれに対する支援が行われるであろう。

　そうしたいわゆる「近代スポーツ (modern sports)」に加え、コミュニティはそれぞれの地域で展開されてきた「伝統的なスポーツやゲーム (indigenous sports)」についても盛り立てていく必要がある。それに対する支援も当該プログラムでは行われる予定である。このプログラムが実施されるタフェア州とペナマ州では州レベルでの組織に違いはあるものの、州政府や州レベル（もしくは島レベル）のチーフ及び教会リーダー、各トレーニング組織が、このプログラムにかかわることになる。本プログラムは定期的に州政府上層部と連絡を取るものとする。その協力体制は州政府の事務局長 (provincial government's Secretary General)、チーフ・カウンシルや教会リーダーたちの執行部 (Chair or Secretary of the Chiefs and Church Leaders) にまで及び、青年スポーツ省の担当者 (Youth Sport Development Officer) やプログラム・ナショナル・コーディネーター (Nationa Coordinator: 以下 NCと表記) を通じて調整されるものとする。

　国レベルでは、青年スポーツ省、VASANOCがステアリング委員会を設置し、NCを中心にそのステアリング委員会がプログラム戦略を押し進める推進役となる。それゆえ、国レベルでのプロフェッショナルな計画とモニタリングでは、各組織や委員たちが機能し、順調に活動が展開されるような組織強化に重点が置かれたものとなる。

　有能な若者に対して、その才能をさらに開花させるような取り組みが既に開始されているが、そうした取り組みを今後、さらに多様化させていくものとする。

出典：Australian Agency for International Development et al., [2007: 16-19] をもとに筆者作成。

*193*

第Ⅱ部　SDP が隆盛する現代世界

　プログラムの計画に際しては、4つのフェーズに分けられた。第一フェーズ（2007年3月12日から16日）は、ステークホルダーの特定、プロジェクト目的の紹介とステークホルダー間の合意形成が行われ、第二フェーズは、タフェア州とペナマ州の両プロヴィンスにおいてスポーツ、コミュニティ開発、教育、ユース、州政府のリーダーたちを集めてワンディ・ワークショップが開催され、広報活動が拡大された。同時に、首都のポートヴィラでも国家レベルでのワークショップ（National Planning Workshop）が4日間の日程で開催され（2007年4月30日、5月2日から4日）、各省庁からの代表者のほか、教会関係者や先の州政府代表者たちをも集めて本プロジェクトに関する全体的な合意形成が行われた。ワークショップ初日には20名以上の参加者があるなど、スポーツを開発のツールとして活用するという新しいコンセプトについて高い関心が寄せられ、ヴァヌアツ国内における SDP の活用可能性について議論が交わされた。その後、プロジェクト・デザイン・チームにより6週間以上かけてドラフトが作成されたのが第三フェーズとなり、第四フェーズでヴァヌアツ関係機関の高レベル会議における審査、AusAID での審査などを経て最終的な機関決定に至った。図表8-11 はそれをまとめたものである。

　このようなタイムフレームのもと、マネジメントとコーディネーションの戦略では、まず、「シニアレベルでの3ウェイ・パートナーシップ（Tree-way partnership at the senior level）」が大きな特色とされた。青年スポーツ省が初期の段階におけるプログラム供給を担当し、VASANOC は技術専門家の領域、そして内務省はヴァヌアツ人の担当とされ、領域横断的なかたちでのプログラム運営体制がとられたのである。また、首都への一局集中や国レベルの組織への大幅な依存を低減させつつ、同時に州レベルでの運営能力を高めるため、「コミュニティや州レベルの機関による運営」が強調された。既存システムの活用がプログラムの展開に重要とされ、特に次のような組織がプログラムの成否に大きく関連するとされた。

▶青年スポーツ省：ディレクターは SC のメンバーの一人であり、青年スポーツ省のポジションはプログラム運営で大きな鍵となる。この組織に属する各州のユース・＆スポーツ・ディベロップメント・オフィサー（Youth and Sport Development Officer）が州レベルでの活動で大きな役割を担う。

▶VASANOC：CEO は SC のメンバーの一人であり、各 NF を統括し、大陸

第 8 章　変容する途上国のスポーツ振興体制

**図表 8-11：各フェースにおける中心となる活動**

| フェース | 中心となる活動 |
|---|---|
| それまでの活動 | ・教育・意識啓発キャンペーン<br>・全スタッフ、ステアリング委員会、キャパシティ・ビルディング計画を承諾したステークホルダーたちへのプロフェッショナルな振興プログラム<br>・モニタリングと進捗と戦略に関する内部審査 |
| 1 年目<br>導入と準備 | ・事務所開設、システムの構築、スタッフ確保<br>・農村コミュニティと連携した詳細なリサーチとコンサルテーション<br>・トレーニング・マテリアルへの国家的な関心の高まりと州レベルでのインストラクターの設置<br>・各州の 8 つのコミュニティでのトレーニングとスポーツ活動のデリバリー開始<br>・アクティブなコミュニティへのモニタリングと支援<br>・全プログラム活動とシステムのふりかえり<br>・全マネジメント・グループに対する ASC からの手厚い支援 |
| 2 年目<br>供給とキャパシティ・<br>ビルディング | ・新しいコミュニティでのトレーニングと活動の最大化<br>・アクティブなコミュニティのモニタリングと支援<br>・各州でのエキスパート・トレーナーたちの設置<br>・スポーツ振興の経路の確立と持続的な用具供給方法の確立<br>・NC や SC に対する ASC からの支援。大陸レベルの各スポーツ連盟からスポーツ協会への適切な支援<br>・YSDO や州レベルの全スタッフ NC に対する NC の責任体制<br>・外部機関によるプログラムの検討 |
| 3 年目<br>供給、拡大、キャパシティ・<br>ビルディング | ・それまでの活動のふりかえり結果に応じた戦略の修正<br>・新たなコミュニティでのトレーニングと活動の供給の最大化（できれば他の州での展開を視野に入れて）<br>・アクティブなコミュニティへのモニタリングと支援<br>・コミュニティ活動の質の維持と持続性についての戦略的計画<br>・将来的な発展経路の基盤整備と他のプログラムとのリンク<br>・州内の若者たちが新たな活動やプログラムを創出しようとするイニシアティブの顕現<br>・リーダーシップの顕現：ASC が SC や持続性を焦点化。SC と NS が大部分を自立的にマネジメントできるようになる。VASANOC が各 NF を先導するようになる。 |
| 4 年目<br>プログラム終了局面 | ・システムの定着と SC 独自のマネジメントによる展開<br>・付加的な持続性戦略の実施<br>・新たなコミュニティでのトレーニングと活動の供給の最大化（できれば他の州での展開を視野に入れて）<br>・アクティブなコミュニティへのモニタリングと支援<br>・次の 3-4 年を見据えた戦略的計画<br>・青年スポーツ局、VASANOC、農村開発トレーニングセンターの戦略計画を含んだ州レベルのスポーツ振興<br>・プログラムを展開する上で必要な資金の確保<br>・将来的な発展経路の基盤整備と他のプログラムとのリンク<br>・若者たちが新たな活動やプログラムを創出しようとするイニシアティブの顕現<br>・リーダーシップ：SC とローカル組織が自立的にプログラムを運営。ASC による次の 3-5 年を見据えた全ステークホルダーを含む戦略計画の焦点化 |

出典：Australian Agency for International Development et al. [2007: 19-20] をもとに筆者作成。

## 第Ⅱ部　SDPが隆盛する現代世界

レベルのスポーツ連盟とも連携する立場にあるため、優秀な指導者の派遣などそのネットワークの活用可能性は大きい。
▶内務省：ディレクターはSCのメンバーの一人であり、州政府を担当する立場にあるため、州政府事務局や州内の主要機関を繋ぐことができる。
▶教会及び伝統的な社会組織：草の根レベルに最も強い影響力を有する組織であり、これらの組織が有するネットワークや様々なリソースの活用次第で、プログラム運営の成否が大きく影響される。
▶職業訓練などの機関：各農村部でスポーツ研修プログラムを先導することを期待される機関である。

ナンバンガ・スポーツに関する2008年から2011年にかけての4年間にわたるオーストラリアからの援助は、総計96,212,058Vatuに上り［Australian Agency for International Development et al., 2007:44］、この数字は、2008年までのヴァヌアツのスポーツ政策関連の単年度予算を大きく上回る金額となった。主管となる省庁が幾度となく変更され、配分される予算も大きく限定されるなど、従来、公共政策の中で周縁に位置づけられてきたスポーツ政策が、社会開発と結びつけられたことにより、俄然注目を浴びるようになり、その結果、先進諸国から多額の資金援助を受けることができるようになったのである。スポーツそのものの振興を焦点化してきたスポーツ政策が、貧困削減に向けたツールとして再配置されながら、政策として本格的に取り組まれ始めたという、途上国のスポーツ政策の変容を、ここにみてとることができる。

以上がヴァヌアツで構想されたSDPの大枠であるが、SDPのプログラムが実際の現場でいかなるロジカル・フレームワークに基づき運営されているのかについては、日本のスポーツ政策研究ではほとんど知られてこなかった。本章を締めくくるにあたり、図表8-12にナンバンガ・スポーツの全体構想、加えて図表8-13にプログラムの目標、目的、具体的成果、評価指標等をまとめたロジカル・フレームワークの全容を示しておく。なお、表内の表記については、日本語として適訳がないものについては、原語のままのかたちで表記してある。次章では、途上国に押し寄せるSDPの波が、実際の現場にいかなるインパクトを与えてきているのかを検討していくことにしよう。

第 8 章　変容する途上国のスポーツ振興体制

図表 8-12：ナンバンガ・スポーツの全体構想

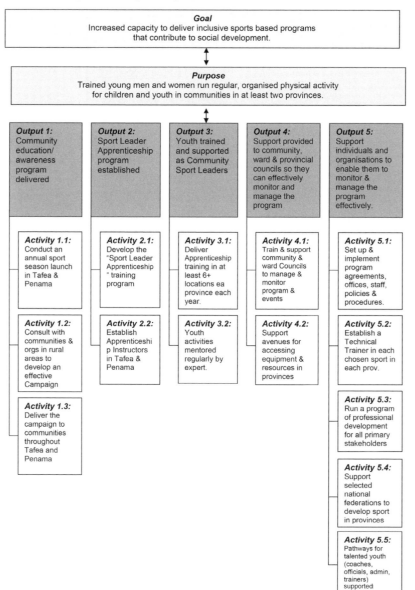

出典：Australian Agency for International Development et al. [2007: 14] より抜粋。

## 第Ⅱ部　SDP が隆盛する現代世界

図表 8-13：ナンバンガ・スポーツのロジカル・フレームワーク

| 目標・目的 (Hierarchy of objectives) | 指標 (Indicators) | 検証の手段 (Means of Verification) | 前提となる条件 (Assumptions) |
|---|---|---|---|
| 目標（Goal）：より多くの住民が参加し、社会開発の推進に繋がるようなスポーツ実践の展開 | ・コミュニティにおける健康状態やフィジカル・フィットネスの改善<br>・コミュニティにおけるリーダーシップ力の向上<br>・スポーツ・マネジメント・スキルやマネジメント・システムの向上<br>・反社会的行為の減少とコミュニティの連帯感の向上 | ・外部者による評価（コミュニティ内の認識の変化に関する中間調査と終了時点での調査の実施） | |
| 目的（Purpose）：少なくとも2つの州において、トレーニングを積んだ若年たちが、コミュニティ内の子どもたちに対して、組織化された身体活動を定期的に実施する | ・2012年までに、コミュニティ・スポーツのリーダーたちが少なくとも1週間に1回は村内レベルにおいて組織化された身体活動を実施するようになる。<br>・身体活動への参加者に関する情報の蓄積（年齢、性別、場所、頻度）<br>・身体活動を指導するスポーツ・リーダーたちに関する情報の蓄積（頻度、活動タイプ、活動の質、年齢、性別、場所、修了者のその後の動向） | ・コミュニティ・レポートの一環として、2か月ごとにコミュニティ・データ・シートを政府担当者に提出<br>・政府担当者による6か月ごとの評価 | ・子どもたちが参加する<br>・トレーニングを受けた若者たちが習得したスキルや知識を活用できる<br>・トレーニングを受けた若者たちが長期にわたってその活動をリードし続ける<br>・一連の活動が、想定通りに社会開発に繋がる |
| 成果1（Output1）：コミュニティ教育・コミュニティ意識を高揚するプログラムの提供される | ・各対象エリアは印刷教材を配布され、6か月ごとに実態調査が行われる<br>・コミュニティ・メンバーが、1年間のキャンペーンが終了した後も、身体活動やプログラム機会の便益を実感することができる | ・2か月ごとの政府担当者へのコミュニティ・レポートの提出<br>・半年ごとの実態調査 | 習得される教育内容が、コミュニティ・メンバーの行動変容に繋がる |
| 成果2（Output2）：スポーツ・リーダー研修制度が確立される | ・2007年12月までに、5-8つのトレーニング・プラクティカル・モジュールがヴァヌアツ・トレーニング・カウンシル（the Vanuatu National Training Council）によって認定される<br>・2009年12月までに、タフェア州とペナマ州のそれぞれにおいて、少なくとも10名の有資格者指導者が養成される | ・SCとヴァヌアツ・トレーニング・カウンシル（the Vanuatu National Training Council）によって認定された5-8つの指導者マニュアルの完成<br>・インストラクター・トレーニング・アセスメントと種々の評価フォーム | スポーツ・リーダー研修会の指導者として適切な人材がそれぞれの州に潜在する |
| 成果3（Output3）：コミュニティ・スポーツ・リーダーとして若者たちがトレーニングされ、支援を受ける | ・毎年、少なくとも2つの州内の6つの地域から選出された少なくとも10名の若者（男性5名、女性5名）たちが、スポーツ・リーダー研修を修了する（少なくとも毎年60名の修了者を誕生させる）<br>・若者たちが関連するトレーニングを十分に受ける | ・スポーツ・リーダー研修会のアセスメント・シート<br>・トレーニング評価 | コミュニティが、スポーツ・リーダーが活動を展開できるように支援をする |
| 成果4（Output4）：プログラムがける | ・研修期間中、プログラム・モニタリングやマネジメントが各ローカル・カウンシルに提供される<br>・6か月ごとの政府担当者によるコミュニティ活動のモニタリングや指導の展開<br>・コミュニティ（カウンシルやユース・リーダー）が、用具・リソース・活動を展開する上で必要な助言を受けることができる | ・トレーニング・レポートと評価<br>・政府担当者に提出された2か月ごとのコミュニティ・レポート<br>・政府担当者による視察報告書 | ・コミュニティ・カウンシルが機能し、スポーツ活動をモニタリングすることに関心を示す<br>・コミュニティ・カウンシルがユース・リーダーの支援に積極的である |

第 8 章　変容する途上国のスポーツ振興体制

| | | | |
|---|---|---|---|
| 成果5（Output5）：プログラムの効率的なモニター・マネジメントを可能にする個人や組織への支援 | ・ターゲティッド・プロフェッショナル・デヴェロップメント・アンド・モニタリング・プログラム（Targeted professional development & mentoring program）が、運営委員会（Steering Committee）や NF および州機関に対して実施される<br>・2012 年までに、それぞれの政策や計画の中において、Provincial and national sport development personnel report が展開される<br>・2009 年 12 月までに、participation pathways が構築される<br>・2008 年 7 月までに、少なくとも 1 名は有資格テクニカル・トレーナーが養成される | ・プロフェッショナル・デヴェロップメント・アンド・モニタリング・スケジュール（Professional development and mentoring schedule）<br>・トレーニング・モニタリング評価（Training & Mentoring evaluations）<br>・国家政策や州政策の文書、戦略計画<br>・各 NF からの委嘱状や年間計画に関する文書 | ・各国家機関、州機関が機能し、プログラムに関心を示す<br>・テクニカル・トレーナーとして十分な経験を持つ人材が各州に潜在する |

出典：Australian Agency for International Development et al.［2007: 33］をもとに筆者が作成。

【注】
1) 1982 年のメキシコ債務危機から表面化したように、1980 年代以降、中南米を中心に深刻な累積債務問題が発生した。その際、世界銀行と IMF は各国での増税、歳出の削減等を条件としながら、それらの債務救済にあたるが、その結果、保健、福祉、教育などの財源が削減され、途上国の国民生活水準は著しく悪化した。市場経済メカニズムに依拠したこうした経済改革政策は、貧困層や社会的弱者をさらに追い詰めることになり、こうした政策に対し UNICEF は、「人間の顔をした調整（adjustment with human faces）」が欠けているとし、批判を展開する［UNICEF, 1987］。
2) 搾取を基盤にした不平等な制度として資本主義経済を批判するものの、いわゆる古典的なマルクス主義とは異なり、社会主義が成立する過程について産業化が未発達な旧植民地を基盤にして論じることなどから、しばしば「ネオ・マルクス主義」と呼ばれる。
3) 国連などでは、経済開発とならぶ社会開発という位置付けは、1957 年 7 月の国連経済社会理事会で初めて使われるなど予想外に早い時期から与えられてきた。社会開発を考える際、このことに留意しておく必要があるが、実質的には当時の東西冷戦構造のなかで、米国がソ連や共産圏諸国を強く意識しながら、それらを封じ込める戦略として経済支援が大規模に展開されてきた。
4) 関根（2001）によると、ソロモン諸島の官僚や政治家たちは、独立後のソロモン諸島が歩むべき指針を「メラネシアン・ウェイ」または「ソロモン・ウェイ」と称するという。もともとは 1970 年の国連総会で、当時のフィジー首相であったカミセセ・マラが提唱した「パシフィック・ウェイ」という言葉に端を発するが、それをさらにメラネシア地域に限定し、メラネシア地域それぞれの伝統文化の多様性を尊重しながら同地域の独自性と結束を強調しようとするとき、それは「メラネシアン・ウェイ」と称されて現地の人々の中で語られることになる。
5) 国内に入ってくる輸入品に輸入数量規制や関税をかけることにより、輸入品の動向を操作し、輸入品を国内製品で代替することで国民所得を増加させようとする経済開発戦略のことであり、戦後から 1960 年代までの間には、この輸入代替政策が支配的な開発戦略であった。
6) イギリス、アメリカ、フランス、オランダ、オーストラリア、ニュージーランドの 6 か国

で創設された。その後、上記5か国（62年オランダ脱退）に加えて、11独立国と11自治政府の計27政治単位で構成され、植民地の経済、社会開発、福祉向上が目的としながら、地域の連帯化を図るための組織としての機能を期待された。1971年には、旧宗主国の影響を排除した主体的機構の存在を求めてSPCの組織を強化したかたちで「南太平洋フォーラム（South Pacific Forum）」が開始され、2000年10月の総会より「太平洋諸島フォーラム（Pacific Islands Forum）」に名称を変更した。

7) 14か国とは、フィジー、クック諸島、パラオ、ニウエ、サモア、ナウル、トンガ、ツバル、キリバス、マーシャル諸島、ミクロネシア連邦、ヴァヌアツ、ソロモン、パプア・ニュー・ギニアである。

8) 「太平洋地域におけるスポーツ・ニーズに関するアセスメント」にはWHOが提示する運動効果として、①定期的な運動は心臓疾患による死亡率を低減させる。②体を動かすことは体重増加を予防し、高血圧を予防する。③体を動かすことは骨粗鬆（そしょう）症を予防する。④運動はストレス、不安、憂鬱な気持ちをやわらげる、などが提示されている［Australian Sports Commission, 2004: 18］。

9) 「Pacific Sporting Needs Assessment」で論じられたこれらの数値は、United Nations Development Programme（1999）のデータによる。

10) 一見すると古い時期の数値にみえるが、定期的にデータをアップデートする先進国の統計データとは異なり、ヴァヌアツ政府の統計局が公表している統計データとしては、この数値が最も新しいものとなる。

11) 「みんなのスポーツ」とも訳される。1960年代以降、先進諸国における産業化、都市化に伴う余暇時間の増大や人間疎外などを背景に、スポーツにアクセスできる機会に恵まれた一部の者だけのためにスポーツがあるのではなく、様々な差異を越えてすべての人々が享受すべき基本的人権のひとつとしてスポーツがあるという認識に基づき、世界各地でスポーツ活動の普及振興を図る運動が沸き起こった。その理念やスローガンをさす言葉がSport for Allである。

12) 2006年7月から2011年7月までの期間における総計予算は500万オーストラリアドルであった［Australian Government Department of Foreign Affairs and Trade, 2008: 22］。

13) ASOPが展開される4カ国のうちのひとつとしてヴァヌアツが選定され、このナンバンガ・スポーツが実施されることになった。

14) ナンバンガ・スポーツは、「ナバンガ・スポーツ（Nabanga）」とも呼称され、オーストラリアの文書ではその名称が用いられることが多いが、本書では「ナンバンガ（Nambanga）」に統一して用いる。

15) Appreciative Inquiryとは、「人や組織における最大の強みを共同で調査していくこと」と定義される。「問いかけ」を通じて組織やメンバーのポジティブな面、内在する可能性を認識して強化し、理想とする組織のあり方やビジョン構築を全体で共有することにより改革への意識を向上させ、① Discover（過去や現状における成功体験などから組織の価値や強みを見出す）、② Dream（組織や個人の持つ長所や内在する可能性をもとに、組織の理想像・ビジョンを描く）、③ Design（その理想像やビジョンを具現化させ、組織の設計をする）、④ Destiny（その理想像に向けて組織改革を実践し、持続的に取り組む）といったプロセス経由してポジティブな思考をもとに前向きな変革の実現を促していく手法のひとつである。

# 第Ⅲ部
## SDPはどこへ向かうのか？

第Ⅲ部　SDPはどこへ向かうのか？

# 第9章
# 途上国に押し寄せるSDPの波

　ヴァヌアツで展開されたSDP（ナンバンガ・スポーツ）は、オーストラリアが主導し、いわばトップダウン的に開始されたが、プログラム実施の資金的裏付けが高く、活動は短期のうちに浸透した。それは、農村部でのスポーツ振興が遅々として進まない状況下で援助国の立場からできることを実行に移していこうとの働きかけだったとも言える。本章では、ヴァヌアツにおけるSDPの経験とは具体的にどのような内容なのかを把握することを目的とする。

## 1．SDPは現地に何をもたらしたのか？

　これまでみてきたように、オーストラリアやIOCをはじめとする海外からの援助は、首都のスポーツ組織の近代化と国際化を集中的に推し進め、他方で、局所的ではあるが地方のスポーツ振興を急速に後押ししてきた。とりわけSDPの展開は、社会開発のアングルからスポーツ政策の重要性を喚起することに成功し、スポーツ関連予算がかつてないほどの規模で拡大することを可能にしてきている。中央政府と各州政府、村落レベルで連合組織が形成され、これまでスポーツ振興が手付かずだった地方で十分なスポーツ環境にアクセスできなかった若者たちが、組織的なかたちでスポーツ実践の機会を得たという点は特筆に値する。この過程におけるヴァヌアツ政府によるスポーツ行政の大きな貢献は、ナンバンガ・スポーツの実施にともなうスポーツ行政のサービス・デリバリーの範囲拡大と、スポーツを通じた若者の組織化推進である。これは首都と地方の間で不均衡なかたちで進展していた「首都集中型のスポーツ振興」からの脱却に向け大きな意義を有する。というのも、従来、その地域に存在してこなかった住民組織を、政府やドナーが推進しようとするSDP実践のために組織化し、地域住民の定期的な

第 9 章　途上国に押し寄せる SDP の波

身体活動やスポーツ実践を実現させるための能動的な行動主体へと変化させる連携関係を誘発しうる可能性を秘めていたからである。未だに混濁した側面をもっているが、少なくとも先進国―途上国間、中央―州政府間、政府―住民組織間で複数の戦略的パートナーシップのもと、そうした行動主体が構築されつつあることは重要な点である。ナンバンガ・プログラムの中間報告書によると、このプログラムの施行によって、関係者のプログラム運営能力の向上や、定期的に活動するコミュニティ・スポーツの組織化が進展するなど、一定の成果が確認されている［Vira and Kenway, 2009］。

　しかしながら、こうしたスポーツ振興プログラムの急激な拡大化の一方で、この SDP は多くの限界性を見せつつもある。少なくともこれまでのところ、ナンバンガ・スポーツは計画当初に期待されたような成果を必ずしもあげているとはいえない。例えば、本来なら主導すべき青年スポーツ省に、プログラムへのオーナーシップの欠如が見られ、プログラムの直接的な受益者となるペナマ州政府（PENAMA Province）やタフェア州政府（TAFEA Province）のナンバンガ・スポーツへの関わり方がかなり限定的にとどまるなどの問題が生じている［Vira and Kenway, 2009］。オーナーシップの欠如はプログラムの継続性に大きく関わる。ナンバンガ・スポーツで採られたアプローチは各コミュニティ内の小さなボランティア・グループに依存するものであったが、実際には各コミュニティのスポーツ・グループが、既存のコミュニティ・リーダーたちを十分に巻き込んでこなかった。その結果、ナンバンガ・スポーツのプロジェクト目標である「より多くの住民が参加し、社会開発の推進に繋がるようなスポーツ実践の展開」の意識は全体として芽生えず、ナンバンガ・スポーツとはむしろ、スポーツ用具の提供やフィールドのクリーンアップなどの資金援助を供与してくれるものという認識が一般的に維持されていた。途上国のオーナーシップは、ドナーへのアカウンタビリティ（説明責任）が成り立つ範囲で許されるといった現実が多くみられるが、本プログラムに関する報告書の指摘からすると、ナンバンガ・スポーツにも同様の経過がみられ、その結果、各機関のオーナーシップが失われかねない事態に陥っている。オーストラリアが SDP という視点から政策枠組みを決定し、ヴァヌアツ政府がそれを実践する体制は、かつてない規模で整いつつあったが、「スポーツによる社会開発」に関する政策の立案・実施はその提唱者達が想定するほど単純ではなかった。ナンバンガ・スポーツのロジカル・フレームワークの設定は往々にして理想的で、求められる成果の数が非常に多く（図表 8-10、資料

第Ⅲ部　SDP はどこへ向かうのか？

8-3 参照)、かつ現地の計画実施能力が十分考慮されずに立案されたため、政府の行政能力を大きく超えるプロジェクトに、現地の人々が次々に対応しなければならないという事態を生じさせたのである。そしてそのことは、現場に課せられる様々なレポート作成業務だけを取り上げても明白であった。

ナンバンガ・スポーツでは、半年毎に提出を求められる「6 か月ごとのレポート（6-monthly reports）」や、運営組織内部での情報共有を目的とした「組織間定期レポート（Regular internal reports）」など、現地スタッフの業務として数多くのレポート作成が求められたが、ドナーの期待する役割を果たさないまま、それらの作業の多くは停滞することとなった。担当のスタッフたちは初等教育もしくは中等教育をかろうじて終えた程度で、報告書作成に関する知識やスキルは不足気味である上、本来の活動に上積みされた担当者の負担感は大きく、そうした作業とはなるべくかかわりを持ちたくないとする考え方が大勢を占めた。勿論、報告書の作成業務を恙無く遂行する関係者もみられたが、全般的に限られたものであった。では現地スタッフに求められたレポートの種類にはどのようなものがあったのか。それを図表 9-1 にまとめてみた。

こうしたレポートは、プロジェクトを効果的に管理運営していく上で不可欠なものとされ、例えば「6 か月レポート（6-monthly reports）」には、次のような意図が含意された。

① SC を構成する青年スポーツ省、VASANOC、農村開発トレーニングセンターといったステークホルダー間で進捗情況を共有できる。
② SC に対して進捗情況に関する基礎的情報を提供し、次の 6 か月の戦略計画に反映させることができる。

図表9-1：現地スタッフに求められる種々のレポート

| From | To | Frequency | Content |
|---|---|---|---|
| National Coordinator | SC & ASC Coordinator | Monthly | *Using a template provided:*<br>• progress to date on planned activities<br>• problems arising / suggested solutions<br>• priorities for next month |
| Provincial staff | National Coordinator | Monthly | |
| Communities/RTCs | Provincial staff | Every 2 months | |
| RTC manager / trainer | Provincial staff & VRDTCA | End of each module | • Student lists & results<br>• Set post-module survey completed<br>• Recommendations for change |

出典：Australian Agency for International Development et al.［2007: 22］より抜粋。

第9章　途上国に押し寄せる SDP の波

③それらのレポートは、ASC が AusAID に報告する ASOP 全体の報告書にも記載されることになり、AusAID が当該レポートを眼下に置くということは、次の半年間の AusAID から ASC に対するプログラム資金を引き出してくる上でも有効となる。

報告書作成に関する以上のような意図からすると、様々なレポートの作成が関係者たちの責務のひとつとなることにおそらく異論はないだろう。レポート作成にあたっては、図表 9-2、図表 9-3 にみられるように、現地スタッフが了得しや

図表9-2：レポートのフォーマットと各事項の説明

| # | 項目 | 説明 |
|---|---|---|
| 1 | Summary of Objectives | Summarise the stated objective(s) against which achievements are rated below. |
| 2 | Key Results | Main achievements (outputs and outcomes) arising from the Component in the past six-months and any contributing factors. |
| 3 | Implementation Progress | 1. Rating.<br>2. Are outputs (specific actions needed to deliver the initiative outcomes) and budget on schedule? (Why/why not?)<br>3. Issues arising (preventing higher rating)<br>4. Actions proposed (to improve rating). |
| 4 | Achievement of Objectives | 1. Rating.<br>2. Is the activity achieving the outcomes expected at this stage? (Why/why not?)<br>3. Issues arising (preventing higher rating)<br>4. Actions proposed (to improve rating). |
| 5 | Cross-cutting Issues | 1. Rating.<br>2. Note specific outputs, outcomes which contribute significantly to ASOP Strategy commitments on cross-cutting issues, i.e.<br>　- sustainability (ownership, partnerships / quality of relationships, capacity building)<br>　- Social-cultural impact & gender impact<br>3. Issues arising (preventing higher rating)<br>4. Actions proposed (to improve rating). |
| 6 | Other Issues | Allows the ASC to report on other significant issues not addressed above if required. |
| | Annexes | |
| | Financial Statement | A statement:<br>1. acquitting expenditure to date against budget and annual work plan<br>2. budget outlining expenditure for the subsequent six-monthly period.<br>Each report will clearly show funds expended and funds committed. |
| | Annual Implementation Plan (annually) | A statement showing the periods or specific points in time that outputs will be worked towards, indicative tasks to be undertaken and milestones expected to be reached. |

All answers should be brief, and provide key information to provide a coherent story of initiative progress, achievements and challenges.

Ratings: To be based on the following scale.

**Definitions of Rating Scale**

Satisfactory (4, 5 and 6, above the line)
6 Very high quality; needs ongoing management and monitoring only
5 Good quality initiative; needs minor work to improve in some areas
4 Adequate quality initiative; needs some work to improve

Less than satisfactory (1, 2 and 3, below the line)
3 Less than adequate quality initiative; needs work to improve in core areas
2 Poor quality initiative; needs major work to improve
1 Very poor quality initiative; needs major overhaul

出典：Australian Agency for International Development et al.［2007: 36］より抜粋。

第Ⅲ部　SDPはどこへ向かうのか？

図表9-3：レポートのテンプレート

**AUSTRALIAN SPORTS OUTREACH PROGRAM (ASOP)**
ASOP COMPONENT: VANUATU
Reporting Period: Start date: _/_/_　　　End Date: _/_/_

| Key Results | | | |
|---|---|---|---|
| Summary of Objective(s) | | | |
| | Rating | Explanation (including Issues Arising) | Actions to Improve |
| Implementation Progress | 1-6 | | |
| Achieving Objective(s) | 1-6 | | |
| Cross-cutting Issues | 1-6 | | |
| Annexes | Financial Statement | | |
| | Annual Implementation Plan(s) | | |

出典：Australian Agency for International Development et al.［2007: 37］より抜粋。

すいように本文の分量ほか細則まで指示され、できる限りのサポートも行われていたが、これらのオペレーションは低調であった。

　一連のレポート作成業務は、農村部におけるスポーツ振興実現のための主体的組織活動へと変化させるきっかけのひとつとして、各アクター間の情報共有とその連携を試みたという点で意義はある。ただ、もともとは血縁・近隣関係の中で選ばれてきた指導者層が人々の先頭に立って共同作業が進められ、現在でもそうした伝統的な部族社会が維持される中、これらの地域におけるプロジェクト運営に直結する地方行政の機能は極めて乏しく、地域に潜在する人材や組織の効率的な連携は十分に機能しうるものではなかった。プログラムの導入時点ではレポート作成に熱意を向ける模様も見られたが、活動の経過とともに参加者が増加していく中、その人数の正確な数すら分からなくなるほどに対応が杜撰になっていったという経緯も、援助国側が想定したように運営管理機構が機能しなかったことを裏書きしている。こうした情況下、計画時に構想されたプロジェクトのマネジメント体制はあらかた機能不全に陥り、同時にプロジェクト実施のスケジュールは大幅に出遅れることになった。図表9-4や図表9-5のようなマネジメント手

第 9 章　途上国に押し寄せる SDP の波

**図表9-4：計画時に構想されたプロジェクトのマネジメント体制**

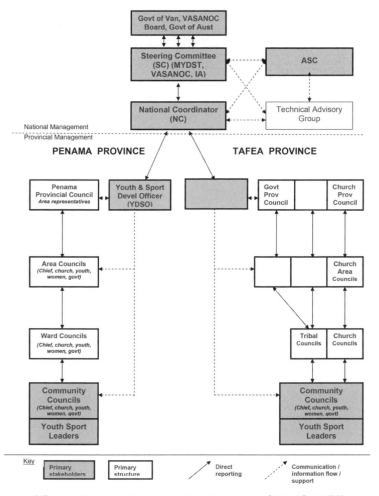

出典：Australian Agency for International Development et al.［2007: 34］より抜粋。

法は開発プロジェクトで「標準的」なやり方なのかもしれないが、そのやり方に従わされる現地の住民にどのように作用するかは、まるで考慮されていなかった。既存の指導者層を迂回するような、目新しい組織やマネジメント体制、先進国的なタイムスケジュールの性向を自明のものとした活動プランは、少なくとも現地の伝統的システムと親和性をもつことなく、ヴァヌアツ初の SDP 計画は当初の計画からすると大きく頓挫した。

*207*

**図表9-5：1年目の活動プラン**

| | |
|---|---|
| ■ | Set date/s |
| ▒ | Dates to be confirmed, or, work ongoing during period indicated |

| | **Community Activity** (all Program Activities act to support these community-run activities) | Sep | Oct | Nov | Dec | Jan | Feb | Mar | Apr | May | Jun | Jul | Aug | + |
|---|---|---|---|---|---|---|---|---|---|---|---|---|---|---|
| **A** | **The trained youth Sport Leaders run structured activities for children and youth in their community at least once per week** | | | | | | | | | | | | | |
| i | An annual Community Sport Calendar is set by each community before training the Sport Apprenticeship training finishes. | | | | | | | | | | ■ | | | |
| ii | Youth Sport Leaders in each community meet at least every 2 months with Community Council to discuss progress of activities and future activities. See Community Activity Bf | | | | | | | | | | ■ | | ■ | ■ |
| iii | Structured activities, led by trained youth are run for children and youth in their community at least once per week | | | | | | | ■ | ■ | ■ | ■ | ■ | ■ | ■ |
| iv | Youth access equipment for the community | | | | | | | ▒ | | | | | | ▒ |
| **B** | **Youth-led activities are monitored & managed by the Community Council** | | | | | | | | | | | | | |
| i | Community nominates itself for the program | | ■ | | | | | | | | | | | |
| ii | During orientation session the Community leaders confirm the members of the Community Sport Council & the role of any other key community individuals | | | | | | ■ | | | | | | | |
| iii | Training on monitoring delivered to the Community Council (during / part of Apprenticeship training) | | | | | | | ■ | | | | | | |
| iv | A system of recording weekly activity is put in place by Community Council | | | | | | | ■ | | | | | | |
| v | Community Councils observe weekly activities & record participation on data sheet | | | | | | | ■ | ■ | ■ | ■ | ■ | ■ | ■ |
| vi | Each Community Council meet with youth Sport Leaders every month to discuss activities and decide next activities, complete report and send to YSDO | | | | | | | | | | ■ | | ■ | ■ |
| vii | Community/Area Council decide on awards for youth leaders. | | | | | | | | | | | | | ■ |
| viii | Each Area Council regularly address their Sport program during meetings | | | | | | | | | | | | | ▒ |
| ix | Provincial Councils regularly address their provincial Sport program during meetings | | | | | | | | | | | | | ▒ |
| **C** | **Regular community festivals** | | | | | | | | | | | | | |
| i | Youth & Community Council prepare to host the festival | | | | | | | | | | ■ | | | ■ |
| ii | Youth-lead festivals that involve the whole community are hosted in communities with a rotating host community | | | | | | | | | | | ■ | | ■ |

出典：Australian Agency for International Development et al.［2007: 38］より抜粋。

このように、現地で暮らす人々のコンテクストという点が理解されることなく、もっぱら運営体制や進捗状況の面での不備がプロジェクト評価で指摘されたとしても、ヴァヌアツの現場ではプロジェクト・デザインという現地からすれば先進的ともいえる管理運営手法の発想をいとも簡単に後景に押しやってしまう。援助する側と援助される側のこうした認識のギャップに、SDPを立案・実施する側はまず気づかなければならない。自分たちと同じ文脈で地元も考えていると認識していると、SDPの実際の運営はドナー側が思い描いていたものとは別のものになる。大規模な資金援助によって、自動的に途上国が抱える課題に対してより効果的に対応できるようになるかと言えば、そうではない。ヴァヌアツ政府や各州の政府は、現地の暮らしにおけるスポーツの振興よりもドナーであるオーストラリアへのアカウンタビリティを優先する傾向にあり、それらの数値目標の達成に忙殺される形勢において、関係者の中には一時的な利益誘導によって資源・労働力を動員することを「参加」と見なそうとする考え方も存在したということには留意しておく必要があるだろう。そこには、ひとつのプロジェクトを完了したら次のプロジェクトへというように、次々と流入する国外からの援助支援の「調

第 9 章　途上国に押し寄せる SDP の波

整」を行動原理とする国レベルの行政と、プロジェクトの推進に必要なマネジメント能力を有した人材が大幅に不足する現実の中、矢継ぎ早に対応を迫られる州レベルの行政、プロジェクトの成否にかかわらずそれと対峙しなければならない住民との間に大きな懸隔が存在する。かくしてヴァヌアツにとってはスポーツ援助を得られる絶好の機会だったが、同時にそうした SDP の活動を適切に管理運営できるシステムを欠いていた。スポーツ振興に関するリソースを国外に著しく依存する中、スポーツ政策遂行に関する適切なメカニズムの欠如という事態が、これまでのヴァヌアツのスポーツ政策の際立った特徴のひとつだったとも言える。そしてこの後、ナンバンガ・スポーツは大きな変動を余儀なくされる。

## 2．変転する SDP のベクトル

　2010 年代に入ると、ヴァヌアツの SDP に大きな変化が生じてくる。その背景には、ASOP 国別プログラムが、前節で紹介した広漠たる領域に対する SDP の働きかけから、人々の健康増進や障がい者の暮らしの向上といった、より「特定」領域のイシューに、その関心を急速に推移させてきたことが挙げられる。中でも、「悲感染性疾患（Noncommunicable Diseases：以下 NCDs と表記）予防」と「障がい者の生活向上」という課題が、SDP の活動としてひときわ対象化されるようになった。こうした変化は、オーストラリア政府の新しい援助政策「An Effective Aid Program for Australia: Making a real difference」の登場と大きく連動している。この援助政策の中でオーストラリア政府は「援助の効果・効率性（Delivering aid efficiently and effectively）」の立場をさらに推し進め、それを 5 つの重点項目（① A clear strategy, ② Value for money and consolidation, ③ Risk management and performance oversight, ④ Transparency and results, ⑤ Involving the Australian community）として分節化した（図表 9-6 参照）。

　このフレームワークの特徴は、成果を達成できないプログラムに対する容赦ない援助の打ち切り、及び目標達成度合いを測定する評価制度の推進という戦略性の強化（選択と集中）であり、「value-for money」の言葉に象徴される効率性向上（コスト縮減）を前面に押し出した今後の援助の方向性である。対外援助は、持続的な経済成長と貧困削減を促進することでオーストラリアの「国益」を繋ぐものとして位置付けられ、それに伴いオーストラリアが主導する SDP の活動

第Ⅲ部　SDP はどこへ向かうのか？

図表 9-6：オーストラリア政府の援助のフレームワーク

出典：Australian Agency for International Development［2012: 4］より抜粋。

も、できるだけ数値に裏付けられたエビデンスを示せる活動に特化する傾向がみられるようになった。図表 9-7 は、その SDP のフレームワークであり、これを機にヴァヌアツの SDP は新たな局面とも言える段階に突入する。

　新たな段階を告げる先のアプローチ（図表 9-7）が示したのは、オーストラリア政府の援助全体の目的達成に SDP も連結し、それに資することが重要とされたことであった。図表 9-6 と図表 9-7 を対比すると、図表 9-6 に示される 5 つの戦略的援助目標（Our strategic goals）のうち、特に「生命を救う（Saving Lives）」と「すべての人々に機会を（Promoting Opportunities for All）」という援助目標に貢献する活動として SDP が関連づけられていることがわかるだろう。そして「生命を救う（Saving Lives）」という戦略的目標は SDP の中ではさらに「NCDs のリスクを低減するような健康活動の推進（improving health-related behaviors to reduce the risk of non-communicable diseases）」という目標に具体化され、「すべての人々に機会を（Promoting Opportunities for All）」という戦略的目標は「障がい者の生活の質の向上（improving the quality of life of people with disability）」といった目標に置き換えられてい

*210*

第 9 章　途上国に押し寄せる SDP の波

図表 9-7：オーストラリアの SDP のアプローチ

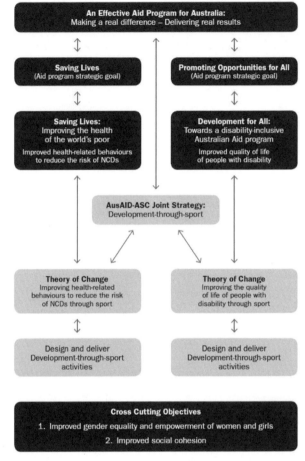

出典：Australian Sports Commission and the Australian Agency for International Development［2013a: 5］より抜粋。

図表9-8：新たな援助政策のもとで構想されたASOPの全体枠組み

| Australian Government aid program and the Australian Sports Commission |||
|---|---|---|
| Australian Sports Commission and AusAID Joint Development–through-sport Strategy |||
| Australian Sports Outreach Program (ASOP) Funded by AusAID and managed by the ASC |||
| ASOP Country Programs | ASOP Pacific Sports Partnerships | ASOP Sport Development Grants |

出典：Australian Sports Commission and the Australian Agency for International Development［2013b: 5］より抜粋。

*211*

るのがわかる。こうしたオーストラリアのSDPに関する戦略の変化はヴァヌアツで展開されるSDPにも大きく影響し、ナンバンガ・スポーツ自体の活動内容を大きく変転させた。図表9-8は新たな援助政策のもとで構想されたASOPの全体枠組みである[1]。では、この枠組みの中でASOPはいかなる基準で選ばれることになったのだろうか。そのグラント・ガイドライン（Grant Guideline）に詳細があるので、それに従い、ASOP採択における評価基準を図表9-9に示しておこう。

また図表9-10に、MDGsやオーストラリア政府の援助政策、及びヴァヌアツの国家開発計画などとヴァヌアツで実施されるASOPの連関性を示した関係図を示しておく。

これらの図表（図表9-8、図表9-9、図表9-10）から浮き彫りになるのは、他の援助政策との結びつきを有機的に構築しつつ、ヴァヌアツでのSDPにおいても「成果が求められる」時代へ推移してきたという新たな趨勢である。例えば、ASOP採択における評価基準（図表9-9）において「想定される成果（Proposed outcomes）」や「計画の実行可能性（Capacity statement）」が評価軸になっていることからも読み取れるように、新しい援助政策の基本的な理念は「援助の効果と効率（Delivering aid efficiency and effectively）」という点に集中し、それがSDPの新たな政策立案・実施にも波及していった。援助の効率性を求める局面はナンバンガ・スポーツが導入された時点でも勿論存在したが、新たな援助の方針と密接に関連付けられたSDPでは、プロジェクト計画が十全に機能するよう、継続的な圧力に各関係者たちが晒されてきている。援助の戦略性と効率性が強化され、成果主義の風潮が増幅する様相については、ASCやAusAIDが作成したSDPの報告書からもみてとれる。例えば、2013年にASCが作成したASOPの報告書によると、ヴァヌアツ南部・タフェア州アニワ島の事例が紹介され、ナンバンガ・スポーツが導入された場所とそうでない場所の間では大きな差異が生じた事例が報告されている。15歳から40歳を対象に、週に3回から6回の頻度で行われた身体活動は、プロジェクト実施地域と未実施地域との間でかなりの開きがみられたという（図表9-11）。さらには、肥満や高血圧の危険性に関する現地の人々の理解が促進され、それらの予防に定期的な身体活動が効果的との認識も高まり、同時に高カロリー食品の摂取やタバコの消費についても変化が確認できたとの見解が示された［Australian Sports Commission, International Sport for Development, 2013: 7］。また

第 9 章　途上国に押し寄せる SDP の波

**図表9-9：ASOP採択における評価基準**

| Assessment criteria | Weighting |
|---|---|
| **Proposed outcomes and activities**<br>Applicants are asked to present a clear description of proposed outcomes, activities and indicative costs in the Concept Paper which satisfactorily address each of the assessment criteria below. | 60% |
| 1　A clear rationale for how proposed activities will contribute to achieving one or more of the objectives of the PSP. | 10% |
| 2　A clear description of proposed activities and how these will contribute to achieving the end-of-program outcomes of the PSP. | 10% |
| 3　The extent to which indicative costs and the level of funding requested are reasonable and represent value for money. | 10% |
| 4　The extent to which proposed activities demonstrate a clear link with or can be delivered in a way that complements existing ASOP Country Programs. | 10% |
| 5　The suitability of proposed location(s). This will include a demonstrated understanding of the practicalities of delivering activities and relevance of the proposed outcomes to AusAID's development priorities in the proposed location(s). | 10% |
| 6　The extent to which applicants have demonstrated that proposed participants (beneficiaries) of activities will be consulted during activity design and implementation. | 5% |
| 7　The extent to which the application addresses key issues, including safeguarding children, gender equality, monitoring and evaluation, and sustainability. | 5% |
| **Capacity statement**<br>Applicants are asked to provide a description of their capacity in the Concept Paper that satisfactorily addresses each of the assessment criteria below. | 40% |
| 8　Demonstrate their official role to deliver sport in the Pacific and the existence and capacity of proposed partners in the region and/or targeted countries.<br>Applicants should be able to demonstrate that supporting the development of sport in the Pacific is part of their official role and that they have existing networks in the Pacific with local partners who are willing and able to run program activities. | 10% |
| 9　Experience delivering sport programs for marginalised and/or vulnerable groups (e.g. people with disability, women and girls) in rural, community or developing country settings.<br>Applicants should be able to demonstrate that they and/or their Pacific partners have experience running similar participation-based sport programs to those proposed in the application. | 10% |
| 10　Ability to provide appropriate technical assistance to support program delivery and develop the capacity of Pacific partners.<br>Applicants should be able to demonstrate that they can provide the necessary training and materials (or can develop them) in areas including coaching, officiating and sports administration. The application should also demonstrate experience in improving the governance and operational effectiveness of affiliated Pacific organisations. | 10% |
| 11　Commitment to making a co-contribution to deliver program activities.<br>Applicants should be able to demonstrate a longer-term commitment to sustaining the benefits of the PSP by highlighting what they will contribute to deliver activities successfully. This could include funding, equipment, transportation, human resources, expertise or relevant program materials. | 10% |

出典：Australian Sports Commission and the Australian Agency for International Development［2013b: 15］より抜粋。

第Ⅲ部　SDPはどこへ向かうのか？

図表9-10：ヴァヌアツへ向けたASOPと各援助政策との連関関係

出典：Clearing house for Sport 公式サイトより抜粋（アドレスは巻末の参考文献一覧に記載）。

第 9 章　途上国に押し寄せる SDP の波

図表9-11：アニワ島でのナンバンガ・スポーツの成果（アナイチウム島との比較）

|  | 男性 | 女性 |
| --- | --- | --- |
| アニワ島<br>（ナンバンガ・スポーツ実施） | 82.6％が余暇時間に身体活動に参加 | 89.9％が余暇時間に身体活動に参加 |
| アナイチウム島<br>（ナンバンガ・スポーツ未実施） | 77.3％が余暇時間に身体活動に参加 | 70.7％が余暇時間に身体活動に参加 |

出典：Australian Sports Commission, International Sport for Development ［2013: 7］をもとに筆者作成。

　AusAID の報告書でも、ナンバンガ・スポーツが実施されたアニワ島で約 50％の肥満解消がみられ、ヴァヌアツ・クリケット協会と連携したプロジェクト「The 15-week Women's Island Cricket Project」では、その成果として参加者の 92％に胴囲のスリム化、65％に血圧低下、50％に体重減少の変化が確認できるとされた［Australian Sports Commission and the Australian Agency for International Development, 2013a: 6-7］。

　このような NCDs 予防の領域に対する働きかけとともに、ヴァヌアツ北部・サント島で「障がい者の生活向上」に対しても活動が展開され始める。サント島には障がい者支援団体として「サンマ・フランギパニ（Sanma Frangipani Association）」があり、その団体が中心となり、ナンバンガ・スポーツの一環として 450 名以上の子供を集めてスポーツ・イベントが実施された。それを支えたボランティア 26 名のうち 20 名が障がいを抱えた者であり、参加者の側にも 90 名ほどの障がいを抱える子供たちがいた。普段の暮らしでの交流機会も限定され、障がい者に対する差別や偏見などの障壁が存在する社会において、スポーツを通じて健常者と障がい者の境界を越えようとする試みは、その境界が截然と区切られがちな現地に一石を投じた。報告書でも「ネットワークの拡大、自尊心の涵養、障がいをもつ子供の能力に対するコミュニティ内の意識変容」がナンバンガ・スポーツの活動成果として指摘され、程度の差こそあれ賤視に苦しめ続けられてきた人々にとって、SDP の活動が社会的包摂へ向けた意識啓発の格好の場となっているとの見地を明示している［Australian Sports Commission, International Sport for Development, 2013: 11-12; Australia Sports Commission and the Australian Agency for International Development, 2013a: 8］。

　このようにみてくると、オーストラリアが明示する開発目標を達成するツールとしてスポーツが有効とのエビデンスが集積される一方、ヴァヌアツのスポーツ振興の方向性は最大ドナー国の援助政策に大きく影響されていることが理解でき

*215*

るだろう。つまりナンバンガ・スポーツは、「より多くの住民が参加し、社会開発の推進に繋がるようなスポーツ実践の展開」といった漠然たる目標が掲げられた時代から、「NCDs 予防」と「障がい者の生活向上」という「特定」領域に訴えかける手法に転回してきており、その移行により新しい援助政策が打ち出した「戦略性の強化（選択と集中）」と「効率性向上（コスト縮減）」を実現させようとしている。そのとき SDP を推し進めようとするドナー側は、自国の援助政策が要求する第一段階の基準を確実に満たしている。それが現地社会で求められているスポーツ振興のあり方かどうかはわからないが、何はともあれ「開発援助」と「スポーツ援助」の領域とが連携した SDP が、新たな援助のフレームワークのもと、その後もヴァヌアツで継続できるようになったということは確かである。

## 3．外部依存という陥穽：弱体化する self-sufficient 的スポーツ実践

　これまで跡付けてきたように、途上国の発展を支える体制作りへ向け、「開発」の領域と「スポーツ」の領域とが歩調を合わせながら、オーストラリアによって様々なスポーツ援助が実施され、それをかなりの部分で下支えしてきたのが SDP の活動であった。ただし注意しなければならないのは、「より多くの住民が参加し、社会開発の推進に繋がるようなスポーツ実践の展開」といった目標にしろ、「NCDs 予防」と「障がい者の生活向上」という「特定」領域に訴えかけるという目標にしても、アイデアそのものの始点は現地の人々からではなく、あくまでドナー側から提案されていることだ。ヴァヌアツでは本格的な SDP の導入を前に、2006 年にネーション・レベルでのスポーツ政策フォーラムが開催され、そこでの提言をもとに、2007 年にはヴァヌアツ政府としては国家レベルでの包括的スポーツ政策（National Physical Activity Development General Policy Directives 2007-2011）を初めて作成し、その政策文書には、①国内のスポーツ振興に関するリソースの把握と評価、②スポーツ行政の発展へ向けた組織再編、③国内外のステークホルダーとのパートナーシップの促進、④身体活動の平等な機会担保と「権利」としての関連する政策の整備などが主な政策課題として示され改善の必要性が訴えかけられたが［Ministry of Youth Development, Sport and Training, 2007］、その時点では、とりわけ SDP 的な取り組みが突出して重要な課題だと認識されていたわけではなかった。ヴァヌアツのスポーツ振興に携わる関係者たちは、将来的なスポーツ振興のあり方を模

第 9 章　途上国に押し寄せる SDP の波

索していく中で社会開発を推し進めるツールとしてのスポーツという時代の形勢を看取し、自国の社会開発にも結びつけられる SDP の活動に力点を置いていくことが、予算を引き出す方策としては有用であることを理解していったのである。それ以降、「開発」の領域と「スポーツ」の領域が交差する活動に沿うような形でプロジェクトが立案され、現在のナンバンガ・スポーツの基盤が出来上がる。こうした新しいスポーツ振興のイメージのもと、スポーツそのものの発展を目指す sport development 的な側面とは別離した新たなスポーツ振興のあり方が生み出され、こうした切り口が慢性的な財源不足に悩むヴァヌアツ農村部のスポーツ振興を切り開くきっかけとなった。財政的に劣勢の立場に置かれてきたヴァヌアツのスポーツ界が、草の根レベルの人々のニーズとは隔たりのある SDP に執着する理由のひとつはここにある。

　同時にこの手のスポーツ活動のツール化は、もともとインフォーマルな活動の中で柔軟に融通の利く集団として活動してきた現地の人々の活力をそぐことにもなった。身の丈を超える潤沢な援助リソースが投入されるのを前に、資金の不適切な使用に至る事例などが持ち上がり、関係者間で軋轢が生じ、活動が難航する問題も散見された。現地の人々は往々にして単純にスポーツを楽しみたいケースが少なくないが、SDP のベクトルに沿ったスポーツ活動の組織化にともなって生じた数々のマネジメント作業や、折に触れモニタリングされる情景は、そのコンテクストを開発プロジェクトの枠内に押し込め、本来の自由なスポーツ実践の発展を阻害しかねなかった。つまり、この振興の有り様は、サッカーやバレーボールなどの物品供与や施設改善といった実際のローカリティが直接的に求めていたスポーツ環境の整備ではなく、外部から誘引されたスポーツの実践形態であり、それだけに単発的なイベントには多くの参加者を集められたものの、知識やスキルの習得を目指すワークショップへの継続的な参加は SDP の推進者が想定したほど高い度合いとはならなかった。プロジェクトの持続性を考えると、人材育成の面からも定期的なワークショップの開催は重要であったが、地域内で新たにワークショップが立ち上がると、地元の人たちはそれまでスポーツ実践に費やしていた時間をミーティングへの出席、関係者間の日程調整、資金管理などさらに多くの負担を強いられ、現地住民はこうした面倒な作業や増大する仕事量を歓迎しなかった。図表 9-12 は、2013 年 4 月から 6 月にかけてナンバンガ・スポーツのワークショップとイベントに参加した世代別集計である。

　大上段にたった「スポーツを通じた社会開発」という言葉は、ヴァヌアツのス

第Ⅲ部　SDPはどこへ向かうのか？

**図表 9-12：ナンバンガ・スポーツのワークショップとイベントに参加した世代別集計**

|  | Youth and Children | | Adults | | Pepole with disability | |
| --- | --- | --- | --- | --- | --- | --- |
|  | Male | Female | Male | Female | Male | Female |
| Workshops | 12 | 12 | ― | ― | ― | ― |
| Events | 215 | 233 | 194 | 187 | 23 | 24 |
| Other | ― | ― | ― | ― | ― | ― |

出典：Department of Youth Development, Sport and Training［2013: 5］より抜粋。

ポーツ政策の中で一律に使われ始めたが、そのスポーツが現地においてどういう意味をもつのかについては一様ではない。用具やスポーツ・フィールドが未整備なまま長らくさておかれた状態を何とかしたいという思いと、SDPを通じて頭で得られる知識とは、必ずしも実践において一貫するものではなく、一口にスポーツといっても、様々な要素が折り重なって成り立っていた。ナンバンガ・スポーツはみな「良い試みだ」と言い、プロジェクトが好意的に受容されていることは明らかだったが、「NCDs予防」や「障がい者の生活向上」という「特定」領域の成果を目指す活動と、サッカーやバレーボールで競い合ったり、楽しみ合ったりするスポーツ実践そのものを第一に優先する人々とでは、生活におけるスポーツの位置づけは随分と変わってくる。外部からの影響を受けつつも過去から現在への高い連続性をもとに、活発に自らが判断し、自発的に実施していくという等身大の変化を繰り返してきたそれまでの自助自立（self-sufficient）を原則としたスポーツ実践の姿情が、種々のインセンティブの供与とともに、現地でのスポーツ活動をプロジェクトのパフォーマンス向上のために「計測される」活動へと偏重する局勢も見受けられた。住民にとってナンバンガ・スポーツとはスポーツ援助を得られる絶好の機会だったが、同時に胴囲のスリム化や血圧低下、体重減少といった、数字で結果を出す色調に染められることで、数少ない自分たちの余暇・娯楽であり、「インフォーマルな活動」であったスポーツが、プロジェクトを管理する側の立場に立脚して、SDPの有効性が評価される「フォーマルな活動」へと変容させられる立ち位置にも置かれることになった。

スポーツと開発のかかわりを考えるとき、この関係性に目を向けることは重要である。開発プロジェクトが持つ諸特徴に鑑みれば、「戦略性の強化」や「効率性向上」、「客観指標による評価モニタリング」は当たり前であるが、従来、その地域が必要としてこなかったスポーツ実践の有り様を、政府やドナーが考えるスポーツ政策のために組織化し、「フォーマルな活動」へと導引することには、必

第 9 章　途上国に押し寄せる SDP の波

ずしも容易に継続的な参加が得られるわけではない。当たり前のことであるが、推進者側が「やりたいこと」の前に、住民の「やりたいこと」が存在するわけだ。ヴァヌアツでの SDP の展開は外部からのリソースというインセンティブが供与され、これがプロジェクトの定着を促進していたが、日常生活の息抜き、一時の憩いの場とは異なる次元で展開される「フォーマルな活動」空間への参加は、往々にして自発的に行われたというよりも、先進国からの援助という「何かがもたらされる」という期待にこそ、参加意欲の基準点を見出すことができたと言っても過言ではない。こうしてナンバンガ・スポーツは、オーストラリアの援助政策に則った先進国主導という形で実施され、それは自律的なスポーツ欲求、スポーツ参加を切り崩すような、あるいは弱体化してしまうような事態を同時に作り出していくことにもなった。関係者たちの関心は、SDP がもたらす援助と直結した利権に向けられ、その恩恵の枠組みから外れてしまうのを感知すると、プロジェクト活動から抜け出すような応対も珍しくはなかった。ナンバンガ・スポーツへの参加は「NCDs 予防」の問題であり、「障がい者の生活向上」の問題であったはずなのに、プロジェクトが投下される側の人々にとっては、いつの間にか援助で誘引される便宜供与の問題にずらされ、事と次第によると、それが引き金となって地元の人間関係を暗転させたりもした。

　オーストラリアの援助が、ヴァヌアツのスポーツ振興に対し、瞠目に価するほど支援してきたということに異論の余地はないが、これまで見てきたように、プロジェクトの全体的な構図や方向性はおおよそ決められており、それに従いプロジェクトを管理運営する現場のスタッフたちは、計画の進捗状況や予算執行の適切性のチェックなどの対応に追われることになる。そうした作業に苦心惨憺するのは、言うまでもなく、SDP を支援するドナー側に対し、いかにして説得的な資料を提示できるのかという問題がある。現場に対する締め付けは厳しく、そうした援助図式は現地のニーズに向き合うというよりも、むしろプロジェクトの成果がすんなり顕現しそうな対象を歓迎し、資源を投下するという事態を引き起こす。援助のプロセスでは、受益者層が自律的なスポーツ欲求や自発的な参加の重要性を自分たちで明確に感受し、それを維持するためにドナー側に言い立てたり、楯ついたりするようなことはほとんどないのであり、まさにこの点がスポーツ援助の最大の難関となる。現地の住民にとって援助側はあくまでも限られた期間のみ関与する外部者であり、魅力的な利益をもたらしてくれる恵与の人々である。したがって、現地社会全体の不利益になることが目に見えて感じ取られない限り、

## 第Ⅲ部　SDP はどこへ向かうのか？

プロジェクトの目的と自分たちの参加意欲との間に多少の隔たりがあったとしても表立って異見を述べることはなく、そのような批判しにくい四囲の情勢のもと、SDP が着々と推進されていく。だからこそ、計画を立案する際には、実際のローカリティが求めるニーズを問い直していく作業が求められるが、そうした「十分な対話」が行われたかどうかは甚だ疑わしい。もちろん計画段階における現地へのヒアリング作業は実施されたが、それは実際のニーズを掘り起こす手段として行われたのではなく、あくまでプロジェクトをデザインする上で「説得力あるエビデンス作り」の機会として活用されたようであった。ナンバンガ・スポーツの担当者は次のように語る。

　「ドナーたちは事前調査でヴァヌアツにやってきた。ここに滞在したのはわずか1週間。関係者たちと少し話しただけで帰国してしまった。驚いたことに、後日、プロジェクト・デザインの冊子がきちんと出来上がっていた。」
　　　　　　　　　　　　　（2010 年 9 月に著者が実施したヒアリング調査から）

トップダウンで注入される非対称的なパワー関係については、別のスポーツ・アドミニストレーターの不平の中にも鮮明に語られている。

　「彼ら（ドナー側）は、これ（プロジェクト・デザイン）を頭の中で既に描いていた。彼らは既に描いていたんだ。（計画段階での現地ヒアリングで）ヴァヌアツにわざわざやって来て、（首都から遠く離れた）島にまで行って関係者たちと話をしたというのも、（現地から本当に何かを聞き出したというよりも）ただ時間を費やし、既成事実を作りたいだけだったのさ。だって島に行く前の時点で、既にいくつかのアイデアをもっていたんだから。」
　　　　　　　　　　　　　（2010 年 9 月に著者が実施したヒアリング調査から）

　上記の見解がプログラムのステークホルダーたちの代表的見解でないにしても、その指摘からは、SDP が先行き危地に陥るおそれがあることを暗示する。というのも、外部からもたらされる SDP が、「development for sport」または「development through sport」のレトリックのもとに、途上国による先進国への一方的な依存を助長するようなトップダウンのパワー・ストラクチャーを移転しうる蓋然性を仄めかしているからだ。この問題がないがしろにされたまま、

第 9 章　途上国に押し寄せる SDP の波

現状では SDP はポジティブなインパクトをもたらす活動だということが暗黙のうちに含意され、この語が流通している。かつては自助自立的（self-sufficient）な活動であった現地のスポーツが、援助依存的（aid-dependent）なスポーツ実践の様相へと変化し、ややもすると、先進諸国からのスポーツ援助がなければスポーツ活動は困難、という安易な発想に陥りかねない時局をも創出している。SDP に依存していることによって「いかなる知識が大切であり、どのようなスポーツ実践が拡大されるべきか」という下地がドナー側によってなされるということ、そしてそうした実践に必要な情報や設備・備品は絶えず先進国でつくられ、途上国に移入されるというような方向性が常に固定化されているということ。ナンバンガ・スポーツの推進に熱心な者たちはかかる性向を自明のものとし、こうした性向を強化する援助スキームの明確化に傾注するが、ナンバンガ・スポーツを通じてその構図が成型され、揺るぎないスキームとしてヴァヌアツに押し寄せている実相を、SDP を語ろうとする者は看過すべきではないだろう。

　関連する問題は、国際大会を目指すエリートスポーツの振興にも言える。第 8 章で詳述したように、これまでヴァヌアツは数多くの国際的スポーツ大会へ参加してきた。ただし、その参加も先進国での指導者研修や選手育成プログラムへの参加に対する経済的支援など、オリンピック・ソリダリティを筆頭とする、IOC や各 IF が実施するスポーツ援助によって成し遂げられてきた[2]。援助する側は理念としてヴァヌアツ・スポーツ界全体の発展を望んでいたが、実際には国際大会への参加によって自動的にヴァヌアツが抱えるスポーツ振興の課題に対して、より効果的に対応できるようになるのかと言えばそうではない。図表 9-13 に示すように、2000 年代に入って以降、ヴァヌアツは各種国際大会に対して代表選手団を毎年派遣しなければならず、VASANOC や政府は、その度ごとに「選手団の結成」―「大会への派遣準備」―「選手団の実際の派遣」といったタスクに忙殺され、現実としてヴァヌアツ・スポーツ界「全体の発展」を目指すという具体的な構想やプロジェクト計画はその形骸化を余儀なくされた。そして、この問題は「オセアニア・オリンピック委員会（Oceania National Olympic Committee）」の職員として、南太平洋地域のスポーツ振興に長年従事していた Minikin の指摘からも見てとれる。「毎年迫り来る国際大会参加への圧力は、現地にとって必要な持続性のある活動を支える貴重なリソースを流用しかねず、そのことは現地スポーツ機関の健全な発展を阻害しかねない」［Minikin, 2009: 20］とする彼の見解は、現地で本当に必要とされる development の形よりも外

第Ⅲ部　SDP はどこへ向かうのか？

図表 9-13：各種国際大会への選手派遣実績

| 2012 | ロンドン・オリンピック（イギリス） |
|---|---|
| 2011 | パシフィック・ゲームス（ニューカレドニア） |
| 2010 | ユース・オリンピック（シンガポール）、コモンウェルス・ゲームス（インド） |
| 2009 | パシフィック・ミニ・ゲームス（パプア・ニュー・ギニア） |
| 2008 | コモンウェルス・ユース・ゲームス（インド） |
| 2008 | 北京・オリンピック（中国） |
| 2007 | サウス・パシフィック・ゲームス（サモア） |
| 2006 | コモンウェルス・ゲームス（メルボルン） |
| 2005 | パシフィック・ミニ・ゲームス（パラオ） |
| 2004 | アテネ・オリンピック（ギリシャ） |
| 2003 | サウス・パシフィック・ゲームス（フィジー） |
| 2002 | コモンウェルス・ゲームス（イギリス） |
| 2001 | サウス・パシフィック・ミニ・ゲームズ（ノーフォーク諸島） |

出典：VASANOC からの情報提供をもとに筆者作成。

部機関によって設定される develoment の形が優先されている実態を、一方で浮き彫りにする。

　このように、財政的に劣勢の立場に置かれてきたヴァヌアツにおける SDP の導入によるかつてないほどのスポーツ振興の展開とは裏腹に、ドナー側である先進国の影響力が著しく強まっているという事態も同時並行的に進行している。国際開発の領域でこれまではほとんど無視されてきたスポーツが、急に国連などをはじめとする「国際開発機関からの注目」を浴びるようになることで、SDP というタームが急速に広がってきたが、ただ、多くの機関は「スポーツの素晴らしさ」について語ることはできても、スポーツが実際の暮らしの中でどのように位置づき、スポーツ援助によっていかなる問題が惹起されてきているのかについて答えを持ち合わせているわけではない。様々なスポーツ援助が誘発する重層的な影響についてはこれまでのところ視野に収められることがなく、この欠如のために SDP の議論においては援助依存的（aid-dependent）な関係性の拡大という、スポーツ援助の核心部分については念入りに考察されないまま、その戦略性や効率性だけが焦点化されてきた。無論この問題は、「自助自立的（self-sufficient）」対「援助依存的（aid-dependent）」という単純な枠組みから想像されるより、実ははるかに複雑なものであるが、筆者は、こうした「スポーツ世界のロジック」と、これら開発のコンテクストにおける「援助世界のロジック」には大きな懸隔があると思う。つまり、IOC や IF のような統括組織を最高意思決定機関とす

第 9 章　途上国に押し寄せる SDP の波

るスポーツ界のシステムと、そうした機関を持たず、最終的な意思決定に現地の民意が反映されうる開発援助世界の間にある大きなシステム体系の違いである。SDP とは単なるスポーツを通じた国際貢献活動であって、スポーツの有するアウトリーチ性を活かした可能性のある新たなアプローチだという楽観的な発想では、その活動を通じて象られる援助する側とされる側の「一方向的な関係性」という陥穽を見落としてしまう。SDP のようなスポーツ援助は、現地の人々にとっては新たなスポーツ実践の有り様を「与えられる」開発である一方、現地の思いは度外視され、それまでの自助自立（self-sufficient）を基本原理としたスポーツ実践の有り様を部分的に「失う」開発であるケースも少なくない。言い換えればヴァヌアツのような途上国は、独自のスポーツ振興政策の検討機会を持たぬまま、それらを SDP や IF に寄り掛かる環境を設定され、「スポーツを通じた開発」や「スポーツによる国際貢献」という大義名文のもとで、かたくなまでにグローバル・スタンダードとしてのスポーツを志向するよう仕向けられているのである。それはまさしく、途上国は先進資本主義諸国が歩んできた道と同じ道を辿る想定のもと、単線的発展論を前提にした近代化論が批判されてきた開発援助の議論の裏側で、スポーツ界では IOC や IF を頂点とした単線的発展を志向する動きが、今なお着々と進行しているということなのである。冷静に考えればわかるように、スポーツのグローバリゼーションを象徴する国際大会の開催を成立させる大きな要素となっているものが、他ならぬ IOC や IF を中心とした、途上国に対する組織化への動きと各種スポーツ援助の展開なのであって、それが途上国のスポーツを「国際化」させ、国際ルールに基づいたグローバル・スタンダードとしてのスポーツを世界的に浸透させてきている。そして、それがひいては第三世界をも含めた現在のグローバルな国際大会の開催を可能にし、「スポーツは世界の共通言語」と言われるような現象を顕現させてきているのである。

　スポーツによる MDGs への貢献はタイムリーだが、SDP においては、ややもすればそれがトップダウンのパワー・ストラクチャーを移転し、ひいては援助依存的（aid-dependent）な関係を生み出しかねないという側面への検討が実質的にはなされてこなかったという認識が推進側に生成されるとき、SDP を通じた開発行為の展開が、「一体誰のための開発なのか」が重要な視点として提示されてくる。そしてそれは、SDP が世界中で活発化する中で、SDP によって関係者のあいだの結びつきがどのように変化するのか、そうした変化がステークホルダーの間でいかなる「主体形成」につながっていくのか等といった、開発援助の

第Ⅲ部　SDPはどこへ向かうのか？

世界で長い間議論されてきた基本的なイシューが、スポーツ世界の中でも問い直される時代に突入することを強く求めるものとなる。

【注】
1) 図表9-8内に示される「ASOP Pacific Sports Partnerships」では、ASOPとクリケットやサッカー、ネットボールやラグビー・リーグ及びラグビー・ユニオンなどのスポーツ連盟との間にパートナーシップが結ばれた。
2) 2003年からVASANOCにより「NODSプロジェクト（National Olympic Development Squads Project）」開始され、2008年からは8歳から21歳を対象としたフィジカル・パフォーマンスのテストを行い、そのデータベース化を図る「VanTIDプログラム（Vanuatu Talent Identification Development Program）」なども展開され始めた。

第 10 章

問い直される「スポーツの力」
: Sport for Tomorrow の課題

　東日本大震災後の復興活動の影響もあってのことか、近頃、日本でも被災地復興や地域活性化の文脈で、いわゆる「スポーツの持つ力」に関心が向けられ、そのような関心は途上国へのスポーツ援助にも向けられつつある。スポーツを通じた社会貢献を目指す新たな盛り上がりに注目しておく必要はあるが、そうした「スポーツの持つ力」を、連帯感くすぐる安上がりな仕掛けとして捉えようとする算段だけでは、未曾有の震災を経験した人たちが抱える切実な問題や、貧困社会で暮らす人々の実相を捉えることはできない。例えば、『サッカーボールひとつで社会を変える』といったタイトルで、途上国におけるスポーツ、特にサッカーの持つ力の重要性を訴える岡田の著作は［岡田，2014］、それを論評する村田が指摘したように、エッセイやルポルタージュのライターたちが描き出す記事と同じく、「私とは切り離された」形で現地の悲惨さを表象し強化する点において、SDP に関心を持つ者に向けて書かれたきわめて酷薄な書物であると思われる［村田，2015］。しかも、情緒に流れるかたちで読者の同情を喚起しようと統計データや写真で現地の惨状を増幅しつつ SDP の重要性を喧伝しているからこそ、その「悪辣さ」はよけい厄介だとも言えるかもしれない。岡田が描き出す一連の対象事例と論理展開には、まるで哀歌のような悲痛な感慨を覚える一方で、次々と溢れ出るが如く示されるスポーツを賛美する旋律にある種の「きな臭さ」が漂い共感することができないのである。そうした違和感を抱かざるをえない理由のひとつは、貧困削減という問いに対するこれまでの議論の経緯やスポーツと国際開発とがどのように絡まりあっていたのかが主題化されないまま、スポーツがローカル・コミュニティにポジティブなインパクトをもたらすのは自明の理という見解のもと、SDP の重要性だけがやたらと吹聴されていることにある。少なくとも岡田の視野には、途上国で振興されるスポーツが象る様々な問題は大きく抜け

落ちている。
　そこで本章では、このところ揺らぎ始めたスポーツ援助の自明性について検討する。岡田の著作にみられるように、これまでの研究成果を確かめずに「スポーツの力」を憶断するのではなく、活発化する近年の SDP の議論を跡付けながら、その議論の範囲と限界を明らかにし、SDP と開発イシューの交錯する地点をポスト 2015 開発アジェンダの問題に引き寄せ解題する。そして、最終的には現在の Sport for Tomorrow が抱える課題について明らかにする。

## 1．SDP に対する研究者側からの問題提起
：活発化する SDP の議論と揺らぎ始めるスポーツ援助の自明性

　各方面における SDP の興隆は、実践や学問の世界における開発とスポーツ、援助とスポーツの議論を大きく活発化させた。SDP に対する研究者側からの問題提起を考えるとき、日本と海外ではいかなる相違があるのか。本節では、研究者側から SDP に対してどのような問題提起がなされてきたのかを検討しつつ、それらの議論の範囲と限界を明らかにしておこう。
　日本では小林（2000）が、開発援助戦略の変遷からスポーツによる近代化論的援助の問題性を論じ、スポーツのグローバル化にともなうスポーツ・ディベロップメントの方向性が、IOC の圧倒的な展開の前に、途上国の多くでその方向性を限定させられてきたという実相を指摘した。彼は、従属理論の裏返しとして南北問題を超克していくという仕方ではなく、開発のパラダイム転換が行われてきたのと同様に、「スポーツ・ディベロップメントとは何をディベロップさせることなのか」を真剣に考えなければならないとし、スポーツ援助の議論に先鞭をつける。同時に小林（2001）は、スポーツにおけるグローバリゼーションの言説の多くは無自覚的に先進国からの目線で焦点化され、そのうねりに翻弄される途上国の存在についてはほとんどが捨象されている事態を指摘し、ローカルとグローバルの関係における潜在的な争いや緊張に関する注意深いエスノグラフィックな調査の積み重ねの重要性を訴えかけた。
　これに対し石岡（2004）は、「エスノグラフィックな調査の積み重ね」の必要性をただ指摘するだけでなく、どういったエスノグラフィが第三世界のスポーツ研究では要請されるのかを方法論的水準で議論する必要があるとし、マンデル夫妻やヴァカンの研究を押し広げながら、第三世界のスポーツ空間に参入するため

第10章　問い直される「スポーツの力」

には、調査者自身をも内包したスポーツ空間の社会関係のありようを捉える必要性を論じた。社会から切り離された形でスポーツの空間が存立しているのではなく、人々のスポーツ実践は、スポーツ界の編成原理のみならず、社会経済的条件によっても同時に規定されていると捉えた石岡の視点は、ガーナ農村でのローカルな試合を通じた社会関係が、スポーツの空間のみならず、日々の暮らしを支える一種の生活保障システムとして機能する側面を明らかにした坂本（2006）の研究にも投射され、日本における第三世界のスポーツ研究を一歩洗練させる。

　その後、石岡（2012）は、文化帝国主義論や文化ヘゲモニー論といった既存の第三世界スポーツ研究の枠組みを乗り越えるべく、ブルデューによる「スポーツ社会学のための計画表」をもとに、「二重のフレーミング」による対象構成を試み、フィリピン・ボクサーの日常を、ボクシング界の編成原理とボクサーたちが生きる貧困世界の社会経済的条件の両面から捉える。ただ、第三世界の現場を取り巻く人々の暮らしの論理に対する理解や、貧困に生きる状況下でもスポーツを実践し続ける人々の態様を「二重のフレーミング」の視角にのせて包括的に捉えようとする試みも、開発援助の波がいかに現地に押し寄せ、場合によっては国家レベルやローカルレベルでいかなる社会変容を引き起こしているのかといった点については黙過された。フィリピン・マニラ首都圏のボクシングジムの世界を、スポーツ実践の世界と現地の社会経済的機制の交錯する地点から、スポーツを通じて構築された空間の構成原理を担い手の次元にまで引き寄せて議論したという点で大きな足跡を残した石岡の研究も、「貧困世界の社会経済的条件」の一群を象る開発援助や政府の開発計画について論及することはなかったのである。開発の余波がどうであれ、少なくとも刻々と開発計画に組み込まれていく現地社会と外発的な働きかけである開発援助との接点を顧みることなく対象化されたマニラ首都圏のコンテクストは「貧困世界の社会経済的条件」の大きな構成要素を見落としていたとも言える。このように、第三世界とスポーツの研究が、日本でその俎上にのぼってきたとしても、そこでの研究視角が直接的にSDPの議論にまで拡張されることはなかった。

　他方、開発とスポーツを極めて明白に結びつけ、開発におけるスポーツからのアプローチについて検討した議論が全くなかったわけではない。岡田ら（2009）や鈴木（2011）は、その活用可能性について論じながら、SDPに関して停滞する日本での論調に、スポーツの新たな視点を積極的に組み込もうとした。ただし、その主張はSDPの事例紹介やSDPへの政策誘導的な発想に終始し、先に示し

## 第Ⅲ部　SDP はどこへ向かうのか？

た第三世界とスポーツの研究に交差することなく、現地における暮らしの実相とその中で実践されるスポーツとの接点についての議論を展開するまでには至らなかった。彼らの前提には常にスポーツの活用可能性が想見され、押し寄せる開発援助の波の中で、人々のスポーツ実践がいかに位置付けられるのかといった視点は等閑にされたままだった。すなわち、彼らの視角からスポーツと援助、スポーツと国際開発の議論をしようとすると、スポーツ・プロジェクトの編成原理に力点が置かれ、政策立案者側が想定する活用可能性やその動向だけが検討の対象となり、スポーツ援助に纏わる種々の問題について関心が向けられることはなかったのである。

　対照的に欧米では、とくに途上国を対象にしたスポーツの研究が台頭してきたことによって、これまで良かれと思われてきたスポーツ援助の自明性が揺らぎ始めた。例えばゲストは、もともと欧米社会から始まった近代スポーツ自体が、先進国の経済環境、文化を基盤にせざるを得ない局面が多く、その意味でスポーツを第三世界へ移出するのは、現地との文化的差異による多くの軋轢を生じさせるのであり、スポーツに人類普遍の価値を有するとの前提は、ユニバーサリストのふりをしたヨーロッパ中心主義なのではとの批判を展開する［Guest, 2009］。またジュリアノッティやキッドも、同様の見地に立ちながら、先進国と途上国の異なる文脈を置き去りにしたまま、近代スポーツそのものが内包する「先進国的」価値を無批判に波及させてしまう問題性について指摘した［Giulianotti, 2004; Kidd, 2008］。

　さらには、新たな開発アプローチとして期待されるSDPに対しても、このところ様々な議論が寄せられてきている。SDPIWGや国連に従事するビートラー［Beutler, 2008］たちが、もっぱら開発アプローチにおけるSDPの万能薬的な効用という方向に議論を向けたのに対し、近年の研究視角の特徴は、開発プロジェクトにおけるスポーツの効能を過剰に論じる傾向を自制しながら、それにより見落とされるSDPの課題と限界を示唆している点にある［例えばFabrizio-Pelek, 2005; Darnell, 2007; Coalter, 2007, 2008, 2010; Levermore, 2008, 2010; Hayhurst, 2009; Hayhurst and Frisby, 2010］。こうした研究者たちに共通する意図は、スポーツが開発現場に好影響を与えうるが、同様にそこには様々な問題が併存するという、双方の混交した局面を問題にする方向へ議論を向けることにあった。それまでSDPをめぐる議論は、ある種の期待、理念型を語るレベルにとどまり、第三世界においては先進諸国側が想定する以上にもっと多様な

スポーツの受容のされ方があるという実態を著しく見過ごしてきた。実際、多くの論調が、スポーツの好ましい影響や新たな開発アプローチとしてのスポーツの活用可能性を喧伝し、それがSDPを推進するための外圧を形成してきたことも事実だが、援助の世界で善意による行動が必ずしも善行を保証しないという事態が顕在化するにつれ、これまで問う必要のなかったSDPにも、それがもたらす多元的なインパクトの意味に「援助する側」を直面させたのである。

SDPをめぐる議論に対しては、ハイハーストが示すように、①人権問題［Giulianotti, 2004; Donnelly, 2008］、②フェミニストやジェンダー問題［Saavedra, 2005］、③国際関係やグローバル・ガバナンス［Black, 2008; Maguire, 2008］、④社会政治的及び平和研究［Armstrong, 2004; Sugden, 2006］、⑤ネオ・リベラル及び社会運動理論［Wilson and Hayhurst, 2009］、⑥ポスト・コロニアル及び批判的人種理論［Fabrizio-Pelak, 2005; Darnel, 2007; Nicholls and Giles, 2007］など、これまで幅広い視角から論じられてきた［Hayhurst, 2009］。これら広範な研究領域の中に痕跡を残す数々の論考の諸断片をつないで、本稿の紙幅内にSDPの展開に対する一貫した結論を導くことは難しいが、一連の研究からこれまで少なくとも2つの視点が研磨されつつあると言えるだろう。それは、SDPの展開によって急に注目を浴びるようになった、従来ほとんど無視されてきた「SDPを受容する側」への視点と、援助機関や先進国のNGO等による「SDPを展開する側」への視点である。とりあえずここでは、すべての関心を満足させるかわりに、たとえ粗描なりともこの2つの視点を対称軸に幾つかの主要な議論をとりあげることで、そうした批判的検討の議論を概観するとともに、現在のSDPの論点を明らかにし、むしろこれまでに浮かび上がってきた課題を確認しておこう。

まずは、SDPを「受容する側」の視点である。SDPの有効性を解読していくためには、何よりもまずそのプロジェクトがもたらした影響を分析しなければならない。その影響を解読していくためには、単なる上からの注目に惑わされないSDPを受容する側の視点から実際の事情はどうなのかを分析しなければならない。途上国における現地の視点が欠かすことのできない論点として、SDPの掲げる目標が、実際にはずらされ、読み替えられるというケースをアンゴラのフィールドワークから浮き彫りにしたのはゲストだった［Guest, 2009］。オリンピック・エイドの援助活動が本格化していた2002年、ついにアンゴラのペナ・コミュニティ（仮名）にもスポーツ援助が到来する。それはスポーツを通じて自

## 第Ⅲ部　SDPはどこへ向かうのか？

己尊重やチームワーク、コミュニケーション、規範やファア・プレーの尊重といったライフ・スキルの習得を目的としたプログラムであった。貧しい家庭に育った現地の若者たちは十分な教育機会に恵まれず、そうした知識が不足しているうえ、社会参加も大きく制限されていたが、オリンピック・エイドのおかげで、特別な教育も技能も持っていない人でも何らかの活動に参画できるようになる。本格的な社会参加と言えるものではなかったが、ペナの人々には援助事業に携わる一員となる点でまずまずの待遇であったといえよう。ところが、時間の経過とともに現地の参加者たちが、事業へ貢献する自分たちの活動への対価を求め始めた。運営者側が活動の目的と意図を意欲的に訴えかけたとしても参加者たちには響かず、後にペナの人々はその活動を手頃な労働機会と捉え、スポーツへの参加を、対価のある仕事が提供されないかぎり、大人の暮らしとは関係ない事業と捉えていた内情が判明する。日々の暮らしの論理がプログラムの理念より優先される現実を鮮明に映し出す事態となったペナの事例は、規範的でおぼろ気にしか感受できないチームワークやファア・プレーの尊重といったライフ・スキルの体得よりも、生活に直結する能力やスキルの習得に関心が向けられるという、アンゴラ社会のひとつの実景を映し出す。援助する側は理念としてスポーツ実践を通じたライフ・スキルの獲得やそれに触発されるコミュニティ全体の社会開発を望んでいたが、現地住民側はコミュニティ全体を包括する開発視点を持っていたわけではなく、労働機会への対価といった個人レベルでの発展を望む傾向が見られたのである。先進国側の人々は、こうした援助プロジェクトが途上国にやってくるのは、多分良いことなのだろうと思っている。現地の人たちにとってはスポーツ参加の機会を享受でき、スポーツ活動を通じてライフ・スキルを習得し易くなるのは悪いプロセスとは思えないからだ。しかし、援助事業の運営側とそれに参加する現地社会の側では、スポーツ参加に対する異なる意義づけが行われ、両者間にしばしば大きな緊張関係を生じさせる。

　このようなSDPを「展開する側の意図」と、それを「受容する側のニーズ」との間に齟齬を生じさせるという問題は、ハイハーストによっても指摘されている［Hayhurst, 2009］。彼女は、ロングの提唱したアクター志向社会学（actor-oriented sociology）に共鳴しながら［Long, 2001］、SDPのような政策がいかに形成され、そこにいかなる権力関係が交錯するのかを焦点化する。MDGsによる負の影響が議論されている中、SDPでは未だそれが中心的枠組みになっているとし、SDPを展開する側によって、「どういうスキルが重要であり、誰を

第 10 章　問い直される「スポーツの力」

ターゲットにするのか」という価値判断が先進国によってなされるということ、そして、知識、情報は常に先進国でつくられるという一方通行に陥りがちという実態を問題視する。「パートナーシップ」という対等な協力関係が標榜されつつも、SDP に関わる本部組織は先進国にあり、その事業は常に先進国から途上国へと一方向的に投げかけられる。その非対称性をハイハーストは見逃さず、ドナーの側に「あるべき社会の姿」が構想され、SDP の政策形成・立案といった工程が、先進国側によって「想像の中」で描かれている事態を、彼女は問題視したのだった。

　さらにハイハーストは、このパートナーシップをめぐり、SDP を展開するドナー同士の水準でも議論する必要性についてフリスビーとの共同研究において指摘する［Hayhurst and Frisby, 2010］。従来の開発においては、政府の側が開発事業を定義し、計画し、実施することが多かったが、SDP の活動の多くは、政府や開発援助機関、IF や NF から資金や技術援助を受けた NGO が、組織間でパートナーシップを結びながら展開されるところに大きな特徴がある 。このパートナーシップについては、かねてより有効な手段と捉えられてきたが、ハイハーストらは、近年、組織の間に深刻な緊張関係が生じてきているという点を、スイスとカナダの NGO の事例から明らかにする［Hayhurst and Frisby, 2010］。潤沢な財政状況にないスイスの SDP 関連の NGO にとって、IF や NF のような競技志向のスポーツ団体とパートナーシップの関係を築くことは重要な問題である。そうした組織は SDP を運営する NGO よりもはるかに大きな資金力を持ち、現地の人々に活動上の分かり易いロジックを提供してくれるからである。すなわち、スポーツを通じた開発援助と名乗り出て、現地の人々にどことなく掴みどころがない活動内容を講釈するよりも、高い知名度を誇る IF や NF と繋がりのある組織の活動の一環とみられた方が、現地での活動ははるかに注目してもらえるのだ。

　このように、競技志向のスポーツ団体との連携は、現地での活動を分かり易い論法で円滑にしてくれるが、他方で活動上の力点の置き方をめぐり様々な軋轢を生じさせる。その争点は、先述の「スポーツの振興（development of sport）」と「スポーツを通じた開発（development through sport）」とをめぐる問題としてパラフレーズできる。競技志向の組織が、才能ある若年層の発掘に大きな関心を向けるのとは対照的に、SDP を運営する NGO は、将来を嘱望された若者が怪我などの理由により途中で見限られ排除されてしまう場面が拡大すると、自分たちの活動自体が毀損される可能性が高く、その観点から競技志向の強い組織に過度

*231*

に取り込まれる事態を問題であると感じている。互いの活動理念が競合する中で、SDPの活動理念をいかに体現できるのか。活動の理念に食い違いがあったとしても、SDPを実施するNGO側は競技志向のベクトルを織り込んでおく必要がでてきたし、資金を提供する側に対しても活動成果としての目標達成度を示さなければならなくなってきている。そうした実情を捉えながら、結局、事業の対象となった人々にとってどのような効果がもたらされたのかという成果よりも、ドナーへのアカウンタビリティが重視される傾向にある現実を、ハイハーストらは非対称的な関係の中で構築されるパートナーシップという視座から検証したのである。

　多くのSDPの活動がパートナーシップの展開を積極的に推し進めていこうとするのに対し、ポスト・コロニアル及び批判的人種理論の見地から、SDPの活動に内在する、より茫漠に言えば開発援助という行為自体に内包される問題設定そのものを問う研究者もいる。なかでも最も鋭い切れ味を示しているのはダーネルである［Darnell, 2007］。彼は、ライト・トゥ・プレイの活動に参加したボランティアたちの言質から、SDPの活動で構築される「する側－される側」、「感謝される側－する側」の境界を主題化し、その境界線を縁取る「白人（The White）」と「その他の人々（The Others）」という問題を焦点化する。バレーボールや円盤遊具など、わずかばかりの用具の援助であっても、それを喜んでくれる現地の子どもたちの姿を感慨深げに語るボランティアたちの言葉から、それが暗示する「その他の人々（The Others）」が誰であるかという事態を看取する。SDPの活動が常に「する側－される側」、「感謝される側－する側」の境目を構築してしまう、その関係性の構図を彼は透察するのである。先進国のミドルクラスの子どもたちはそのような少しばかりの用具の援助だけで胸を弾ませるはずもなく、そうした用具はアメリカ消費文化の担い手として、暗に文化やクラスを示し、実際には、そこには大きな境界があるのに、スポーツを通じて一時的に相互の切れ目が透明化される。この境界線は、活動全体にわたって張り巡らされていて、明確な境界で途切れるようなことはない。ダーネルは、そこに対照的に描き出される「白人（whiteness）」と「有色人種（bodies of colour）」という切れ目を把捉しながら、SDPの活動で築かれる「善意ある寛大な存在」としての「白人（The White）と、「恩を感じ、ありがたく思う存在」として位置付けられる「その他の人々（The Others）」といった、人種に基づく関係性が再生産されることに対して、批判的なまなざしを向けたのであった。

このように検討すると、開発におけるスポーツの活用可能性については、まだ多くの検討を要する仮説の段階にとどまっていることがわかるだろう。開発の文脈でスポーツに期待を寄せる議論の多くは、MDGs の達成という問いに対して、視点を「新たな開発アプローチとしての活用可能性」に限定することで答えようとしてきた。ただ、その評価はやや買いかぶりで、SDP による現地社会への実際のインパクトの解釈についてはもう少し慎重でなければならない。少なくとも、ここに取り上げた SDP を「展開する側の意図」とそれを「受容する側のニーズ」という 2 つの視点を対称軸にいくつかの批判的検討を一瞥しただけでも、スポーツが新たな開発アプローチとして有効であり、世界的に地域を問わず万能薬的な効果をもたらすとする議論がいかに粗雑な議論であるかは理解できるだろう。いずれにせよ、スポーツは伝統的なアプローチによる開発援助を補うことができるのか、それとも補完できないのか、この点をめぐる多様な意見について合意できないままでいる地点があることはたしかである。

## 2．SDP の課題：ポスト 2015 開発アジェンダの議論によせて

では、SDP はこれからどこへ向かっていくのだろうか。SDP の大きな拠り所でもあった MDGs の目標期限が 2015 年とされていたこともあって、その期限を目前に控えた 2014 年、MDGs に代わる開発枠組みの更新が国内外で注目を集めていた。例えば、国際開発学会では、その学会誌となる『国際開発研究』において、「ポスト 2015 開発枠組みはどうなるのか？」という特集を組み、2015 年以降の開発枠組みについて活発な議論を交わしている［国際開発研究, 2014, Vol23, No2］。スポーツと開発の関わりを考えるとき、「ポスト 2015 開発枠組みはどうなるのか？」という問題は重要である。なぜなら SDP の先行きは、ポスト 2015 開発枠組みの動向に大きく影響を受ける可能性があるからである。ここでは『国際開発研究』での議論をもとに、開発援助の変遷を「国際レジーム論」の視点から改めて捉え直し、今後の SDP を検討するためのひとつの素地を提供しておきたいと思う。援助レジームの変遷を検討した高橋によれば、国際関係では「明確な組織性や正式な条約によらずとも、諸主体の一定の合意に則って協調的な行動を見せることが多々あり、そのことを説明するために国際レジーム論が有効」であるとし［高橋, 2009：112］、例えば「国際レジーム」の代表的論者であるクラズナーの定義を引接しながら、それを「ある国際関係の領域における

## 第Ⅲ部　SDP はどこへ向かうのか？

各行動主体の予想が収斂している、黙示的あるいは明示的な原則、規範、ルール、意思決定手続きの組み合わせ」と説明する［Krasner, 1983:2］。このパースペクティブから佐野らは、先の特集の中で「1980 年代以降の援助レジームの変遷とポスト MDGs」と題する論文を公表し、その中でポスト MDGs と援助レジームの今後について検討を加えている［佐野ら，2014：23-36］。開発援助の変遷については本書で既に論じてきたことではあるが、重要なことなので最後にもう一度「国際援助レジーム」の視点から繰り返しておく。佐野らは「国際レジーム」の観点から、その変遷を次のように区分する。

① 1980 年代から 90 年代前半：構造調整レジームの形成と後退
② 1990 年代半ばから 2000 年代後半まで：貧困削減レジームの形成と拡大
③ 2010 年以降の時期：貧困削減レジームの変容と拡散

まず、「① 1980 年代から 90 年代前半：構造調整レジームの形成と後退」についてみていこう。1970 年代から 80 年代にかけて、多数の途上国で国際収支（経常収支）の赤字が増大し、それを対外借入れによって賄われた結果、現地政府に多額の債務が累積した。1982 年にはメキシコとブラジルで、1983 年にはアルゼンチンで債務不履行が発生し、こうした途上国の債務危機、経常収支の悪化に対処するために、世銀と IMF は 80 年代に資金供与の新たな形態として「構造調整」を開始する。支援の供与、継続と引き換えの政策条件（コンディショナリー）として金融財政の緊縮、市場経済原理の導入、対外的自由化など、「小さな政府」論に基づく政府の役割の縮小への変更を被援助国に一様に求める構造調整は、一部のアジア諸国を除きアフリカ諸国などの所得の低い国の多くで経済状況を悪化させてしまう。緊縮財政により、特に教育や保健などの経済的に採算性の低い社会セクターの支出が削減された 1990 年代初頭のこうした援助環境の変化は、援助の効果に関してドナーの考え方に大きな影響を与える。例えば高橋は、その影響について具体的に、(1) 構造調整下での借款援助の大量投入の結果として、貧困諸国はかえって返済負担に苦しみ、開発支出が圧迫されていることへの懸念が高まった、(2) 構造調整の政策条件の未達成の経験を通じて、開発政策の成功には援助受け入れ国側のオーナーシップ（主体性）が重要との認識が高まった、(3) ドナー側の調整欠如による援助プロジェクトの氾濫が全体的な効果を損なうことについての認識と反省がなされた、などの点を指摘する［高橋，2009：114］。欧米ドナーの多くが援助をし続けたにもかかわらず、顕著な開発成果は得られず、1990 年代初頭には「援助疲れ」の状態に陥り、特にアフリカ

への援助が減少へと転じたのが「構造調整レジームの形成と後退」の時代であった。

構造調整が市場・民間部門の役割に注目しながら政府・行政部門の役割を等閑視したのに対し、先進国で盛んになったニュー・パブリック・マネジメント（New Puplic Management）の考え方に基づき行政改革、さらには政治改革（民主化やグッド・ガバナンスの追求）によって改革を推進しようとする動きが1990年代半ばから強化される。佐野らが言う「②1990年代半ばから2000年代後半まで：貧困削減レジームの形成と拡大」の時代の到来である。ニュー・パブリック・マネジメントとは、1980年代にイギリス、フランス、ドイツなどのヨーロッパ諸国で、また部分的には日本でも実施された政策であり、新自由主義の影響を受けながら、民間企業の手法を導入することで行政の無駄を省き、成果主義のもと行政サービスの質の向上を図ることを主たる目的とした。Naudetは、援助の分野におけるニュー・パブリック・マネジメントの適用について、(1) 責任の分割化（segmentation of responsibility）、(2) 説明責任の向上（enhanced accountability）、(3) 成果主義（performance based management）を主な理念としていたとするが [Naudet, 2012: 13-16]、主要ドナーが、自国内で民営化、規制緩和策、成果主義を積極的に取り入れたことにより、1990年代には援助の分野においても同様の手法が適用され、その方向性がドナーの間で共有され、途上国の行政・政治改革を主要な課題にしようとの動きが強められたのである。援助受け入れ国政府を「実行の主体」とすることを理想としながら、貧困削減の停滞や債務危機に再び陥らないためには、被援助国側の行政・政治の改革を通じて「良い統治（good governance）」を実現することが重要であるとの認識が高まったのも「貧困削減レジームの形成と拡大」期の特徴と言える。1999年のG8ケルン・サミットでは、重債務貧困国（Heavily Indebted Poor Countries：以下HIPCsと表記）が負うODA債務の100％削減が決定され、また2000年の九州・沖縄サミットでも、一定の条件を満たした商業債務について100％削減することが決定されたが、その際条件とされたのが、債務国による「貧困削減戦略（Poverty Reduction Strategy：以下PRSと表記）」の策定であった。このPRS策定を迫る事由のひとつは、債務削減で使用可能となった資金が浪費されずに、教育や保健・衛生また社会開発センターに投資されることを担保するということであり、HIPCsイニシアティブの下では、債務国はHIPCsの適用を受ける条件として、こうした考えを盛り込んだPRSを策定し改革を実行すること

で、世銀とIMFからの承認を得て初めて債務帳消しが実施されていった。

　構造調整レジームの中心が世銀やIMF、アメリカ政府であったのに対し、貧困削減レジームの中核的主体は、OECD下の開発援助委員会（Development Assistance Committee：以下DACと表記）加盟国の中でも特に北ヨーロッパ諸国から成る「ライク・マインデッド・グループ（Like Minded Group：以下LMGと表記）」、及びそれらと連携した世銀であった。LMGとは、第二次世界大戦後の1952年に設立された北欧理事会（Nordic Council）の参加国にイギリス、アイルランド、オランダを加えた国々であり、これらの国の援助には、1980年代以前から人権擁護、民主主義の追求、貧困削減（BHNs充足、人間開発）の重視などの共通点があった。特にLMGの中心であったイギリスは、貧困削減に向けてプロジェクト型支援からセクター・ワイド・アプローチ（Sector-Wide Aproaches：以下SWAPsと表記）への移行を提言し、援助の効果向上を目指して貧困削減という共通の目標のために、援助改革を促す流れを作り出すなど、緊密な協力関係を構築し、共通の政策を提唱し追求することで存在感を高めつつあった。SWAPsとは、援助国や国際機関がそれぞれの計画に基づき行われていた従来の開発支援とは異なり、個別のプロジェクトやプログラムを各々に実施するのではなく、保健や教育など個別の分野（セクター）毎に整合性がある開発計画（プログラム）を策定・実施する分野全体をひとつのプログラムとして運営しようとする試みのことである。それまでの方式では、個々のプロジェクト相互の調整が十分でない場合があり、被援助国の吸収能力の問題も相まって効果的な援助が実現できない場合があったため、ドナーや援助受け入れ国側の限られた支援を集中させるためにSWAPsが提案されたのである。

　このような貧困削減レジームに対する当時のアメリカや日本の対応はいかなるものだったのか。構造調整の時代まで援助を先導してきたアメリカは、冷戦の終焉による援助の戦略的価値の低下のために、それまでの積極的姿勢から一転し、援助システム及びレジームにおいて主導的役割を果たすことにまるで関心を示さなくなってしまう。また日本も、円借款を含む債務の帳消しを積極的に押し進め、産業の発展を顧みずに教育や保健を優先するかに見えるLMGのアプローチに全面的に賛同することはなく、貧困削減レジームの主流に対し、一定の距離を置いた。その理由として佐野らは、（1）援助受け入れ国の行政のみならず政治にも強く関与することを辞さない姿勢への違和感があった、（2）日本には東アジア諸国との関係で内政への強い関与を行った経験はなく、また援助疲れが軽いた

第10章 問い直される「スポーツの力」

めに、対象国に強い関与をしてまで援助効果の向上を追求しようとする切迫感が希薄だった点を指摘する［佐野ら，2014：27-28］。それまでの日本の援助手法は、円借款を活用して経済・社会セクターでのインフラ整備を重点的に支援し、援助受け入れ国の産業の発展を促すことが、援助受け入れ国の自立（self-help）を助け、それが経済成長、ひいては貧困削減につながるとの考えを基盤に据えていた。援助受け入れ国政府が貧困削減に向けて強い意志を持ち、良い政策を実施する場合、直接国庫に資金援助を投じる直接財政援助（Direct Budget Support：以下 DBS と表記）を行うことで援助効果の向上が LMG により示唆されたものの[1]、DBS を通じて途上国の行政・政治改革を推進しようという発想自体が日本では強くなく、その意味で援助の主流からは距離を置き「日本なりの援助」が展開されることとなった。ただ、LMG に加え日米を含む主要な OECD-DAC ドナーは、特に貧困国支援においては教育や保健などの「社会セクターの重視」の点では一致しており、こうしたドナー間の考え方が収束されたものが「貧困削減」の理念であったとも言える。そして、こうした貧困削減レジームが形成される中で、その目指すべき目標を具体的に示したものが MDGs だったのである。

　佐野らは、この MDGs が国際社会に広く受け入れられた主な理由について、(1) 世界の憂慮を集めていた貧困の削減（あるいは教育・保健の拡充）を援助の課題として改めて明示し、それについて途上国側を含む広範な国々間の合意を形成することに成功したこと、(2) 目標の達成に 2015 年という明確な期限を設定したこと、(3) MDGs がモニタリングのし易い数値化された指標を示したこと、の三点を指摘するが［佐野ら，2014：28］、「貧困削減のための開発」に対して批評しづらい楽観的な雰囲気を必要以上にもたらしたという点に MDGs の最大の効用を見出せるとした高橋の見解は、それら三点に加え MDGs のインパクトを巧みに捉えた指摘だったと言えるだろう［高橋，2014：39］。しかし、こうした MDGs の長所は、同時に短所と表裏一体の関係にもあった。MDGs に対しては数々の利点とともに、トップダウンで目標が策定されたこと、格差や人権に言及していないこと、その他数値として測定できないもの、あるいはその指標のような合計や平均値等では捕捉できないものを捉える必要があるなどの批判が相次ぐ。特に「明瞭、簡潔」であることを MDGs が求めた結果、貧困を生み出す複雑な社会の構造的要因の問題を後景に退かせてしまい、地域の多様性や時代背景の違いなどが捨象されてしまっている点などが論難され、併せて国や地域の初期状況を反映していないため、実際に何らかの進展があっても「失敗」と

237

第Ⅲ部　SDP はどこへ向かうのか？

されたり、社会のより深い構造的な課題が見えづらくなっており、外部からの投入で比較的に成果の出やすい分野の目標が多い（保健領域等）という点なども難点とされた［高橋，2014：39］。

　そして現在、2010 年代以降の時期はいかなる時代として捉えられるのだろうか。2000 年代後半になると、中国をはじめとする新興国経済が拡大し、その影響を受けた資源・一次産品ブームがアフリカ等の低所得諸国の輸出を拡大させ、経済成長率を急激に上昇させる。特に資源部門を中心として、低所得国を含む途上国に流入する援助以外の資金等が増大し、開発において教育や保健以外の分野での関与が成果につながる可能性が高まる一方、2008 年のリーマンショック以降の経済危機と財政逼迫がヨーロッパ諸国の公的援助の拡大を難しくしたこともあって、国際協力の見直しがはかられた。そうした中、援助において新しい主体が台頭してくる。「新しい主体」とは、いわゆる新興ドナー、あるいは DAC 加盟国以外のドナー（non-DAC donors）のことである[2]。DAC 加盟国以外のドナーによる援助は近年増加する傾向にあり、特に中国の援助の量的な拡大は凄まじく、伝統的ドナーとは異なる政策決定プロセスや支援形態を有している点で何かと物議を醸し出してきた。一例を挙げれば、相手国の政治体制や内政の状況を鑑みることなく援助を供与することに対し、伝統的ドナーが援助をテコに推進してきた「良い統治（good governance）」や民主化に向けた努力が台無しにされる危険性があるなどの批判はその典型である[3]。このような DAC 加盟国以外のドナーの台頭は、援助受け入れ国にとっては、伝統的ドナーに頼らない新たな援助資金源としての選択肢を増やすものであったが、同時にそれは貧困削減レジームの求心力を弱め、援助レジームのあり方を流動化させることにもなった。現実問題としては、ドナーと援助受け入れ国の関係を希薄化させ、受け入れ国の行財政改革の勢いを殺ぐ面を有することは否定できず、DAC 加盟国以外のドナーの台頭が、LMG を中核とする伝統的ドナーが推進してきた援助改革・貧困削減路線を揺るがす事態をも引き起こしている。

　しかしながら、ここで注目すべきは、伝統的ドナーの側にも、DAC 加盟国以外のドナーとの対話と連携を探る動きが見られることである。2010 年の政権交代後、イギリス保守党政権のミッチェル国際開発大臣は、今後の援助のあり方として、新興国とのダイナミックな関係を構築する必要性に言及したことはこうした動きをまさに象徴し、ミッチェルを継いで英国際開発大臣となったグリーニングにおいても、民間ビジネスとの連携を打ち出し、教育・保健などの公共政策

第 10 章　問い直される「スポーツの力」

支援に集中していた労働党政権ひいては過去の LMG の路線との違いを際立たせるようになってきている［Greening, 2014］。この経緯からも分かるように、LMG の中核ドナーであったイギリスでさえも、DAC 加盟国以外のドナーを含む新しい主体に歩み寄りを見せ始めつつある。2010 年代初頭に始まったこうした援助レジームの流動化は、伝統的ドナーを担い手とする従来の援助システムの中だけでは、今後の援助レジームが構築されえないことを示唆し、援助システム自体の環境が変化し始めたことを映し出してもいる。伝統的ドナーの主導によって援助の合意事項が決められることにもともと批判はあったが、今後の援助をめぐる理念、規範、ルール等をめぐる合意のグローバルな形成は、伝統的ドナーの主導のみで進むことは難しく、そのプロセスにはより多様で広範な主体による合意形成の場が求められることは間違いない。ドナーの数が増えれば増えるほど、ドナー間の協調はより難しくなるとするジマーマンらの指摘は［Zimmerman and Smith, 2011］、貧困削減レジームのそうした変容と拡散を映し出すものでもあり、佐野らはそれを「③ 2010 年代以降の時期：貧困削減レジームの変容と拡散」の時期として特徴づけたのである。

　さて、ここまで佐野らの論文をもとに「援助レジーム」の観点から開発援助の変遷についてみてきたが、こうした議論に SDP を重ね合わせると、何が見えてくるのだろうか。まず注目すべきは、1994 年にノルウェーの組織を中心に「オリンピック・エイド（Olympic Aid）」が設立され、SDP のベクトルが立ち上がった際の主体が、人権擁護、民主主義の追求、貧困削減などを重視する貧困削減レジームの中核的主体であった LMG の中から顕現してきたということである。貧困削減レジームが形成・拡大してくる時期に歩調を合わせるかのように、そうした SDP のアクターが台頭してきたという来歴は単なる偶然とは言えないだろう。また LMG に加え日米を含む主要な OECD-DAC ドナーたちが、教育や保健などのセクターを重視する点で一致していた時代の趨勢も、「スポーツ」と「開発」を結びつける気運を高める上で追い風となった。とりわけアフリカに代表される開発の失敗と、冷戦終焉による戦略的意義の低下から起こった 1990 年代の援助の危機は、その内部に多様性を内包する貧困削減レジームにも新たな活路を要請し、ドナーの考え方に大きく影響した。そんな時代のムードと援助レジームの推移を背景に、ひとつのオプションとして台頭することになったのが「スポーツ」と「開発」が協調体制をとる SDP であったのである。SDP を世界的に有名にしたのは、通常なら敬遠されてしまうオーソドックスな開発プロジェク

*239*

第Ⅲ部　SDPはどこへ向かうのか？

トでも、現地の人々が親近感を覚えるスポーツ・プロジェクトなら参加しやすいのではという、それまでの「社会開発」プログラムとなかなか繋がらなかった貧困層まで手を差し伸べられる、スポーツ特有のアウトリーチ性を示したからに他ならない。つまり、1990 年代以降における SDP の台頭は、こうした国際援助レジームの変容という状況に、その間隙をぬってスポーツ固有のメカニズムと活用可能性を組込もうとしたものであり、開発援助の文脈におけるスポーツ界からMDGs 達成へのひとつの回答例だった。

　そして現在、MDGs が達成期限を迎えるにあたり、開発アジェンダにいくつかの変化を確認することができる。ひとつは「貧困の構造の変化」である。世界の最貧困層は 14 億人へと歴史的な減少を遂げ、MDGs の半減目標が 2008 年に達成されたものの、世界の最貧困層は近年、低所得国より中所得国の国内格差によるもののほうが多くなってきている。黒田の「BRICS の中でも特に高い成長率を保持している中国は、貧困問題の解消をはじめ MDGs の達成に大きく貢献してきたが、一方で国内所得格差が拡大し、深刻な状況になっている。」との指摘にあるように［黒田，2014：15］、多くの途上国で、成長が不平等の増加を伴いつつ、貧困の構造変化が新たな問題として出現してきたのである。ILOが 2013 年版報告書『世界の雇用情勢－若者編』の中で、リーマンショック以降の世界的な景気回復の鈍化による若者（15 ～ 24 歳）の失業率の高止まりがこのあと数十年も傷跡を残すとの見通しは、若者の失業問題が今後ますます深刻化していくことを匂わせる［International Labour Organization, 2013］。そのこともあって、現在の貧困問題は雇用と格差拡大（不平等の増大）の問題に結びつけられてきている。

　また、ポスト 2015 開発アジェンダのひとつとして議論を呼んでいたのがMDGs に明示的に盛り込まれなかった「ガバナンス」関連事項の扱いである。そこでは市民社会の参加を可能にする「ガバナンスの構築」が新たな開発目標の達成に不可欠であることが繰り返し強調されてきた。例えば、前国連事務総長のコフィ・アナンが 2005 年 3 月の国連総会で「開発途上国には特に、そのガバナンスを改善し、法の支配を堅持し、腐敗と闘い、幅広い参加に基づく開発アプローチを採用することで、市民社会や民間セクターがその役割を十分に果たせるような環境を整備するよう、お願いしたい」と請願したように[4]、ガバナンスは、貧困削減という目標を達成するための重要な手段として位置づけられ、様々な場面で力説されてきた。ところが、開発援助は「内政不干渉原則」のためにデリケ

ートな政治問題には積極的に関与できないため、開発援助機関の多くが民主化のような「政治的な」要素を含む分野への関与には消極的にならざるをえず、したがって、開発援助におけるガバナンスの議論は、往々にして非政治的な「行政管理」の範囲内で討議されざるをえなかった。こうしたガバナンスの問題に対し、稲田は、(1) 開発に関わる行政能力を重視する「開発ガバナンス（ないし行政ガバナンス）」[5]、(2) 民主主義をグッド・ガバナンスの重要な要素とする「民主的ガバナンス」の2つのタイプに大別しながら[6]、それら2つのガバナンスと経済発展の関係性について興味深い検討結果を導き出している。稲田によれば、アンゴラ、ルワンダ、カンボジア、モザンビークの4か国の事例から、適切な政治的リーダーシップや効率的な経済運営を可能とする政府行政機構の能力が高いガバナンス、いわゆる「開発ガバナンス」と経済発展との間にはプラスの相関関係が見出され、民主的制度が国家として安定的に発展していくための前提となる「民主的ガバナンス」と経済発展との間には明確な関係が見出せなかったというのである［稲田，2014］。カンボジアの「党国家体制」の強化やモザンビークの「一党支配下（選挙権威主義体制）」が「民主的ガバナンス」から遠い体制にもかかわらず経済発展を遂げている事態、さらには日本や韓国・台湾・シンガポールなどをみても、強力な与党による支配が、むしろ国家建設途上の一般的プロセスであったとの議論を伝える稲田の識見は［稲田，2014：50］、NGOが大発展しても、「バッド・ガバナンス」を持続させている政治の枠組みがバングラデシュを最貧国状況に追いやってきたとする木村の所見とも重なり合う［木村，2014：19］。民主的でない方法で「それなりのガバナンス」を実施し、その成長が「評価」されている中国、ヴェトナム、ルワンダ等の評価をどうするのかとする木村の問題意識は、ガバナンスの今後の課題が多岐に渡ることを明白にするとともに、「内政不干渉原則」といった政治的束縛から自由なガバナンス議論の必要性を顕現させてくるとも言えるだろう。

　かかる状況においてSDPが果たしうる領域は何かあるのだろうか。もちろん議論として雑駁になるのは承知の上で、仮に、行政ガバナンス的な観点から現在のスポーツ界の組織構造を眺めるとどうなるだろうか。各国政府や政治的連携体制が主体となる一般的な援助では内政不干渉や援助協調など多くの制限が課されるが、スポーツの世界では基本的にそうしたセンシティブな問題に制限されない「自律的なドメイン」を構築してきた[7]。このドメインは本書のヴァヌアツの事例でみたように、地域によってガバナンス能力に優劣の差はあれ、概して内政不

## 第Ⅲ部　SDPはどこへ向かうのか？

干渉どころか世界中の下部組織に介入し、それゆえIFやIOCなどの統括機関は世界中の加盟組織を包括的に統制することを可能にしてきた[8]。この組織構造は、「民主的ガバナンス」と呼ぶにはおおよそ縁遠く、贈収賄問題などのゴシップに事欠かないが、他方で国際ルールのもとに加盟組織を一括管理でき、世界各地に絶大な行政ガバナンス機能を有する点でかなり魅力的である。法による支配が開発にどのように貢献するかを研究する志賀は、新制度派経済学では、市場アクターに対して明確な「ゲームのルール（rule of the games）」が事前に提示されること（事後法の禁止）、明確であること、安定的であること（みだりに変更されないこと）こそが要求され、こうした法制度の質こそが豊かな国と貧しい国を分かつとするが［志賀，2014：76］[9]、ここで注目したいのは、現実の法制度はアクター間に各々の解釈の余地を残すが、それとは対照的に、そうした余地を残さない瞭然たるものとして、志賀がスポーツのルールを捉えているということである。つまり自律性を備える「スポーツ・ドメイン」の世界は、それがグッド・ガバナンスかどうかはともかく、別異の解釈の余地のない明確なルールを土台に世界規模でのガバナンスを構築するのにいち早く成功した領域とも言えるのである。国際開発での議論が貧困削減という目標を達成するための重要な手段としてのガバナンスとの関係を論じていることに示唆をうけ、この観点から「スポーツ・ドメイン」の特性を再考察することは、むしろ大変重要な仕事になるといってよい。

　加えて同時に関連して検討しておくべきことは、ポスト2015年開発戦略におけるSDPの応用可能性についての議論である。なぜなら、これまでのところ、ポスト2015年開発戦略におけるSDPのあり方を巡る議論は十分に深まっていないように感じられるからである。第一に、SDPの議論は、援助レジームの変容に重ねてスポーツの特性を慎重にはかるというよりも、開発イシューへの効用を当て込む「期待」の方から規定された立論が多く、SDPの展開が、ポスト2015年開発戦略をめぐる議論で取り上げられてきた貧困削減やグッド・ガバナンスの実現に、具体的にどのように結びつけられるのか議論されてこなかったことが挙げられる。議論が十分に深まっていないとする第二の理由は、特に日本に目を向けた際、「スポーツによる国際貢献」事業が批判的検討を経ないまま様々な拡大解釈を生み、いまだ理念的もしくはスローガン的議論の域を出ていないことが挙げられる。日本の場合、SDPに影響を与えたのはMDGsのような国際規範よりも、2020年のオリンピック・パラリンピックの東京開催誘致に成功し

第 10 章　問い直される「スポーツの力」

た状況だったように思われる。例えば、Sport for Tomorrow によるスポーツを通じた国際貢献への取り組みは、結果として SDP に対する国内の関心を高めるという側面でプラスに機能しているものの、SDP への関心の「持続性」という側面ではマイナスに機能する危うさについても否定できない。なぜなら、Sport for Tomorrow が開始されて以降、「スポーツ国際開発」や「スポーツを通じた国際貢献」というフレーズが各地で急速に叫ばれたため、そのニーズに応えるように短期間のうちにシンポジウムや会議が数多く実施されてきているが、これらの具体的行動は、少なくとも現状では、貧困削減の問題よりも「Tokyo 2020」開催の論理が先導し、本来的な SDP と共通の境界線によって縁取られているわけではないからである。簡単に言えば、日本の SDP は途上国の開発イシューに向かうのではなく、海外に「Tokyo 2020」のプレゼンスを高める宣伝活動の方向に進んできている[10]。その意味で、日本の SDP のあり方は、国際条理よりもオリンピック開催という国内的要因の影響を強く受けたものと言える。

　このベクトルの隔たりに、Sport for Tomorrow を推し進めようとする関係者はまず気づかなければならない。問われなければならないのは、「Tokyo2020」のムードを高める戦略として SDP を捉えるのではなく、これまで述べてきたような援助レジームの変遷を念頭に置いたうえで、過去のプロジェクトで蓄積してきたとされるスポーツ固有のアウトリーチ性を活かした支援の経験が、ポスト 2015 年開発戦略の争点となる若者の雇用や格差拡大の課題にいかに結びつけられるかを問い直していく作業であり、従来、スポーツ援助が前提とした用具や施設の供与を、貧困の構造変化により生じてきた中所得国国内の格差といかに繋ぎ合わせるのかを思量するスタンスである。これらの問題をないがしろにしたまま、現状では日本でのスポーツを通じた国際貢献は、「1000 万人・100 カ国へスポーツを届けようとする取り組み」だということが暗黙のうちに含意され、この語が流通している。これが日本における SDP をめぐるひとつの現状である。

## 3．スポーツで貧困を救えるか？：Sport for Tomorrow のこれから

　貧困削減レジームが変容・拡散する以降の世界で、伝統的ドナーを担い手とする従来の援助システムへの依存性が少なくとも一時期よりは影をひそめた今日、援助レジームの変容を紐解きその変遷を組み合わせてスポーツの特性を通釈することで、明確には示されてこなかった「スポーツ」と「ポスト 2015 年開発戦略」

第Ⅲ部　SDPはどこへ向かうのか？

との朧げな接合点について少しばかり考察しておいたが、なお舌足らずの感を免れない。誤解を招かないように急いで注釈をつけておこう。「余暇・娯楽」と「貧困・開発」という相反するように見える2つのフィールドが、スポーツの活用可能性を煽りつつグローバル・イシューとしての開発問題を培いながら関心を高めてきたが、そこでは「オリンピックをめぐるポリティクス」といった事態までは想定されていない。日本のSDPの議論においては、「1000万人・100カ国」をどのように構築していくかという切迫した問題意識の上に「首相による国際公約」という課題に取り組まれているのであり、その展開に過分なる期待をかけてしまうことには一考の余地がある。なぜかと言うと、日本の「スポーツを通じた国際貢献」というテーゼには、オリンピック・レガシー戦略あるいは「Tokyo 2020」へ向けた国際公約という単純な構図では到底解決しえない、実際には複雑な不安要素も含まれるからである。

　例えば、東京大会招致のスローガンとして売り込まれた「今、ニッポンにはこの夢の力が必要だ。」で語られる「夢の力」は、現実にどのような結果を導きうるのだろうか。それをロンドン大会の事例から分析した有元は、レガシー公約とは反対に、ロンドン大会が生み出した都市のジェントリフィケーションが貧困層を圧迫し、またスポーツ普及は全体として進まず、参加者の階級的格差が広がっている事態を詳らかにする［有元，2015］。五輪開催を契機に新自由主義的な国策と都市形成が結びつきヘゲモニーを構築するあり方を、招致決定後の諸言説・表象を素材として分析し、五輪開催で語られる「夢の力」を当然の如く期待し、五輪開催で掲げられる言説が良きものだと前提することは、一部の特権的な受益者を批判する視点を失うと指摘する有元の慧眼は、行き詰まる五輪大会の存在意義を再構築し、五輪イデオロギーを再建しようとするIOCの新たなパワー戦略として「オリンピック・レガシー」を捉える佐伯の主張ともオーバーラップする。佐伯は、東京五輪招致の動機と背景には、当時の石原都知事による都の臨海副都心開発計画破綻の累積債務清算という「負のレガシー」処理が内在し、東京大会にまつわるレガシー戦略の虚像と実像について語気鋭く批判の論陣を張る［佐伯，2015］。また同様に、IOCに懐疑的な眼差しを向けるドネリーは、途上国へ経済的・技術的援助を実施してきたオリンピック・ソリダリティの資金提供の中身を詳細に調べ、低所得国に提供された資金の割合が非常に小さいことを明らかにしながら、IOC委員一人当たりの人口比率がアジアで2億15,00万名に1名の割合であるのに対し、ヨーロッパになると1,680万名に1名の比率となってし

第10章　問い直される「スポーツの力」

まう現在のIOC体制の不均衡さを浮き彫りにする［ドネリー，2015］。彼は、ヨーロッパが過剰な代表比率を示すそうした不均衡や偏在する権力関係の仕組みを、西洋による「再植民地化」と特徴づけ、ヨーロッパや北米のような先進国のスポーツ指導者やスポーツ文化がその土地固有のスポーツ、スポーツのプレイの仕方や固有のスポーツの編成様式を排斥する危険性について警鐘を鳴らすのである［ドネリー，2015］。

　このようにSport for Tomorrowの芽出となるオリンピック・レガシーそのものに対して注意深く検討を加えると、それを取り巻く様々な思惑やオリンピック・ムーブメントがいかにヨーロッパ中心主義で動いてきたかという側面がおもむろに浮かび上がってくる。五輪開催を2020年に控えた現在、SDPを巡る言説が、「Tokyo 2020」のプレゼンスを高めるフレーズを語るのもやむをえないし、同時にIOCが主眼を置くオリンピック・レガシーの関数として語られるのも当然かもしれない。これまでのところ、日本のスポーツによる国際貢献は、「1000万人・100か国」という目標を一貫して訴求してきたし、そのことによりSport for Tomorrowに啓発される活動自体が否定されるわけではない。矛盾しているように思われるかもしれないが、その取り組みは、いわば日本でのSDPの見取り図を示したわけで、国内におけるSDPの機運に加勢する結果となった点については特筆されてもよいだろう。だが、これまでほとんど無視されてきた「スポーツと貧困」と「スポーツと開発」の関連性が、急に「オリンピックからの注目」を浴びるようになることで、その活動の多くが、視点をSport for Tomorrowの目標値となる「1000万人・100か国」に限定することで答えようとしてきたのもまた事実である。そこでは経済効果や地域の活性化、はたまたスポーツによる国際貢献について語られることはあっても、西洋によるヘゲモニーの問題としてIOCの取り組みやSDPを捉える視点が欠けている。すなわちスポーツの現場における社会学的な視点、SDPを推進する人々とその背後に交錯するポリティクスに焦点を当てた批判的な視点が欠落している。

　以上、本章で述べてきたことから、これまでの議論の範囲と限界を再確認しておくことにしよう。近年のSDPの動向に着目し、援助の新たなアプローチとしてのスポーツに関してここで明らかになったのは、次の五点である。1つめは、SDPに関する日本と欧米との議論の間に大きなタイムラグがみられた点である。日本では、第三世界とスポーツを対象にした研究などがみられたが、全般的に限られたものであった。そして、その研究視角はSDPの動向までには及ば

*245*

第Ⅲ部　SDP はどこへ向かうのか？

ず、また開発におけるスポーツからのアプローチを直接的に検討した論考があったとしても、スポーツ援助を取り巻く種々の課題にまで踏み込んで考察されることはなかった。それに対し、スポーツの活用可能性を探る世界の開発の現場では、拡張する SDP の潮流を批判的に解題し、その活用可能性とともに限界についても併せて考察するという新しい段階に入っている。「Tokyo 2020」開催の論理が先導する従来型の発想では、こうした問題をまったく捉えられない。「Tokyo 2020」を成功させるため、一時逃れに取り繕って間に合わせるための弥縫策として SDP を認識していると、それは国際社会が思い描いていたものとは別のものになる。とりわけ SDP をめぐる問題性について、欧米圏で議論されてきた現場での実践と経験知の蓄積の大きさに比べて、日本における SDP の議論の幅の狭小さは、両者の間に大きなタイムラグを生じさせてきたのであった。

　２つめは、SDP の実際の現場にてドナー側のニーズが優先されるという、SDP を投げかける側の論理が浮かび上がってきたという事態である。2009 年に IOC は国連オブザーバ資格を取得し、2010 年 9 月に開催されたミレニアム開発目標サミットでは、スポーツがミレニアム開発目標達成に向けて非常に有効なツールであると指摘されてきているように、SDP への期待は今のところ衰える気配はない。2011 年 5 月には、「第 2 回 SDP に関する国際フォーラム（International Forum on Sport, Peace and Development）」が開催され、そのフォーラムでは、① SDP を推進するため、オリンピック・ムーブメント、各国政府、国連諸機関、市民社会のパートナーシップの強化、②社会の発展と平和構築にとっての有効なツールであるスポーツをより一層活用し、ミレニアム開発目標達成に向けた包括的な取り組みにスポーツを取り入れるよう、すべての関係者に対して勧告、③長期的に持続可能でコストのかからないスポーツ・プログラムの導入を目指し、国連加盟国に対して、コミュニティ支援の充実と社会的資源の有効活用の要請、などといった計 10 項目の提言が採択された［United Nations Office on Sport for Development and Peace, 2011: 31-32］。それらの提言は、現在のスポーツと開発援助をめぐる展開のいわばひとつの到達点を示していると言うことが出来るが、ただ一方で、開発の実践へのスポーツの導入について、政策レベルで SDP の機運に加勢する見解が主要な議論であったということは否定できない。その論調は、国際開発の領域におけるスポーツへの注目度を上げることには貢献したが、同時にスポーツの価値を専ら称賛する傾向に偏重させ、過大の期待を込めすぎるために、現場で優先される「立案側の論理」と

第 10 章　問い直される「スポーツの力」

いう側面に対しかえって認識をくもらせた。例えば、先に述べたゲストの議論は、SDP を政策的に推し進めようとすることに力点を置いたそれまでの主張に対して、それが投げかけられる実際の援助の現場から問題を提起したものであった。貧困を生きる人々は「スポーツを通じた社会開発」といった単なるレトリックでは動かない。スポーツ用品の提供や技術支援とその結果としての経済的利得というような別のアジェンダが必要な場合が少なくないのだ。新たな開発アプローチにスポーツという選択肢を求めるならば、その政策形成に積極的にかかわらなくては話にならないが、SDP を投げかける側の論法だけを考えていては、その処方箋はあまりに粗相なものになる。ところが実際には、SDP の大半がドナー主導で、現地のニーズよりドナーのニーズが優先される傾向があることは、先に引き合いに出した識者らによって指摘されてきた通りである。ハイハーストは、SDP の文書の中に、「ローカル・オーナーシップ」や「参加型開発」といった言葉が躍るものの、スポーツ組織や NGO がパートナーシップの相手として登場するのに、現地のローカル・コミュニティが登場しないのはなぜかと痛言し、援助する側は実績を上げなければならないプレッシャーに常に晒されながら、徐々に現場を離れて目標達成志向になってしまう事態を喝破する［Hayhurst, 2009］。また、SDP の研究を積極的に牽引してきたコールターも、ケニア MYSA の創設者であるムンロ（Bob Munro）の言葉に、SDP が抱え込むアンビバレントな課題を浮き立たせる。ムンロは MYSA の設立から 5 年もの間、誰も関心を示さず、援助スキームの一般的な思惑の外に位置できたことで、現地の人々が本当に求めているものを尊重して活動できたとし、ドナー側の思惑から一定の距離を保てたことの「幸運」を語る［Coalter, 2008: 61］。その言葉からは、援助スキームの対象となる者たちが専門家たちの指示の対象となり、「ローカルの論理よりも開発計画の論理」が、「現場のニーズよりも援助の成果」が前景に浮かび上がってくる。そして、援助現場で優先される「評価主義」から、ある程度逃れられたからこそ現在の活動様式に辿り着けたという、現場で格闘してきた「当事者ならではの胸の内」が透けて見える。このように、SDP の議論では、各々のプロジェクトにおける SDP を「投げかける側の意図」と「投げかけられる側のニーズ」との間に大きなギャップや微妙なすれ違いを生じさせる点についても論じられつつある。

　3 つめは、SDP をめぐりいくつもの非対称的な関係性が構築されているという点である。SDP の可能性を、MDGs 達成への低廉かつ平易な取り組みとして

## 第Ⅲ部　SDPはどこへ向かうのか？

捉えようとする発想だけでは、直面する事情に合わせて日々つくり直されるスポーツ活動の背景に交錯する実践者のそれぞれの「思惑の差異」を汲み取ることはできない。例えば、外部資金を調達してくるために、単なるスポーツ活動以上の幅広い社会目標を設定しなければならない近年のスポーツ組織が置かれた現状や [Coalter, 2008: 63]、住民にとって援助は非日常であり、援助を引き出す手段としては一時的にドナー側の指示する開発計画に応じるといった事例は、世界中で枚挙にいとまがない。そこではパートナーシップの強化やミレニアム開発目標達成に向けたSDPのもたらす効果について語られることはあっても、貧困を生き抜く人々の生活上のニーズやSDPをめぐり構築されるいくつもの非対称的な関係性を捉える視点が欠けている。スポーツ援助の課題を「リソース欠如」の問題として捉え、これに対して外部主導の資源移転による「リソース補填」によって解決しようとするのではなく、そうした外部リソースに浸らせてしまう援助のやり方が、しばしば人々の主体性を損ない、当事者意識を希薄する受動的な気構えを形成させうるという視点を持つことが、今後のスポーツ援助を考える要点のひとつとなってこよう。そうした援助の実態を視野に入れないかぎり、多様な開発の現実はいつも単純化される。

　4つめは、グローバルなガバナンスの構築にいち早く成功した「スポーツ・ドメイン」の特性を、いかに開発イシューと結びつけるのかという問題である。冷戦の終焉という歴史的事態、そして援助の危機の時代を経て代わりに貧困削減レジームが形成され、来るべき援助レジームがあるとしても中核的な主体を欠きリーダーシップの発揮が難しいだろう言われる中、行政ガバナンス機能を世界規模で発揮できる「スポーツ・ドメイン」が全く別のコンテクストで重い意味をもちはじめてきている。こうした「スポーツ・ドメイン」の特性をふまえるならば、スポーツを通じたガバナンスの活用可能性は一体どこに見出せていくのか。多くのアフリカの国々がそうであるように、国家よりも民族集団に信頼を寄せ、貴重な国家資源を追従者への分配にあてる「新家産性」と呼ばれる統治が行われる現状において、そうした伝統的パトロン―クライアント関係が幅をきかせる統治体制の運営原理にスポーツはいかなる影響を与えうるのか。民族集団に基づくクライエンテリズム（政治的恩顧主義）が横行する実勢に置かれた人々の認識や行動に、スポーツは具体的にどのようなインパクトをもたらすのか。その明瞭さと親近感によって、かつてないほどのガバナンス機構をスポーツが世界全体にもたらしたとするならば、リーダーへの政治的忠誠が関心事項となり、長期的展望にも

第 10 章　問い直される「スポーツの力」

とづいた開発計画をもつことさえも困難な国々や地域に対して、そのガバナンス機能はいかにコミットできるのか。「スポーツ・ガバナンス」というワードの強調はタイムリーだが、これまでのところ、この文脈においてはガバナンスの議論が実質的にはなされているとはいえないだろう。その点を巡る多様な意見について、既に描き出していたのは「ポジティブーネガティブ」という短簡な対立軸には問題が収まりきらないことであるが、グローバル化を遂げた「スポーツ・ドメイン」の歴史的意義とその限界を、レベルの異なる領域や方面においてもう少し突き止めておかなければならない[11]。

　そして 5 つめは、日本の SDP を推進する背後に交錯するポリティクスに焦点を当てた批判的な視点が手薄であるという問題である。格差問題の是正などなかなか出口が見えない状況で、スポーツに大きな注目が集まるのもわからなくはないが、それを「スポーツの持つ力」などという心を引く語り口に安易にすり替えてしまうのではなく、重要なのは、国際開発と SDP の領域で蓄積してきたとされる議論の限界と範囲を認識しつつ、スポーツと開発の「継ぎ目」を慎重に見定めていくことである。ところが現実をみると、日本の SDP においては今もなお、そう簡単にはオリンピックをめぐるポリティクスから距離を取ることができず、知らぬ間にそれに浸染されている。にもかかわらず、開発や国際貢献の道筋の中にスポーツが組み込まれ、途上国のスポーツ支援に積極的に乗り出したのは、「Tokyo2020」を控え、そのレガシー戦略に日本スポーツ界も無関心でいられなくなってきた時代を迎えてきたからである。すなわち、世界の動向から日本の SDP の動向をみたら「途上国の開発問題に貢献するため」の支援ではなく、政府関係者の悲願であった「オリンピック大会を成功させるため」の支援に過ぎないという見方もできるのである。このように日本で SDP を本格的に議論するというならば、それに注目が集まってきた前提には何があるのかを明らかにし、共有しておく必要がある。この理解なくして 2020 年への景気付け的な SDP を実施しても、それこそ持続性を持たない無理な押し付けに終わるであろう。

　このようにスポーツと開発問題をリンクさせ、活用するのにそれがポジティブなインパクトをもたらすのかといった問いへの解答は意外に見えにくい。少なくとも現状では、スポーツが途上国の開発現場に与える影響はそれほど単純ではなく、精緻化する余地を残していると結論づけることができる。SDP を検討する研究者の多くは、勿論その新しい活用可能性の側面に魅かれているのだが、開発にまたがるスポーツの軌跡が大きく転回しようとしている現今だからこそ、それ

*249*

と背反する側面やポリティクスの問題にも注意しなければならない。むしろ、そうすることによって、開発を後押しするためのスポーツの有用性をより高めることができる。そもそもスポーツを通じて個人がどのように生活を安定化させるかといった問題は、本当は個々人の生活全体にかかわっているにもかかわらず、SDPというコンテクストを重ねられた途端、プロジェクト運営上の効率性の問題として分節化され、自らの手で生活の活路を開拓しようとする様相については急速に研究者の視野から脱落してきた。Sport for Tomorrow が一義的には「Tokyo2020」のためであることは、日本政府や関係機関も十分に自覚しているだろうが、貧困削減という目標とそれを達成するための手段としてのスポーツという組み合わせは、もともとドナーや国際援助コミュニティが想定する言説もしくは考え方であって、途上国の人々が実践する実際のスポーツの動勢ではないということである。だから、貧困削減のコンテクストでスポーツのインパクトを問うならば、現地の日常生活にどれだけ密着した問題を取り上げられるかがひとつの重要な眼目となる。スポーツの現場での活用を急ぐあまり、これまであまり検証されなかったプロジェクトの境界線で縁取られた外側の領域を焦点化しながら、一時的な利益誘導によって組織化されるネットワークとは異なる次元で繰り広げられる、ドナー側の構想しえないネットワーク活用のあり方についても、今後、詳細な検討を加えていく必要があるだろう。

　例えば、筆者がフィールドとする南太平洋でも、新たな「スポーツの力」が見出されつつある。若年層の構造的失業率の上昇といった社会構造的なリスクを抱える雇用情勢の中で、雇用に関する選択と決定の機会を奪われてきた若者たちが、スポーツのネットワークを巧みに活用しながら雇用機会を確保するという、在地特有のセーフティネットの存在が、近年の研究の中で明らかになってきたのである［Kobayashi, et al., 2013］。ただしそれは、外発的に推進されるSDPプロジェクトとは異なり、開発を推進する側が感受し得ない部分で、スポーツ活動に活路を見出そうとする現地の、エネルギッシュな世界に脈打つ能動的な側面である。そこから浮き彫りになるのは、現地の人々自らが主体となったスポーツ実践から誘発される効果を暮らしの領域に積極的に利用しようとする実態であり、雇用問題が深刻なヴァヌアツ共和国の雇用情勢の中で、いわゆる「草の根的な」フットボーラーたちが現地の社会的ネットワークに埋め込まれた資源にいかにアクセスし、それをどのように利用しながら自らの雇用を創出し、生活の向上をはかるのかという問題である。特別に誇れるような学歴や縁戚からの支援もなく、こ

第 10 章 問い直される「スポーツの力」

とさら恵まれた雇用環境に置かれていなかった若者たちが、スポーツのネットワークを経由して雇用機会を獲得する。SDP の研究においては、大方プロジェクト推進の立場から開発について議論されることが多かったが、SDP の議論が想定するスポーツがもたらす開発の成果とは違う角度から途上国の人々のスポーツ活動に光を当てると、また別のスポーツの側面が浮かび上がってくるのである。このように、これまであまり検討されてこなかった人々のそうしたスポーツが創出する生活戦略をそれぞれの文脈において検討する方向に議論を向けることも重要なのではないか。先進国側が想定するスポーツ実践のあり方のみがありうべきスポーツ実践のあり方なのではない。社会情勢と歴史に応じて、スポーツ実践のあり方も変化する。現地の外側から SDP という用語をあてはめ、開発におけるスポーツの活用可能性を一心に信じる「余所者」による想像の仕方が、対象となる文脈から遊離することがあることを無視することは、SDP の議論の中心を見落としているのに等しい。貧困社会を生き抜く生活者のリアリティにおけるスポーツ実践の距離感を見誤らず、「コミュニティ開発」や「セーフティネット」という言葉を使わずとも、在地の人々独自のやり方でそれらに相当する営為を試み、自分たちの暮らしの安定に向けたプロセスに直接的にも、間接的にもスポーツは影響を与えることになるのか。スポーツにより組み合わされることで創造的な成果を生み出す、個人単位では決して生み出せないようなスポーツの持つ「創発性」を見定めていくことこそ必要とされている。SDP の展開を通じて自分たちの暮らしの「安定」と、それまでになかった暮らしの「変化」を同時に渇望する人々の日常的な生活観のうちに、その地域、その組織なりの SDP の答えがみえてくる。そして、直面する事情に合わせて日々つくり直されるスポーツ活動の背景に交錯する実践者の胸裏を捉えながら、援助を投げかける側と投げかけられる側との狭間に交錯する、それぞれの「思惑の差異」を汲み取ってゆく必要がある。

　この点をふまえるならば、これからの日本の SDP はどこへ向かうべきなのだろうか。Sport for Tomorrow が掲げるように、「スポーツを通じた国際協力及び交流」を、スポーツ用品の寄贈や指導者派遣などといった古典的なスポーツ援助やスポーツ交流として拡大し、その裨益効果を SDP として捉えるだけでは、これまでの「スポーツ交流」のやり方を再評価し、自画自賛したに過ぎない。それはすなわち、これまでのスポーツ交流の経験を再確認しながら、その基本は「五輪を彩るためのスポーツ交流」とする考え方を、Sport for Tomorrow という金看板で新たに装わせている以外の何ものでもない[12]。そうではなく、SDP とは、

## 第Ⅲ部　SDP はどこへ向かうのか？

　貧困削減という問題に対して、暮らしの向上を願う人々を対象者としながら、特にスポーツへの参加を通じて、教育やパブリック・ヘルスといった何らかの社会開発のプロセスに参加できることを要請する。そして、そうしたプロセスへの参加を遠退ける行政機構の答責性を問い、補完する機能を担うのである。ここでどうしても考えておく必要があるのは、日本のスポーツ界が過去のスポーツ援助やスポーツ交流などで蓄積してきたとされる途上国支援の経験を SDP として実行に移す構成要素が、Sport for Tomorrow の中に存在しているのかどうかである。スポーツはなぜ貧困削減に有効と言えるのか。本当にスポーツを通じて貧困削減はできうるのか、スポーツを通じて貧困削減の達成に至るメカニズムや経路はどのようなものなのか、そのネクサスを明らかにしながら、変化していく開発アジェンダに応じることは、今後の SDP を議論するうえで重要な鍵となるだろう。その裏書きがないまま、「スポーツを通じた国際協力及び交流」とお題目を唱え続けてきたのは現行 Sport for Tomorrow の問題点であり、そうした現実を論じないことが、日本での SDP をめぐる議論のひとつの限界を形成している。

　では、今後取り組まれるべき SDP の課題とは一体何なのか。最後に、その問いに重要な示唆を与える SDP の評価をめぐる課題についてふれておく。近年、費用対効果やプログラムの効果を裏付ける証拠等が次々と要求される風潮が強まる中、他の開発援助プロジェクトと同様、SDP に対する評価への関心も高まってきた。SDP の成果を様々な指標から実証的に裏付ける試みだが、その評価方法に関して SDP の研究を積極的に牽引してきたコールターの主張に我々は耳を傾けておく必要がある。コールターは、「スポーツ自体には原因となる力や魔法のような力はなく、スポーツとは参加のプロセスなのである」［Coalter, 2007: 90］とし、SDP のような活動に対する評価には、従来の定量化された指標を累積的に評価（summative evaluations）していく方法よりも、形成的な評価（formative evaluations）の方が適合的であると指摘する。つまり、SDP の成果は定量的に測定されるばかりではなく、質的にも測定されるべきであり、「どんなスポーツやスポーツのプロセスが、人々のどのセクションにどんな状況においていかなる成果を産み出すのか」といった問いかけこそが求められ、プロセス主導の評価（process-led）のあり方の重要性を喚起するのである［Coalter, 2007: 89-91］。スポーツ援助によって活気づいた SDP の展開は、先進国の体制化したスポーツによって成し遂げられてきたが、スポーツの領域から南北問題を是正しようとするなら、そこにはスポーツが本来的に有していたコロニアリ

第 10 章　問い直される「スポーツの力」

ズム的要素に対する壮大な挑戦が待ち受けていることを常に視野に入れておかなければならない。「終わらない植民地主義」というポストコロニアリズムが問うべき課題とも共鳴し合う状況のもと、そうしたアンビバレントな局面を横断してSDPの課題が存立することを認識するとき、コールターが示すSDPの評価をめぐる課題が、反省的に捉え直されて我々に問いかけてくることになる。

【注】
1) 佐野らは Department for International Development（2004）のポリシー・ペーパーをもとに、直接財政援助（Direct Budget Support: DBS）が80年代に行われた構造調整と異なる点について、構造調整が援助受け入れ国の意向を軽視した一方的な経済的条件付けであったことに対し、援助受け入れ国との戦略対話、援助受け入れ国の計画に基づいて実施され、またDBSが支援の目的に沿って適切に用いられているかをモニタリングし、評価する試みがなされたという点を指摘する［佐野ら，2014：26］。
2) 例えば、2011年に釜山にて第4回援助効果向上ハイレベルフォーラム（HLF）が開催され、その成果が「釜山成果文書」に取りまとめられたが、佐野らはその論点を、(1)開発に関わるリソースと主体が多様化し、援助の相対的な役割がますます小さくなってきたとの認識を示していること、(2)「援助の効果」を越えて多様なリソースと主体の貢献による「開発の効果」へと発想を転換すること、(3)開発協力を担うようになった「新しい主体」に「差異ある貢献」を期待していることの3点に整理し、新たに立ち上がってきたドナー勢力について検討を加えている［佐野ら，2014：29］。
3) 高橋は、中国の援助政策に関する小林（2007）の調査研究を参考に、中国は政府関係の建物やスタジアムなど、現地の人々にとって分かりやすい「ハコモノ」や社会インフラなどを支援してきており、そうした中国の途上国向け国際協力を「自己顕示的事業」と表現する。そして、援助レジームから離れて、その中のルールや合意事項を遵守する責任を負わない中国援助の問題性を明示する［高橋，2009：122］。
4) 2005年3月21日、コフィ・アナン国連事務総長による総会演説（国際連合広報センター・プレスリリースより引用。http://www.unic.or.jp/news_press/messages_speeches/sg/970/　2015年11月30日アクセス）
5) 代表的な指標には世銀が作成している「国別政策制度評価（CPIA: Country Policy and Institutional Assessment）」がある。
6) 政治学者がよく引用する政体に焦点をあてた代表的な指標として Policy Ⅳ（Country Report, Center for Systemic Peace）がある。またより個別の項目を指標化したものとして Transparency International の「汚職認識指数（CPI: Corruption Perception Index）」や The Economist Intelligence Unit が出している「民主主義指数（Democracy Index）」上げられる。稲田の論考ではこれらをあわせて「民主的ガバナンス」の関連指標として取り上げられている［稲田，2014：46-47］。
7) 第9章にて既に考察したように、スポーツのグローバリゼーションを象徴する国際大会の開催を成立させる要素が、グローバル・スタンダードとして機能する種々の国際ルールであり、世界中のスポーツ組織を統括する機関として IOC や IF が存在してきている。
8) 国内のトップリーグが分裂していた日本バスケットボール協会に対し、国際試合への出場停止などの処分を課した国際バスケットボール連盟（FIBA）の制裁などは、その典型な例である。

*253*

第Ⅲ部　SDP はどこへ向かうのか？

9) 志賀は、North（1994）の主張を引き合いに出しながら、法制度の質の重要性を説く。彼は、現実の法制度はスポーツのルールのように別異の解釈の余地のない明確なルールを事前にアクターに提供できるとは限らないとし、法は曖昧な文言の中に対立するアクターが各々に有利な解釈の可能性を見出すと指摘する［志賀，2014：76］。

10) 例えば、2020 年東京オリンピック・パラリンピックを、日本の魅力をアピールするクールジャパン発信の好機として位置づけ、2015 年 10 月 24 日から 30 日にかけてロンドンで「Presenting Japan」を開催され、テーマのひとつとして Sport for Tomorrow が取り上げられたが、その会場で SDP について議論されることは全くなかった。演者として登壇した一人に IIP の理事がいたにもかかわらず、同席したスポーツ庁長官や東京オリンピック・パラリンピック競技大会組織委員会副理事事務総長、元メダリストたちが SDP 活動に触れるような発言は一切なく、「Sport for Tomorrow = 100 か国 1000 万人」というフレーズだけが喧伝され、途上国の貧困削減などのイシューは完全に度外視されていたというのが、筆者が感じた率直な印象である。

11) ガバナンスを通じた貧困削減の現実的妥当性を検討する小林によると、どんなガバナンスが必要かは、「どんな問題を解決したいのか」、つまりその目的に応じて異なるということを指摘する［小林，2014：67］。例えば、社会のリソースや財への公正なアクセスが保障されないことに貧困問題の本質があるのだとすれば、公正なアクセスを脅かす力を排除する能力が求められる。そしてその能力は、権力者さえも法によって等しく扱かわれる法治的な社会において獲得されうるゆえ、そうした問題解決を目指すガバナンスが必要となる。かかる能力形成及び機構構築にスポーツはいかに働きかけうるのか。対処すべき貧困の特質は様々であり、地域の特性と課題に応じたガバナンスの構築が求められる中、スポーツ・ガバナンスの活用方法を模索する研究が将来的に蓄積される必要があろう。

12) ここで看過すべきでないのは、Sport for Tomorrow という枠組みでスポーツ援助を展開する国内の NGO が結集されつつあるという点である。そうした NGO 組織は得てして大掛かりでないゆえ機動力が高く、小規模に展開するがゆえに柔軟なサービス提供が可能という比較優位を持つ傾向にある。しかしながらその一方で、複数の NGO や NPO が活躍する場はドット（点）に留まり、面的に発展を遂げないまま、各ミッションの違いを越えて団結、連携できないという弱点を抱えてもいる。複数の組織が同様のサービスを提供するという非効率に対して、SDP を試みる NGO が活躍する場を調整するのは政府や政府系機関の役割であり、そこに Sport for Tomorrow の大きな役割と意義を見て取ることもできる。

## おわりに

　スポーツは MDGs 達成に向けての意味のある横断的テーマであるとして、2003 年 11 月の国連総会において「教育を普及、健康を増進、平和を構築する手段としてのスポーツに関する決議（Sport as a means to promote education, health, development and peace）」が採択された。この決議は、その名の通り、教育を普及、健康を増進、平和を構築する手段としてのスポーツの重要性を唱え、MDGs の達成への有効な手立てのひとつとしてスポーツの活用可能性を強調した。それから 10 年以上が過ぎ去った 2015 年、MDGs に代わる今後の目標として「持続可能な開発目標（Sustainable Development Goals：以下 SDGs と表記）」が打ち出されることになる。これは経済成長、社会的包摂、環境保護という持続可能な開発の 3 つの次元を統合する 2016 年から 2030 年にかけての新たな国際目標であり、併せて 17 の目標と 169 項目の具体的な達成基準も示された。このように人間と地球のために「すべきこと」が明示された現在、これからの Sport for Tomorrow は、どこを焦点化し、いかに展開されていくことになるのだろうか。

　2016 年 3 月、スポーツ庁と外務省、JSC などが中心となって「第 2 回 Sport for Tomorrow コンソーシアム全体会議」が開かれた。場所は東京虎ノ門にある日本財団ビルである。その席上において、スポーツ庁審議官から「Sport for Tomorrow の目指すところ」というかたちで、①スポーツの普及と国際的競技レベルの向上、②スポーツの力で世界を変える（平和と開発）、③スポーツ交流を国民的な文化に、などの点が参加者たちに「突として」告知された。なかでも興味深いのは「②スポーツの力で世界を変える」という項目が、さらに（1）Sport for All、（2）SDP、（3）Sport Integrity の 3 つに分離されるという内容が提起され、本書の図表 1-1（第 1 章）で示した Sport for Tomorrow の内容が不意に大きく書き換えられていたのである。全体会議後の懇親会にて「書き換えの経緯」を当の本人に尋ねたが、特に機関決定されたものではなく審議官としての私見であり、Sport for Tomorrow の事業内容をわかりやすく説明することと、説明に沿った形で事案を積み上げ、Sport for Tomorrow の質と量を両立さ

せることは大きな課題であるとの返答があった。つまり、政府として Sport for Tomorrow を主導し事業として展開する以上、アカウンタビリティを強く意識しなければならず、そのためには「課題と対策」という簡明なロジックが必要になるとの認識である。Sport for Tomorrow を「100か国、1000万人以上にスポーツを届けようとする取り組み」と言うのは簡単だが、具体的な事業内容をどのように説明し、その適正さと事業予算の割り当てをいかに正当化できるのか、その判断の見極めは難しい。そして実のところ、全く新たな取り組みに対する数値目標は、政策を推進する側にとっても確証のないものである。このような議論の根底には、主に途上国を対象として、ハード・ソフトの両面からスポーツを通じた国際協力及び交流を一体的に促進するといっても、結局それに伴い具体的にどんな課題と対策が必要とされるのかが不分明なままであるという、これまであまり検証されてこなかった「スポーツを通じた国際協力及び交流」に対するスポーツ庁審議官の自己評価がおそらく関係している。

このように、「第2回 Sport for Tomorrow コンソーシアム全体会議」で発表された Sport for Tomorrow の突然の方向転換は、評価すべき内容を内在させつつも、実際には予算獲得の根拠の明確化を目的としたものであり、これまでの SDP と異なった性質を持っているものとして Sport for Tomorrow を議論する必要があると考えた審議官は、その違いを「課題と対策」という歯切れ良いロジックに帰すことで、事業としての適正性を訴求しようとした。しかし「開発×スポーツ」に対する日本と世界的潮流の違いは、以上のことから分かるように、実は事業案件を形成する政策立案側の SDP に対する認識のあり方と大きく関連しているのである。まさに Sport for Tomorrow の基本原理が、この会議において、SDP の世界的な展開のなかで重視されている開発問題とは「大きく距離を置いて」議論されていたことがわかる。Sport for Tomorrow の登場は、日本の SDP への関心を後押ししたが、それがスポーツ庁審議官により「Sport for Tomorrow の目指すところ」に翻訳される中で、「①スポーツの普及と国際的競技レベルの向上、②スポーツの力で世界を変える（平和と開発）、③スポーツ交流を国民的な文化に」となり、結局、いかようにも解釈できる総花的な視点が促進され、Sport for Tomorrow と SDP の考え方の距離が遠ざけられたのである。

この事例が示すように、政策立案者側の事情に合わせて日毎つくり直されている SDP というグローバルな潮流が日本でどのように受け止められ、「オリンピック」や「スポーツ国際貢献」という言葉を伴ってどのようなインパクトを

おわりに

政策実施レベルでもたらしたのか。国家主導によるスポーツ政策と「スポーツ×開発」のすれ違う議論の例として今後調べる必要があろう。そして Sport for Tomorrow が「100 か国・1000 万人」という、そのシンプルさと明瞭さによって、かつてないほどの「途上国へのまなざし」を日本スポーツ界全体にもたらしたとするならば、それが具体的にコンソーシアム会員をはじめとする関係者たちにどのように受け止められたのか、人々の認識や行動にどのような影響を与えたのかを検証することが、今後の SDP の議論のための必要な作業になるだろう。現在までのところ、Sport for Tomorrow の活動として SDP に直接の言及がなくとも、「Sport for Tomorrow」という名称の表記があれば SDP を意識しているように思えるが、実態はほとんどが継続性のない「単発的な」スポーツ援助またスポーツ交流であり、貧困削減との因果関係は間接的なものに留まっている。特に何かを大きく変えたわけではなくて、MDGs や SDGs で定められた指標を明確に意識している案件は皆無で、昔からのスポーツ用品供与や指導者派遣中心の日本のスポーツ援助・交流そのままであり、そのことは実施レベルでの日本スポーツ政策の実姿を映し出している。

　かかる状況下において、本書では、日本が政策レベルの表象において国際貢献重視を謳う一方で、実質的には旧来とそれほど変わらない「スポーツを通じた国際協力及び交流」のあり方を続けている状況に対し、筆者も調査研究プロジェクトのメンバーとして参加している Sport for Tomorrow の動向に絡めて「スポーツで挑む社会貢献」の世界的な展開について論じてきた。本書のカバーデザインに記載した「Creating shared value through sport」という言葉は、CSR（企業の社会的責任）に代わる新しいコンセプトとしてハーバード・ビジネス・スクールの研究者であるマイケル E. ポーターらによって提唱された CSV（Creating Shared Value：共通価値の創造）という言葉になぞらえたものである。ポーターらは、社会的な責任や配慮というイメージを培うために、いわばコスト意識で行われる CSR 活動のあり方に疑義を唱え、CSR を企業の利益還元あるいはイメージの向上のみを目的とした「受動的な位置づけ」でなく、競争優位の源泉として捉え直すことを企業に要請し、CSR を「コスト」として受け取るのではなく、「戦略的な位置づけ」として捉えることの重要性を主張する。こうした考え方の背景には、企業は社会にインパクトを与えて実際に社会を変えようと真剣に考えないまま、自社のイメージ向上だけに関心を向けてきたというポーターらの問題認識があるが、翻ってその指摘は、日本スポーツの国際戦略を考えていく際の問

*257*

題をも浮かび上がらせる。国家のエリートたちが創りだした「100か国・1000万人」の言説が達成すべき目標の主たる対象となり、スポーツ庁関係者たちはその数値だけにスポットライトを当てて、SDPの活動そのものは「Tokyo2020」の成功にあまり影響を及ぼさないものとして視野の外に追いやりがちである。結果としてSport for Tomorrowの関連予算が大きく削減され始めてきている。先進国としての社会的責任や途上国への配慮というイメージを培うために、いわばコスト意識で行われるこうしたSport for Tomorrowの動向を考えると、開発問題に実効性のあるスポーツ国際貢献事業の実現へ向け、従来のコスト意識に縛られない視点で、私たちを包みこんでいるスポーツ世界を広く捉える考え方がどうしても必要になる。「Tokyo2020」のイメージ向上に大きな関心が向けられ、その目標数値の達成が常識と化して官僚たちのSDPへの認識を拘束し、視野を狭めている傾向がある中、日本のスポーツ界はスポーツで世界の貧困に挑もうとする気が本当にあるのか。カバーデザインに「Creating shared value through sport」と記載した事由は、かかる筆者の認識を反映している。

　本書は私自身のこれまでの論考をもとに、「スポーツ」と「開発」をキーワードとしながら、SDPという視点からそれぞれ改訂し、大幅に加筆修正しながらまとめなおしたものである。以下、本書の基礎となった諸論考を紹介しておく。

小林勉（2016）「スポーツによる国際貢献」の世界的潮流：公益とスポーツの接点，公益学研究15（1）：21-27.
小林勉（2014）国際開発とスポーツ援助：スポーツ援助の動向と課題，スポーツ社会学研究22（1）：61-78.
小林勉（2014）なぜスポーツを通した国際開発か？，現代スポーツ評論31，創文企画：35-51.
小林勉・関根正敏（2012）変容する途上国のスポーツ振興体制：オセアニア地域のスポーツ支援に関する実態調査から，体育研究46：23-35.
小林勉（2007）スポーツを通じた国際協力の可能性：太平洋諸国に対するスポーツ振興支援の動向から，体育研究41：11-20.
小林勉（2003）大洋州における開発援助の現状と課題，信州大学教育学部研究紀要109：55-65.
小林勉（2001）途上国に押し寄せるスポーツのグローバリゼーションの実相：メラネシア地域の事例から，スポーツ社会学研究9：83-93.

おわりに

小林勉（2000）開発戦略としてのスポーツの新たな視点：「正統性」をめぐる組織と「現場」の問題，体育学研究 45（6）：129-140.

小林勉（1999）途上国におけるスポーツ政策の行方：推し進められる Sport for All 運動の背景（ヴァヌアツ共和国の事例より），国際開発研究フォーラム 14：39-57.

　また、本書を執筆するにあたって、多くの方々にお世話になった。まず、2010 年から共同研究を展開する Matthew Nicholson 氏および Russell Hoye 氏に御礼申し上げたい。本書をまとめるに当たり、彼らからはスポーツ政策を検討する際の視点や論点など、日常の議論を通じて多くの知識や示唆を頂いた。ヴァヌアツでのフィールド調査に際しては Henry Tavoa、Leonie Sam、Kalman Kiri、Johnny Tensley Lulu、Michel Jacob、Job Alwyn、Simion Roqara、Peter Izono、Baldwin Lonsdale、James Kalo、Joe Carlo をはじめとするヴァヌアツの行政機構に携わる多くの方々の協力を頂いた。また、ヴァヌアツでの生活全般にわたり多大な支援を賜った Etienne Mermer、Moise Poida、Kaison Maki、Richard Iwai、Peter Takaro、Harry Atisson、Lencie Fred、Philemon John、Wilson August、Obed Jimmy、David Chillia、Juan Carlos Buzzetti、Noel Vari、Charles Vatu、Albert Manaroto、Marco Herrominly、Robert Calvo、Bong Shem らにも御礼申し上げたい。1995 年にヴァヌアツにかかわって以降、彼らからは長年にわたり手厚い支援をいただいた。日々の研究だけでなく私の「人生そのもの」を見守っていただき、「途上国に生きる」ということについて常に考えさせられ、同時に「愉快に生きる」という行動指針を徹底的に叩き込んでいただいた。この間、Kalman Kiri、Johnny Tensley Lulu、Michel Jacob といったヴァヌアツ・スポーツの歴史を象った重鎮たちが他界し、かつての職場の同僚で公私にわたりお世話になった Baldwin Lonsdale は、現在、ヴァヌアツ共和国の大統領に就任している。「あれから既に 20 年以上も経ったのか…」——振り返ると、感謝の言葉しか見当たらない。いずれの面々も筆者の研究のみならず人生を支えてくれたかけがえのない仲間たちである。

　国内に目を転じれば、J リーグクラブ・ブラウブリッツ秋田の岩瀬浩介氏、外山新平氏、加藤芳樹氏、JSC の河原工氏、岸卓巨氏、和久貴洋氏、久木留毅氏、桶谷敏之氏にもお世話になった。改めて御礼申し上げたい。ブラウブリッツ秋田

では共同プロジェクトを通じて高齢者の社会参加に対するスポーツの活用可能性について検討する貴重な機会を頂き、JSC の方々からは時宜を得て進展する Sport for Tomorrow の実相を垣間見る機会をいただいた。そうしたネットワークから紡ぎ出された知見が、本書の土台の一部を築くことになった。

　最後に、本書の刊行を御快諾いただいた創文企画、ならびに編集過程でお世話になった同社編集部の鴨門義夫氏、鴨門裕明氏に謝意を表したい。筆者の遅れがちな対応に辛抱強くお付き合いいただき、本書を完成することができたのもお二人の尽力によるところが大きい。ここに記して御礼申し上げる。なお、校正作業において作新学院大学の関根正敏氏、筑波大学大学院生の増山舜氏にも御協力いただいた。併せて感謝する次第である。

　本書が日本における SDP の議論を誘発し、若い世代の方々が「スポーツで世界の貧困に挑む」時代が訪れるのにわずかでも貢献できれば幸いである。

2016 年 9 月

小林　勉

※本研究は JSPS 科研費 24602004、15K01603 の助成を受けたものです。

# 参考文献一覧

## ■英語文献

Armstrong, G. (2004) 'The lords of misrule: football and the rights of the child in Liberia, West Africa', *Sport in Society* 7(3): 473–502.

Australian Agency for International Development [AusAID] et al. (2007) *Vanuatu Sport for Development Program 2007-2011 Design Document*: http://www.sportingpulse.com/get_file.cgi?id=105075 [accessed 7 Aug 2015]

Australian Agency for International Development [AusAID] (2012) *An Effective Aid Program for Australia: Making a real difference—Delivering real results*, Canberra: Australian Agency for International Development.

Australian Government Department of Foreign Affairs and Trade (2008) *Focus June–Sept 2008*: http://dfat.gov.au/about-us/publications/Documents/focus_June08_06.pdf [accessed 2 Aug 2014]

Australian Sports Commission [ASC] (2004) *Pacific Sporting Needs Assessment*, Canberra: Australian Sports Commission: http://www.toolkitsportdevelopment.org/html/resources/03/03C9FF46-1417-4954-BCC3-DF3C1C8BB8DC/ASC%20pacific%20sporting%20needs%20assesment.pdf [accessed 2 Aug 2014]

Australia Sports Comission, International Sport for Development (2013) *Australian Sport Outreach Program*, Canberra: Australian Agency for International Development: https://www.clearinghouseforsport.gov.au/__data/assets/pdf_file/0011/636752/Australian_Sport_Outreach_Program_CABOS_position_paper.pdf [accessed 7 Aug 2014]

Australian Sports Commission [ASC] and the Australian Agency for International Development [AusAID] (2013a) *Development-Through-Sport: A Joint Strategy of the ASC and AusAID 2013-2017*, Canberra: Australian Sports Commission and the Australian Agency for International Development: http://assets.sportanddev.org/downloads/dts__a_joint_strategy_of_the_asc_and_ausaid_2013_2017.pdf [accessed 2 Aug 2015]

Australian Sports Commission [ASC] and the Australian Agency for International Development [AusAID] (2013b) *Pacific Sports Partnerships 2013–2017 Grant Guidelines*, Canberra: Australian Sports Commission and the Australian Agency for International Development.

Beutler, I. (2008) 'Sport Serving Development and Peace: Achieving the Goals of the United Nations Through Sport', *Sport in Society* 11(4): 359-369.

Black, D. (2008) 'Dreaming Big: The Pursuit of "Second Order" Games as a Strategic Response to Globalization', *Sport in Society* 11(4): 467-480.

Coalter, F. (2007) *A Wider Social Role for Sport: Who's Keeping the Score*, Abingdon, Oxon: Routledge.

Coalter, F. (2008) 'Sport in Development: Development for and Through Sport?', In: Nicholson, M. and Hoye, R. (eds) *Sport and Social Capital*. Oxford: Butterworth-Heinemann: 39-67.

Coalter, F. (2010) 'Sport-for-Development: Going Beyond the Boundary?', *Sport in Society* 13(9): 1374-1391.

Darnell, S. C. (2007) 'Playing with Race: Right to Play and the Production of Whiteness in "development through sport" ', *Sport in Society* 10(4): 560–579.

Department for International Development [DFID] (2004) *Poverty Reduction Budget Support. DFID Policy Paper*: http://webarchive.nationalarchives.gov.uk/+/http:/www.dfid.gov.uk/pubs/files/prbspaper.pdf [accessed 2 Aug 2015]

Department of Culture, Media and Sport [DCMS] (2008) *Before, during and after: making the most of the London 2012 Games*, London: Department of Culture, Media and Sport.

Department of Youth Development, Sport and Training (2013) *Nabanga Sport for Development Program DYDST Quarterly Report April to June*, Port Vila: Department of Youth Development, Sport and Training.

di Cola, G. (2006) *Beyond the Scoreboard: Youth Employment Opportunities and Skills Development in the Sports Sector*, Geneva: International Labour Office.

Donnelly, P. (2008) 'Sport and Human Rights', *Sport in Society* 11(4): 381-394.

Early, R. (1999) 'Double Trouble, and Three is a Crowd: Languages in Education and Official Languages in Vanuatu', *Journal of Multilingual and Multicultural Development* 20(1): 13- 33.

Fabrizio-Pelak, C. F. (2005) 'Negotiating Gender/Race/Class Constraints in the New South Africa: A Case of Women's Soccer', *International Review for the Sociology of Sport* 40(1): 53-70.

Guest, A. M. (2009) 'The Diffusion of Development-Through-Sport: Analysing the History and Practice of the Olympic Movement's Grassroots Outreach to Africa', *Sport in Society* 12(10): 1336–1352.

Giulianotti, R. (2004) 'Human Rights, Globalization and Sentimental Education: The Case of Sport', *Sport in Society* 7(3): 355-369.

Greening, J. (2014) *Smart Aid: Why It's All About Jobs*: https://www.gov.uk/government/speeches/smart-aid-why-its-all-about-jobs [accessed 2 Apr 2016]

Government of the Republic of Vanuatu (1982) *First National Development Plan 1982-1986*, Port Vila: Vanuatu National Planning and Statistics Office.

Government of the Republic of Vanuatu (1987) *Second National Development Plan 1987-1991*, Port Vila: Vanuatu National Planning and Statistics Office.

Government of the Republic of Vanuatu (1989) *Vanuatu National Sports Council Act*.

Government of the Republic of Vanuatu (1992) *Third National Development Plan 1992-1996*, Port Vila: Vanuatu National Planning and Statistics Office.

Government of the Republic of Vanuatu (2004) *Budget 2004* (Parliamentary Appropriation 2004).

Government of the Republic of Vanuatu (2005) *Budget 2005* (Parliamentary Appropriation 2005).

Government of the Republic of Vanuatu (2006) *Budget 2006* (Parliamentary Appropriation 2006).

Government of the Republic of Vanuatu (2007) *Budget 2007* (Parliamentary Appropriation 2007).

Government of the Republic of Vanuatu (2008) *Budget 2008* (Parliamentary Appropriation 2008).

Government of the Republic of Vanuatu (2009) *Budget 2009* ( Parliamentary Appropriation 2009).

Government of the Republic of Vanuatu (2010) *Budget 2010* (Parliamentary Appropriation 2010).
Government of the Republic of Vanuatu (2011) *Budget 2011* (Parliamentary Appropriation 2011).
Government of the Republic of Vanuatu (2012) *Budget 2012* (Parliamentary Appropriation 2012).
Government of the Republic of Vanuatu (2013) *Budget 2013* (Parliamentary Appropriation 2013).
Government of the Republic of Vanuatu (2014) *Budget 2014* (Parliamentary Appropriation 2014).
Hayhurst, L. (2009) 'The Power to Shape Policy: Charting Sport for Development Policy Discourses', *International Journal of Sport Policy* 1(2): 203-227.
Hayhurst, L. and Frisby, W. (2010) 'Inevitable Tensions: Swiss and Canadian Sport for Development NGO Perspectives on Partnerships with High Performance Sport', *European Sport Management Quarterly* 10(1): 75-96.
International Business Leaders Forum (2005) *Shared Goals: Sport and Business in Partnerships for Development*, International Business Leaders Forum and UK Sport: http://assets.sportanddev.org/downloads/25_shared_goals__sport_and_business_in_partnerships_for_development.pdf〔accessed 21 May 2015〕
IOC Department of International Cooperation (1999) *The International Olympic Committee and The United Nations System: Building a Peaceful and Better World Through Sport and The Olympic Ideal*, Lausanne: IOC Department of International Cooperation.
Kidd, B. (2008) 'A New Social Movement: Sport for Development and Peace," *Sport in Society* 11(4): 370-380.
Kobayashi, T., Nicholson, M. and Hoye, R. (2013) 'Football "Wantok": Sport and Social Capital in Vanuatu, *International Review for the Sociology of Sport* 48: 38-53.
Krasner, Stephen D. (1983) *International Regimes*. Ithaca: Cornell University Press.
Levermore, R. (2008) 'Sport-in-International Development: Time to Treat It Seriously?', *Brown Journal of World Affairs* 14(2): 55-66.
Levermore, R. (2010) 'CSR for Development Through Sport: Examining Its Potential and limitations', *Third World Quarterly* 31(2): 223-241.
Long, N. (2001) *Development Sociology: Actor Perspectives*. London: Routledge.
Maguire, J. (2008) ' "Real Politic" or "Ethnically Based": Sport, Globalisation, Migration and Nationstate Policies', *Sport in Society* 11(4): 443-458.
Magic Bus India Foundation (2013) *Final Accounts F.Y.2012-13*, Mumbai: Magic Bus India Foundation.
Mathare Youth Sports Association [MYSA] (2010) *MYSA Strategic Plan 2010-2019: Giving Youth a Sporting Chance On and Off the Field*, Nairobi: Mathare Youth Sports Association.
Mathare Youth Sports Association [MYSA] (2011) *MYSA Annual Report 2010: Mathare Youth Self-Help Sports, Community Leadership and Development Project*, Nairobi: Mathare Youth Sports Association.
Minikin, B. (2009) *A Question of Readiness: MEMOS (Master Executif en Management des Organisations Sportives) XII – September 2008 – September 2009*, Faculté des sciences du sport, Université de Poitiers, France.
Ministry of Youth Development Sports and Training (2007) *National Physical Activity Development General Policy Directives 2007-2011*, Port Vila: Ministry of Youth Development Sports and Training.
Naudet, Jean-David. (2012) *Development Aid Reforms in the Context of New Public Management*, Working

paper 119. AFD.

Nepfer, J. and Renggli, F. (2000) *FIFA Goal: For the Good of the Game*, Zurich: Fédération Internationale de Football Association.

Nicholls, S. and Giles, A.R. (2007) 'Sport as A Tool for HIV/AIDS Education: A Potential Catalyst for Change', *Pimatisiwin: A Journal of Aboriginal and Indigenous Community Health* 5(1): 51–85.

North, Douglass C. (1994) 'Economic Performance Through Time', *The American Economic Review* 84(3): 359-368.

Right to Play (2003) *Live Safe, Play Safe Facilitator's Manual*, Dar es Salaam: Right to Play Tanzania.

Right to Play (2010) *Our Report on Progress: 10 Years of Play 2000/2010*, Toronto: Right to Play International.

Right to Play (2012) *2011 Annual Report: We Transform Lives Through Play*, Toronto: Right to Play International.

Right to Play (2013) *When Children Play---: Impact Stpries*, Toronto: Right to Play International.

Saavedra, M. (2005) 'Women, Sport and Development': http://assets.sportanddev.org/downloads/56__women__sport_and_development.pdf [accessed 1 May 2016]

Sarah, J., Jonathan, F., and Ecorys UK (2014) *Final Evaluation of the International Inspiration Programme*, Birmingham: Ecorys UK.

Sport and Development International Conference (2003) *The Magglingen Declaration and Recommendation: Creating a Better World Through Sport*, Bienne: Swiss Academy for Development.

Sport for Development and Peace International Working Group [SDPIWG] (2006) *Sport for Development and Peace: From Practice to Policy*, Toronto: Right to Play: http://assets.sportanddev.org/downloads/20__s_for_dev_and_peace__from_practice_to_policy.pdf [accessed 14 Jan 2010]

Sport for Development and Peace International Working Group [SDPIWG] (2007) *From the Field: Sport for Development and Peace in Action*, Toronto: Right to Play: http://iwg.sportanddev.org/data/htmleditor/file/Project%20Profiles/From%20the%20Field%20Part%201.pdf. [accessed 2 June 2010] .

Sport for Development and Peace International Working Group [SDPIWG] (2008) *Harnessing the Power of Sport for Development and Peace: Recommendations for Government*, Toronto: Right to Play: http://www.righttoplay.com/pdfs/SDPIWG/Governments_in_Action_2008.pdf [accessed 1 June 2010]

Strachan, J., Samuel, J. and Takaro, M. (2007) 'Vanuatu Women Graduate: What Happens When They Go Home?', *Development in Practice* 17(1): 147-153.

Sugden, J. (2006) 'Teaching and Playing Sport for Conflict Resolution and Co-Existence in Israel', *International Review for the Sociology of Sport* 41(2): 221-240.

Tevi, O. (2009) 'Changing Age Structures, Labour Markets, Public Finance and Poverty in the Pacific: The Case of Vanuatu', in W. Narsey et al. (eds) *Population and Development in the Pacific Islands*: 40-47. Suva: UNFPA Office for the Pacific & University of the South Pacific.

The World Commission on Environment and Development (1987) *Report of the World Commission on Environment and Development: Our Common Future*.（環境と開発に関する世界委員会（1987）『地球の未来を守るために』大来佐武郎邦訳，福武書店）

UNAIDS and WHO (2005) A*IDS epidemic update: Special Report on HIV Prevention*, Geneva: Joint

United Nations Programme on HIV/AIDS [UNAIDS] and World Health Organization [WHO] 2005: http://www.who.int/hiv/epi-update2005_en.pdf?ua=1 [accessed 4 Jan 2016]

UNESCO (1999) *3rd UNESCO International Conference of Ministers and Senior Officials Responsible for Physical Education and Sport (MINEPS III) final report*, Punta del Este: UNESCO.

UNICEF (1987) *The State of the World's Children 1987*, New York: Oxford press.

United Nations. (2006) *Report on the International Year of Sport and Physical Education 2005: Sport for a Better world*, Geneva: United Nations.

United Nations Development Programme[UNDP] (1999) *Pacific Human Development Report 1999:Creating Opportunities*, Suva: UNDP.

United Nations Inter-Agency Task Force on Sport for Development and Peace (2003) *Sport for Development and Peace: Towards Achieving the Millennium Development Goals*, Geneva: United Nations: http://www.un.org/wcm/webdav/site/sport/shared/sport/pdfs/Reports/2003_interagency_report_ENGLISH.pdf [accessed 4 May 2016] .

United Nations Office on Sport for Development and Peace [UNOSDP] (2011) *2nd InternatIonal Forum on Sport For peace & Development*, Geneva: United Nations Office on Sport for Development and Peace.

Vanuatu National Statistics Office (2000) *2000 Labour Market Survey*, Port Vila: Vanuatu National Statistics Office.

Vanuatu National Statistics Office (2009) *National Census of Population and Housing*, Port Vila: Vanuatu National Statistics Office.

Vanuatu Sports Association and National Olympic Committee [VASANOC] (2010a) *Vanuatu Association of Sports and National Olympic Committee Constitution*, Port Vila: VASANOC Haus.

Vanuatu Sports Association and National Olympic Committee [VASANOC] (2010b) *2010 NF's Survey General Report*, Port Vila: VASANOC Haus.

Vira, H. and Kenway, J. (2009) *Nabanga Sports Program Mid Term Review*, Port Vila.

Willis, O. (2000) 'Sport and Development: The Significance of Mathare Youth Sports Association', *Canadian Journal of Development Studies/Revue Canadienne d'Etudes du Développement* 21(3): 825-849.

Wilson, B. and Hayhurst, L. (2009) 'Digital Activism: Neoliberalism, The Internet, and Sport for Youth Development', *Sociology of Sport Journal* 26(1): 155-181.

Zimmermann, F. and Smith, K. (2011) 'More Actors, More Money, More ideas for Inter-National Development Cooperation', *Journal of International Development* 23: 722-738.

## ■日本語文献

有元健（2015）「夢の力」に抗する：2020年東京オリンピック・パラリンピックと都市のヘゲモニー，スポーツ社会学研究23（2）：45-60.

ブラウン・スティーブン（1993）『国際援助：歴史　理論　仕組みと実際』安田靖邦訳，東洋経済新報社.〈Browne, S. (1990) Foreign Aid in Practice, New York: New York University Press.〉

ドネリー・ピーター（2015）権力，政治とオリンピック：2010年バンクーバー大会およびその他の事例から，スポーツ社会学研究23（2）：3-22.

Fédération Internationale de Football Association [FIFA], Eisenberg, C. and Lanfanchi, P.（2004）『フットボールの歴史：FIFA 創立 100 周年記念出版』小倉純二，大住良之，後藤健生日本語版監修，講談社．〈Eisenberg, C. et al (2004) 100 Years of Football: The FIFA Centennial Book, London: Weidenfeld & Nicolson.〉

外務省総合外交政策局人権人道課（2007）児童の権利に関する条約〔日英対照版パンフレット〕http://www.mofa.go.jp/mofaj/gaiko/jido/pdfs/je_pamph.pdf〔2016 年 1 月 12 日アクセス〕

グットマン・アレン（1997）『スポーツと帝国：近代スポーツと文化帝国主義』谷川稔ほか邦訳，昭和堂．〈Guttmann, A. (1994) Games & Empires: Modern Sports and Cultural Imperialism, New York: Columbia University Press.〉

ハーグリーブス・ジョン（1993）『スポーツ・権力・文化：英国民衆スポーツの歴史社会学』佐伯聰夫・阿部生雄邦訳，不昧堂．〈Hargreaves, J. (1986) Sport, Power, and Culture: a Social and Historical Analysis of Popular Sports in Britain, New York: St Martin's Press.〉

ハク・マブーブル（1997）『人間開発戦略：共生への挑戦』植村和子ほか邦訳，日本評論社．〈Haq, M. (1995) Reflections on Human Development, London: Oxford University Press.〉

平野秀秋（2000）スポーツの 20 世紀，スポーツ社会学研究 8：1-12.

稲田十一（2014）「民主的開発国家」は可能か：紛争後の 4 カ国の経験，国際開発研究 23（1）：41-57.

International Labour Organization[ILO] (2013) 2013 年版報告書『世界の雇用動向：若者編』http://www.ilo.org/wcmsp5/groups/public/---asia/---ro-bangkok/---ilo-tokyo/documents/genericdocument/wcms_300602.pdf〔2015 年 4 月 23 日アクセス〕

石岡丈昇（2004）第三世界スポーツ論の問題機制：認識論的検討とフィールドワークの「構え」，スポーツ社会学研究 12：49-60.

石岡丈昇（2012）『ローカルボクサーと貧困世界：マニラのボクシングジムにみる身体文化』世界思想社．

木村宏恒（2014）ガバナンスの開発政治学的分析：「統治」と「共治」の関係を見据えて，国際開発研究 23（1）：7-22.

小林勉（2000）開発戦略としてのスポーツの新たな視点：「正統性」をめぐる組織と「現場」の問題，体育学研究 45（6）：129-140.

小林勉（2001）途上国に押し寄せるスポーツのグローバリゼーションの実相：メラネシア地域の事例から，スポーツ社会学研究 9：83-93.

小林誉明（2007）中国の援助政策：対外援助改革の展開，開発金融研究所報 35，国際協力銀行：109-147.

小林誉明（2014）「ガバナンスを通じた貧困削減」の現実的妥当性：MDGs に内在するトレードオフ，国際開発研究 23（1）：59-72.

国際協力事業団国際協力総合研修所（2002）『開発課題に対する効果的アプローチ：基礎教育・HIV/AIDS 対策・中小企業振興・農村開発』国際協力事業団国際協力総合研修所．

黒田かをり（2014）現行 MDGs からの教訓：ポスト MDG に向けて．国際開発研究 23（2）：11-22.

文部科学省スポーツ・青年局（2013）『平成 26 年度概算要求主要事項』http://www.mext. go.jp/component/b_menu/other/__icsFiles/afieldfile/2013/08/30/1339149_01.pdf〔2015 年 10 月 3 日アクセス〕
村田周祐（2015）書評：サッカーボールひとつで社会を変える─スポーツを通じた社会開発の現場から─，スポーツ社会学研究 23（2）：85-88.
中村尚司（1996）社会経済指標の再検討と研究方法,『南北問題における社会経済的指標の検討：永続可能な発展の視点から』中村尚司編，文部省科学研究費補助金重点領域研究「総合的地域研究」総括班：7-30.
日本スポーツ振興センター［JSC］（2015）『平成 26 年度業務実績報告書』．http://www.jpns-port.go.jp/corp/Portals/0/corp/pdf/hyouka-gyoumujisseki/H26_gyoumujisseki.pdf〔2016 年 1 月 3 日アクセス〕
岡田千あき，山口泰雄（2009）スポーツを通じた開発：国際協力におけるスポーツの定位と諸機関の取組み，神戸大学大学院人間発達環境学研究科研究紀要 3（1）：39-47.
岡田千あき（2014）『サッカーボールひとつで社会を変える：スポーツを通じた社会開発の現場から』大阪大学出版会（阪大リーブル）
佐伯年詩雄（2015）2020 東京オリンピック競技会：レガシー戦略の虚像と実像，スポーツ社会学研究 23（2）：25-44.
坂本幹（2006）ガーナにおけるサッカーのローカル化：生活保障としての「約束金システム」をめぐって，スポーツ社会学研究 14：71-82.
坂上康博（1998）『権力装置としてのスポーツ：帝国日本の国家戦略』講談社．
佐野康子・高橋基樹・遠藤衛（2014）1980 年代以降の援助レジームの変遷とポスト MDGs，国際開発研究 23（2）：23-36.
佐藤幸男（1997）近代世界システムと島嶼国・地域の問題群,『海洋島嶼国家の原像と変貌』塩田光喜編，アジア経済研究所：325-373.
関根久雄（2001）『開発と向き合う人びと─ソロモン諸島における「開発」概念とリーダーシップ』東洋出版．
志賀裕朗（2014）「法の支配」はどのように開発に貢献するか：開発における法の役割再考，国際開発研究 23（1）：73-85.
鈴木紀（2001）開発研究の見取り図,『開発学を学ぶ人のために』菊地京子編，世界思想社：98-121.
鈴木直文（2011）「スポーツと開発」をめぐる諸問題：実行組織としての NGO に関する包括的研究にむけて，一橋大学スポーツ研究 30：15-23.
高橋清貴（2014）日本の ODA における MDGs の位置取り，国際開発研究 23（2）：37-53.
高橋基樹（2009）日本の貧困国援助の比較論的考察：援助レジームの変遷をめぐって，国際開発研究 18（2）：111-128.
多木浩二（1995）『スポーツを考える：身体・資本・ナショナリズム』筑摩書房．
United Nations Department of Economic and Social Affairs（2010）『国連ミレニアム開発目標報告 2010』国際連合広報センター邦訳，United Nations.
遠山耕平（1979）ユネスコの体育・スポーツ国際憲章，体育の科学 29，杏林書院：338-341.
ロストウ・ウォルト（1961）『経済成長の諸段階：一つの非共産主義宣言』木村健康ほか邦訳,

ダイヤモンド社.〈Rostow, W. W. (1960) The Stages of Economic Growth: A Non-Communist Manifest, New York: Cambridge University Press.〉
ウォーラーステイン・イマニュエル（1981）『近代世界システム：農業資本主義と「ヨーロッパ世界経済」の成立』I・II, 川北稔訳, 岩波書店.〈Wallerstein, I. (1974) The Modern World-System: Capitalist Agriculture and the Origins of the European World-Economy in the Sixteenth Century, New York: Academic Press.〉

## ■公式サイト

Clearing house for Sport 公式サイト http://www.clearinghouseforsport.gov.au/_data/assets/pdf_file/0003/636816/Without_finance_VANUATU.pdf〔2016 年 4 月 3 日アクセス〕

European Union 公式サイト http://europa.eu/legislation_summaries/education_training_youth/sport/l35008_en.htm〔2016 年 2 月 12 日アクセス〕

FIFA 公式サイト・media release（18 Jun 1999）http://www.fifa.com/news/y=1999/m=6/news=fifa-and-heads-meet-new-york-70870.html〔2014 年 7 月 4 日アクセス〕

FIFA 公式サイト・media release（28 Jun 1999）http://www.fifa.com/newscentre/news/newsid=70922/index.html〔2014 年 7 月 1 日アクセス〕

IOC 公式サイト http://www.olympic.org/Documents/Reference_documents_Factsheets/Olympic_Truce.pdf〔2016 年 3 月 23 日アクセス〕

官邸公式サイト http://www.kantei.go.jp/jp/96_abe/statement/2013/0907ioc_presentation.html〔2015 年 8 月 16 日アクセス〕

Magic bus 公式サイト① http://www.magicbus.org/about.us〔2016 年 4 月 12 日アクセス〕

Magic bus 公式サイト② http://www.magicbus.org/partners〔2013 年 11 月 2 日アクセス〕

文部科学省公式サイト・報道発表「戦略的二国間スポーツ国際貢献事業の委託先の選定について」http://www.mext.go.jp/b_menu/houdou/26/06/1348584.htm〔2015 年 8 月 20 日アクセス〕

文部科学省公式サイト http://www.mext.go.jp/b_menu/houdou/26/06/__icsFiles/afieldfile/2014/06/06/1348584_01_1.pdf〔2015 年 8 月 20 日アクセス〕

MYSA 公式サイト① http://www.mysakenya.org/images/stories/Resources/mysa%20governance%20chart.pdf〔2014 年 5 月 26 日アクセス〕

MYSA 公式サイト② http://www.mysakenya.org/images/stories/Resources/mysa%20management%20chart.pdf〔2014 年 5 月 26 日アクセス〕

MYSA 公式サイト③ http://www.mysakenya.org/images/stories/Resources/mysa%20code%20of20conduct.pdf〔2014 年 5 月 26 日アクセス〕

UNDP 公式サイト http://www.undp.or.jp/aboutundp/mdg/mdgs.shtml〔2013 年 7 月 10 日アクセス〕

# 索 引

【A to Z】
ASC（オーストラリア・スポーツ・コミッション）175, 188, 189, 195, 205, 212
AusAID（オーストラリア援助局）205, 212, 215
BHN（Basic Human Needs）33, 34
FIFA（国際サッカー連盟）31, 32, 41, 42, 43, 44, 45, 46, 72, 119, 135, 173, 179, 180
HIV/AIDS　3, 48, 50, 54, 55, 69, 75, 80, 84, 96, 114, 126, 134, 135, 136, 137, 141, 142, 143, 144, 145, 147, 150, 151, 152, 153, 159, 160, 161, 162, 163, 165, 166, 167, 168
IMF（国際通貨基金）34, 46, 234, 236
IOC（国際オリンピック委員会）12, 13, 14, 26, 28, 32, 35, 36, 37, 38, 39, 40, 41, 44, 45, 46, 67, 69, 72, 73, 75, 82, 109, 115, 135, 173, 180, 183, 185, 202, 221, 222, 223, 226, 242, 244, 245, 246, 253
MDGs（持続可能な開発目標）65, 67, 69, 71, 72, 73, 75, 76, 77, 79, 80, 81, 82, 83, 84, 89, 113, 114, 118, 137, 212, 223, 230, 233, 234, 237, 240, 242, 247, 255, 257
ODA（政府開発援助）1, 44, 235
Right to Play（ライト・トゥ・プレイ）3, 38, 50, 82, 83, 108, 110, 112, 119, 124, 129, 130, 131, 133, 134, 136, 143, 144, 145, 147, 151, 152, 153, 155, 156, 158, 159, 160, 161, 162, 163, 164, 165, 166, 167, 168
SDGs（持続可能な開発目標）255, 257
Sport for All（みんなのスポーツ）39, 52, 60, 69, 73, 77, 97, 105, 112, 186, 200, 255,
Sport for Tomorrow　3, 4, 12, 14, 15, 16, 19, 22, 23, 24, 25, 28, 31, 226, 243, 245, 250, 251, 252, 254, 255, 256, 257, 258, 260
UK Sport　26, 31, 72, 74, 75, 122, 123

【あ行】
アドルフ・オギ（Adolf Ogi）112, 114
インターナショナル・インスピレーション・プログラム（International Inspiration Program）26
SDPに関する国際ワーキング・グループ（SDPIWG）51, 110, 246
エビデンス　54, 76, 77, 89, 95, 97, 98, 99, 100, 101, 102, 103, 104, 105, 106, 108, 115, 210, 215, 220
援助疲れ　170, 234, 237
オーナーシップ　54, 58, 72, 77, 188, 203, 234, 247
オーストラリア・スポーツ・コミッション（ASC）175
オーストラリア・スポーツ・アウトリーチ・プログラム（ASOP）122, 188
オリンピック・エイド（Olympic Aid）38, 82, 108, 110, 129, 229, 230, 239
オリンピック休戦（Olympic Truce）35, 77, 78
オリンピック・ソリダリティ（Olympic Solidarity）38, 40, 46, 221, 244

*269*

オリンピック・レガシー（Olympic Legacy）　26, 27, 28, 29, 244, 245

【か行】
外務省　14, 15, 22, 23, 24, 31, 63, 255
開発ガバナンス　241
近代化論　32, 33, 34, 35, 169, 223, 226
クーベルタン　37, 57, 77, 115
グッド・ガバナンス（Good Governance）　34, 235, 242
クライエンテリズム（政治的恩顧主義）　248
経済開発　1, 2, 3, 72, 168, 169, 170, 171, 199
構造調整　34, 82, 169, 234, 235, 236, 253
国際協力機構（JICA）　14, 18
国際レジーム　233, 234
コフィ・アナン（Kofi Annan）　44, 240, 253
雇用　1, 40, 48, 56, 57, 72, 80, 121, 122, 135, 136, 172, 177, 178, 180, 183, 240, 243, 250, 251
コンソーシアム会員　15, 16, 257

【さ行】
参加型　136, 142, 144, 170, 188, 247
持続可能な開発（Sustainable Development）　34, 46, 48, 170, 255
児童の権利に関する条約（United Nations Convention on the Right of the Child）　35, 62, 63, 108
社会開発　1, 2, 3, 32, 54, 55, 67, 74, 83, 119, 169, 170, 171, 172, 188, 190, 196, 198, 199, 200, 202, 203, 216, 217, 230, 235, 240, 247, 252
社会的包摂　67, 85, 90, 93, 94, 102, 104, 114, 131, 215, 255
従属理論　33, 226
住民参加　1, 2
障がい者　17, 18, 54, 55, 58, 67, 72, 85, 90, 92, 93, 95, 97, 103, 104, 105, 107, 115, 126, 173, 182, 188, 208, 210, 215, 216, 218, 219
人権規約　63
ストリートフットボールワールド（streetfootballworld）　76, 119
スポーツ援助　4, 37, 38, 108, 115, 168, 169, 174, 185, 188, 189, 208, 216, 218, 219, 221, 222, 223, 225, 226, 228, 229, 243, 246, 248, 251, 252, 254, 257, 258
スポーツ庁　254, 255, 256, 258
スポーツ・ファスト（Sport First）　44, 123, 124, 135
スポーツ・プラス（Sport Plus）　44, 123, 124
スポーツを通じた教育のヨーロッパ年（European Year of Education through Sport）　63, 110, 113
青年海外協力隊　14, 22, 24
セーフティネット　250, 251
世界アンチ・ドーピング機関（WADA）　28, 69, 70, 71, 78
世界経済フォーラム（World Economic Forum）　72
世界システム論　45, 170
戦略的スポーツ国際貢献事業　19, 22, 23, 24, 25
戦略的二国間スポーツ国際貢献事業　12, 22, 23, 24

【た行】
体育・スポーツに関する国際憲章（International Charter of Physical Education and Sport）　62
大会招致　244
チームワーク　63, 104, 130, 230
ディシプリン　127
伝統的ドナー　238, 239, 243
ドーピング　65, 70, 71

# 索引

【な行】

ナンバンガ・スポーツ 188, 189, 190, 191, 196, 197, 198, 200, 202, 203, 204, 209, 212, 215, 216, 217, 218, 219, 220, 221
南北問題 32, 33, 35, 36, 226, 252
2005年「スポーツ・体育の国際年」(International Year for Sport and Physical Education) 51, 62, 64
日本アンチ・ドーピング機構（JADA） 15, 31
日本スポーツ振興センター（JSC） 14, 23, 24, 31, 255
ニュー・パブリック・マネジメント（New Public Management） 235
人間開発（Human Development） 33, 34, 36, 46, 51, 52, 54, 57, 66, 75, 77, 169, 176, 236

【は行】

パートナーシップ 48, 54, 56, 57, 58, 60, 63, 70, 72, 73, 75, 76, 77, 78, 80, 105, 113, 118, 119, 122, 123, 137, 188, 193, 194, 203, 216, 224, 231, 232, 246, 247, 248
パトロン―クライアント関係 248
評価主義 247
フットボール・フォー・ホープ・ムーブメント（Football for Hope Movement） 119, 123
フットボール・フォー・ライフ（Football for Life） 135
フットボール・フォー・ピース（Football for Peace） 135
プラス・スポーツ（Plus Sport） 44
プロジェクト・デザイン・マトリックス 138, 168, 190
プロジェクト評価 74, 208
ヘゲモニー 46, 227, 244, 245

ボブ・ムンロ（Bob Munro） 128, 247
ポリティクス 244, 245, 249, 250

【ま行】

マグリンゲン（Magglingen） 50, 52, 53, 58, 60, 110, 112, 113
ミレニアム開発目標（MDGs） 45, 47, 50, 51, 58, 60, 110, 111, 112, 246, 248
民主的ガバナンス 241, 242, 253
モニタリング 29, 66, 68, 73, 74, 77, 89, 97, 103, 105, 110, 123, 150, 189, 192, 193, 195, 198, 199, 217, 218, 237, 253
文部科学省 14, 15, 19, 22, 23, 24, 31

【や―わ行】

ヨーロッパ中心主義 228, 245
リソース 15, 16, 29, 67, 70, 74, 75, 83, 97, 103, 105, 110, 113, 132, 150, 183, 184, 189, 191, 192, 196, 198, 209, 216, 217, 219, 221, 248, 253, 254
ルポルタージュ 225
冷戦 78, 199, 236, 239, 248
レクリエーション 32, 36, 39, 63, 66, 74, 75, 76, 99, 109, 111, 112, 115, 124, 181, 191
レガシー戦略 244, 249
ローカル 28, 39, 40, 66, 67, 68, 69, 72, 75, 76, 84, 97, 103, 105, 118, 128, 188, 195, 198, 225, 226, 227, 247
ロジカル・フレームワーク 196, 198, 203
ロンドン大会 26, 27, 222, 244
ワークショップ 25, 41, 73, 74, 110, 146, 147, 150, 194
ワールドカップ・サッカー 36

*271*

【著者紹介】

小林 勉（コバヤシ　ツトム）

中央大学総合政策学部教授。
筑波大学を経て、名古屋大学大学院国際開発研究科博士課程修了。学術博士（名古屋大学）。
1995年から1997年のあいだ、ヴァヌアツ共和国のサッカーナショナルチームの指導に従事し、数々の国際大会と現地でFIFA（国際サッカー連盟）の途上国支援事業に関わる。信州大学教育学部専任講師を経て2004年より現職。長野市スポーツ振興審議会答申「長野市のスポーツ振興のあり方」検討委員会座長、八王子市都市公園指定管理者等選定委員、2020東京オリンピック・パラリンピック国際貢献事業「sport for tomorrow」プログラム・調査研究プロジェクトメンバー、文部科学省「スポーツ庁の在り方に関する調査研究事業技術審査委員会」技術審査専門委員、ラトローブ大学（メルボルン）Centre for Sport and Social Impact客員研究員などを歴任。現在の研究課題は、「スポーツを通じた社会開発」。
主な著書に『地域活性化のポリティクス』（中央大学出版部）、「スポーツのグローバル化とローカル化」（津田幸男・関根久雄編『グローバルコミュニケーション論』所収・ナカニシヤ出版）などがある。


## スポーツで挑む社会貢献

2020年4月15日　第2刷発行

著　者　　小林　勉
発行者　　鴨門裕明
発行所　　㈲創文企画
　　　　　〒101－0061　東京都千代田区神田三崎町3－10－16　田島ビル2F
　　　　　TEL：03-6261-2855　FAX：03-6261-2856　http://www.soubun-kikaku.co.jp

装　丁　　松坂　健（Two Three）

印刷・製本　壮光舎印刷㈱

©2016 TSUTOMU KOBAYASHI
ISBN978-4-86413-086-8　　Printed in Japan